S-H-I-J-I-Z-H-O-N-G-D-E-Y-A-N-H-U-I

陕西师范大学人文社会科学
高等研究院项目（GYY202103）

中的宴会

张大可 编著

线装书局

图书在版编目（CIP）数据

《史记》中的宴会 / 张大可编著 .—北京：线装书局，2022.4

ISBN 978-7-5120-4972-7

Ⅰ. ①史… Ⅱ. ①张… Ⅲ. ①中国历史 – 古代史 – 纪传体②《史记》– 通俗读物 Ⅳ. ① K204.2-49

中国版本图书馆 CIP 数据核字 (2022) 第 031817 号

《史记》中的宴会

SHIJI ZHONG DE YANHUI

编　　著：张大可
责任编辑：于建平
出版发行：线装书局
　　地　址：北京市丰台区方庄日月天地大厦 B 座 17 层（100078）
　　电　话：010-58077126（发行部）　010-58076938（总编室）
　　网　址：www.zgxzsj.com
经　　销：新华书店
印　　制：廊坊市海涛印刷有限公司
开　　本：710mm × 1000mm　1/16
印　　张：15.5
字　　数：260 千字
版　　次：2022 年 4 月第 1 版第 1 次印刷
印　　数：0001—5000 册

线装书局官方微信

定　　价：78.00 元

作者简介

张大可，1940 年出生，重庆市人。1966 年毕业于北京大学中文系古典文献专业。曾任兰州大学历史系教授、北京外国语大学中文系教授兼中文系副主任、中央社会主义学院教授。现任陕西师范大学人文社会科学高等研究院特聘研究员、中国历史文献研究会常务理事、中华伏羲文化研究会常务理事、中国史记研究会会长。在中国历史文献学、秦汉三国史两个学术领域发表学术论文近二百篇，尤长于“三国史”与《史记》的研究，在学术界独树一帜，是中华人民共和国成立以来第一个出版《三国史研究》与《史记研究》个人论文专集的学者。2011 年获中国史记研究会学术成就奖。出版学术论著十余种，主要有《三国史研究》《三国史》《史记研究》《司马迁评传》《史记论赞辑释》《史记文献研究》《史记精言妙语》《史记通解》《中国文献学》等。其中有六种学术论著获省部级优秀图书奖。主编《中国历史文献学》《中国历史文选》《中国历史人物评传丛书》《资治通鉴新注》等二十余种著作，其中《中国历史文献学》《中国历史文选》为高校教材。2008 年，《中国历史文选》获教育部高等教育司普通高等教育“十一五”国家级规划教材，以及普通高等教育精品教材奖。2013 年，商务印书馆出版了《张大可文集》十卷。

内容提要

宴会是人生大舞台，是享受欢乐与角逐名利的场所，多姿多彩。《史记》贯通三千年历史，备载社会人生百态。本书节选《史记》宴会场面描写的七十三个故事，粗略地分为十五个类型单元，每类列目，原则上以时间为序。每个故事节选《史记》原文，供广大读者观赏司马迁笔下的宴会原生态，用白话文简注与语译疏通字面意义；分类“说明”与每篇“题解”和“点评”，粗陈“宴会”要义，表达编选者的心知与读者分享。知往鉴今，对现实的人生修养很有意义。本书题称：《〈史记〉中的宴会》，系普及性的古典读物，亦带学术性的探索与开拓。每篇选文短小简明，常用通假字换用为规范简体本字，宜于大众欣赏，老少咸宜，点评概括，启迪思维。每一单元形成的空页，引录相关咏史诗“补白”，增添情趣。开卷“序论——司马迁笔下的宴会”具有点题与导读的价值，这篇“内容提要”，亦是全书凡例。

目　　录

序论——司马迁笔下的宴会

日常用餐，平常菜肴，称为便饭。节日欢庆，生辰祝贺，待客送行，乔迁之喜，升迁提薪……多做几个菜，考究一下色香味，这顿饭就是家宴。社会活动，国事访问，更离不开宴会。若是特别安排、带有不可告人的目的的宴会，便叫“设局”，就是设下圈套，引人上钩。这等宴会，文雅的说法叫“鸿门宴”，通俗的说法叫“饭局”。当然“饭局”二字也可泛称寻常宴会，而寻常宴会不是历史记述的范围，不寻常的“饭局”才是人类活动的闪光点，属于历史记述的范围。“饭局”是人生舞台的缩影，表演传奇故事的用武之地；“饭局”也是人际交往中斗智角力的战场，说得文艺一点，也可称为特殊的交际艺术，觥筹交错，彰显冷暖人生。饭局交际，云波诡谲，变幻莫测，古往今来的“饭局”舞台，不知上演了几多活剧。中国最著名的文史名著《史记》，写了三千年历史，备载人生百态，留下近百场气象万千的“饭局”，时而阴霾四起，时而风云突变，乃至雷鸣闪电，惊心动魄，有的改变人生，有的改变国家命运。

司马迁笔下的“宴会”，若加梳理，可以写成一部“宴会大全”，它包含了现实中的各种“宴会”。“饭局”乃俗称，只作开头，全书仍用雅称“宴会”。《史记》为司马迁所写，所以《史记》中的宴会即司马迁笔下的宴会，为本文序论之题。下面，本文略举几个类型，一斑窥豹，知往鉴今，开卷有益。

人伦会晤，喜庆祥和　《说文》：“宴，安也。”宴会是讲究用餐的喜庆活动，自然是和谐安定。宴会推动了烹调艺术，形成了各国、各民族的饮食文化。家宴表达亲情；社交宴会叙说友谊，扩大联谊；国事宴会，沟通分歧，友善双边，无不喜庆祥和。至于庆功酒，颁奖宴会，更是喜气洋洋。公元前198年，即汉高祖九年，未央宫落成，高祖在未央宫设宴庆功，向父亲敬酒，夸耀这金碧辉煌的宫殿。群臣高呼万岁，取笑为乐。公元前195年，即高祖十二年，刘邦征讨黥布胜利班师，衣锦还乡，高祖置酒沛宫，“悉召故人父老子弟纵酒”，还有丰邑、沛县的百姓与出征将士，数十万军民会饮同乐，一百二十个少年的合唱队歌舞助兴，何等气派，何等场面，欢声笑语，响彻天空。不论家宴、国宴，也不论场面大小，它只要是人伦常情的会晤，必定是喜庆祥和，这是宴会的本质和常态，故曰：“宴，安也。”

外交宴会，斗智斗勇　两个以上的家庭、集团，乃至国家，涉及利害攸关的外交宴会，往往是斗智斗勇的战场，充满凶险。公元前515年，吴国公子光设宴使专诸刺杀吴王僚，发动宫廷政变，夺取了政权；公元前457年，晋六卿之一赵襄子元年，宴请姐夫代王，使厨人操盛菜器具铜枓击杀代王，吞并代国土地。利用宴会为烟幕，先下手为强，清除对手，史不绝书。春秋时齐鲁两国会盟柯邑，鲁人曹沫劫齐桓公返鲁侵地；战国时商鞅兵伐魏国，设宴计赚魏将公子卬，袭破魏军。在宴会上使用暴力太张扬，有时容易被人识破。隐蔽的手法则是在宴会上投毒。公元前193年，即汉惠帝二年，齐王刘肥入朝，汉惠帝在皇宫设家宴招待齐王。吕太后放了两杯毒酒，让齐王向惠帝敬酒。惠帝认为齐王是大哥，故谦让不敢让齐王先敬酒，要与齐王同饮，吕太后连忙打翻惠帝的酒杯，齐王警觉，装醉未饮，逃过一劫。

在大型外交宴会上，斗智斗勇的经典案例莫过于众所周知的“鸿门宴”，以至于“鸿门宴”成为凶险宴会的代名词。“鸿门宴”拉开了楚汉相争的序幕。刘邦一方以智胜勇，君臣一体，精心编织了一席天衣无缝的政治谎言，把“守关提防项羽”颠倒成替项羽守关，“备他盗之出入与非常也”。事实颠倒，让原本有理的项羽自认为上了小人挑拨的当，理亏尴尬，无地自容，供出了自己的线人曹无伤。细细追究，刘邦的说辞并不高明，何以能瞒过项羽？原来是项羽一方出了内奸——楚军第二号人物，左尹项伯，也是项羽最亲近、最信任的叔父。项伯为了哥们义气，私自夜访张良，不惜泄露军情，反而遭了张良的算计。刘邦设夜宴，与项伯拜为把兄弟，又结为儿女亲家。从这时起，项伯就从一个政治糊涂虫不自觉地转化成了内奸。项伯回营向项羽报告说：“沛公不先破关中，公岂敢入乎？今人有大功而击之，不义也不如因善遇之。”由此可知，原来“鸿门宴”并不是项羽设的局，而是已成内奸的项伯劝项羽设宴与沛公和解，项羽许诺。“沛公不先破关中，公岂敢入乎?”这本身就是一个伪命题。项羽在巨鹿之战中扫灭了秦军主力，收降章邯，一路西进，势如破竹，何须刘邦先破关中？伪命题由楚军第二号人物说出，这话就不便追究了。范增顺水推舟，赞同“鸿门宴”，想要将计就计，兵不血刃地在宴会上除掉刘邦。范增是楚军第三号人物，说话分量不如项伯。二号人物要和解，三号人物要诛杀，起决定作用的一号人物项羽犹豫不决，楚军内部不团结，败下阵来顺理成章。

“鸿门宴”事发于公元前206年。93年之后，公元前113年，即汉武帝元鼎四年，南越王少主兴与王太后在王宫设宴，意图谋杀南越相吕嘉，扫除南越内属的障碍。这场宴会是典型的“鸿门宴”的翻版。朝会的座位南向最尊，天子南向。在朝堂之外的宴会，行宾主之礼，东向最尊。“鸿门宴”座位，项羽、项伯东向，之后依次是亚父范增南向，沛公刘邦北向，张良西向。南越王宫宴会，设局者为王太后。这场宴会汉使最尊，扮演了项羽的角色，座位东向；王太后扮演范增的角色，座位南向；南越王少主兴扮演项伯角色，座位东向，吕嘉处于被刀俎的沛公角色，座位北向。王太后在宴会酒酣之际捅破窗户纸，公开指责吕嘉反对南越内属，如同范增举玦示之者三。在这紧急关头，需要汉使说一句拿下吕嘉的话，而汉使却如同项羽般犹豫，装聋作哑。吕嘉觉察，逃离宴会，王太后要投矛刺杀吕嘉，直接扮演项庄舞剑，而南越王少主兴如同项伯般制止了王太后。结果吕嘉逃走，举兵破王宫，杀了汉使、王太后、少主兴。第二年，汉武帝发兵征讨，灭了南越，诛杀了吕嘉。这场宴会改变了南越国的命运。

对外斗争，要团结一致才能取胜。《诗经·小雅·棠棣》曰：“兄弟阋于墙，外御其侮。”这是说兄弟之间，即使有内斗，对外也一定要团结一致。内部不团结，貌似强大，却易于攻破，“鸿门宴”“南越王宫宴”，均是强势一方败下阵来，原因就在此。此外，有文事，必有武备。两强相遇勇者胜，即使两强势不均、力不等，弱势一方若做好战备，敢与强者一搏，再据理力争，则也可以以弱抗强。战国中后期，秦强赵弱。公元前282年，秦昭王向赵惠文王发出外交文件，要用十五座城换取赵国的和氏璧，“价值连城”的成语即出于此。十五座城换取一块宝玉，显然是不等价交易，而且出于强国之口，明显是勒索而不是交换。但赵国进行了充分的准备，文斗有蔺相如，武斗有名将廉颇率大军继其后，赵国君臣一体，团结对外，蔺相如底气充实，敢在秦王设九宾之礼于王廷的列国大宴会上，据理力争，秦先割城予赵，赵奉璧于秦。三年后，公元前279年，秦赵渑池之会，秦王请赵王奏瑟，蔺相如请秦王击缶；秦王左右呼叫赵王献十五座城为秦王祝寿，蔺相如则说秦国把咸阳送给赵王祝寿。直到宴会结束秦王也没能占上风。司马迁评价蔺相如大智大勇。

宴会议政，化解阻力　国家大政，通常是朝议决策。有时决策者想得到一种宽松气氛，减少阻力，便举行宴会商议国是。公元前307年，即赵武灵王十九年，春正月，武灵王利用春节君臣同贺新年之机，把朝臣招到信宫，开展胡服骑射改革的讨论。离开国都在行宫讨论，一来可以集中精力；二来离开保守势力盘根错节的京城，便于统一思想。一连讨论了五天，可见辩论的激烈程度。一场大辩论，君臣一致认识到只有改革才是赵国的出路。赵武灵王坚定了信心，回到京城后，重点做保守派核心人物公子成的工作，果然顺利了许多。

公元前 202 年，刘邦登基为帝，汉朝建立，置酒洛阳宫。刘邦在庆功的氛围中让大臣们讨论楚亡汉兴的原因，并发表了他著名的人才观，汉有三杰——张良、萧何、韩信，三人各自发挥所长，汉朝兴起了；项羽有一范增而不能用，楚之所以亡也。这次宴会议政，为刘邦随后开展的大封功臣，重文臣，抑制武臣，给张良、萧何、陈平等文臣谋士封高爵制造了舆论，收到了良好的效果。

宴会议政，双方也有破裂的时候。公元前 213 年，即秦始皇三十四年，始皇置酒咸阳宫，放手群臣讨论“废分封行郡县”的利弊。博士淳于越反对废分封，他认为这将造成天子孤立无辅，不是长治久安之计。丞相李斯批驳淳于越，说分封是过时的三代制度，淳于越以古非今，妖言惑众，应该杀头。李斯提出禁止言论自由，焚灭《诗》《书》，施行“有敢偶语《诗》《书》者弃市，以古非今者族”的酷刑。秦始皇的“焚书”事件由这次宴会议政引发，并为“坑儒”事件埋下伏笔，可见秦法之严苛。

逢迎宴会，赌徒押宝　逢迎权贵，设宴拍马屁，如同赌徒押宝，有的得，有的失。公元前 259 年，大商人吕不韦选用美色钓奇，把自己有孕在身的爱妾赵姬设宴进献给在赵国做人质的秦孝文王之子子楚。后来子楚回国做了秦王，吕不韦当了秦国的国相，这一回赌徒赢了。公元前 239 年，楚国相春申君黄歇，把自己有孕的小妾即李园之妹进献给楚考烈王，仿效吕不韦之所为，结果被李园暗算丢了性命。这一回赌徒输了。汉武帝的姐姐平阳公主想巴结汉武帝，就选好了十几个美女等待汉武帝上钩。公元前 139 年，即汉武帝建元二年，汉武帝踏春来到平阳公主家，平阳公主让这一群美女在宴会上唱歌陪酒，汉武帝相中了卫子夫。卫子夫入宫时，平阳公主亲自送卫子夫上车，亲切地拍着卫子夫的背说：“保重身体，贵幸了不要忘记我。”利用美色佐宴，诱惑对方，古已有之，甚至是社会上层常用的手段，因为成功率高。

市义宴会，博取声名　义，指做事得体，是一个高尚的人。市义，就是花钱来传播自己的名声。战国时四公子礼贤下士，各有食客三千人。魏国魏公子无忌听说大梁城东门的守门人侯嬴（史称侯生），很有才干，十分慕仰。魏公子大摆宴席，权贵毕集。魏公子虚左，亲自驾车迎请侯生。请到侯生后，他礼让侯生坐在最尊贵的第一座位上，向权贵们一一做介绍，满堂宾客大吃一惊。这一事件使魏公子礼贤下士的名声远扬。后来，魏公子窃符救赵的壮举就是侯生出的主意。齐国孟尝君有一个食客叫冯谖，他替孟尝君到封地薛邑去收债，有一些破了产的负债人无力偿还。冯谖大摆宴席，请所有的负债人赴宴。冯谖在宴会上宣布，能还债的约期偿还，无能力还债的当众烧毁债券，薛邑人民十分感动。不久，孟尝君被罢了官，回到封邑，薛邑人民夹道欢迎。齐湣王得到消息后，立即召回孟尝君，让他官复原职。

纵淫宴会，误了卿卿性命　春秋时陈国大夫夏徵舒之母夏姬长得十分漂亮，权贵们见了莫不销魂落魄，《列女传》记载夏姬三为王后，七为夫人，前后嫁了十个丈夫。陈灵公与其大夫孔宁、仪行父君臣三人都与夏姬私通。公元前 600 年，即陈灵公十四年，君臣三人各自穿了一件夏姬的汗衣在朝堂上互相展示。大夫泄冶谏说陈灵公："如此淫乱，成何体统。"陈灵公毫不收敛，还杀了泄冶。第二年，三人公然一同到夏姬家里饮酒作乐。三人肆无忌殚地当着夏徵舒的面开玩笑。陈灵公说：夏徵舒长得像你们两人。孔宁、仪行父说：夏徵舒长得更像你陈灵公。夏徵舒十分难堪，他在马棚门前埋伏弓箭手，等到宴会结束，陈灵公用马时遭到射杀。孔宁、仪行父逃往楚国。夏徵舒自立为陈王，楚庄王渔翁得利，派兵灭了陈国。

权贵设宴，腐败温床　权贵人物设宴，大要有两种类型：其一，设局布置陷阱，致人死地，消灭对手，或者设宴摆谱，肆意张扬，小人物往往受欺凌。张仪未得志时受楚相、苏秦之辱，反而励志改写了人生，这是一个能屈能伸的典型事例。其二，权贵设宴，更多的是巧立名目，让下属及相关人士送厚礼，目的就是敛财，甚至不惜动用政府权威，使腐败宴会合法合理。设宴之风，上行下效，逐渐成为民间习俗，互相攀比，贻害无穷。公元前 212 年，单父人吕公躲避仇人，举家投靠沛县县令。沛令看中了吕公的长女吕雉，要娶以为妻。沛令讨好吕公，下令功曹（相当于人事部门长官）萧何为主持人，给吕公举办大型的接风酒会，沛县各部门的公职人员和地方豪绅都要去送礼庆贺。萧何规定，送礼不满两千钱的只能在庭院席上吃饭，送礼两千以上方可在厅堂席上用餐。沛县泗水亭亭长刘邦赴宴，两手空空不带一文钱，他却大言不惭地吹牛皮："老子送钱一万，记上账。"这一豪迈之举惊动了吕公，意外地赢得了吕公的好感，请刘邦坐了上席，还把吕雉许配给了刘邦，而沛令落得个竹篮打水一场空，反替他人做了嫁衣裳。

公元前 131 年，即汉武帝元光四年夏，丞相田蚡娶媳妇，田蚡的姐姐王太后下了一道诏书，让文武百官都去庆贺。王太后就是汉武帝的母亲，田蚡是汉武帝的舅舅，属于外戚。汉武帝祖母窦太后的侄儿窦婴也是外戚，是汉武帝的隔代舅舅，前任丞相，被封魏其侯。田蚡未贵时，侍奉丞相窦婴比儿子还儿子，现今颠倒过来，田蚡是现任丞相，窦婴是退休丞相，窦婴反过来要巴结田蚡。在田蚡娶媳妇的前一年，窦婴请田蚡到家中做客，夫妻俩亲自打扫卫生，亲自下厨做饭。没想到田蚡大模大样，酒足饭饱之后，回到家派人送信索要窦婴的一处庄园。窦婴拍马屁拍到蹄子上，陪了夫人又折兵。窦婴大怒，不答应，灌夫为其打抱不平，大骂田蚡，他们从此结下了仇。宾客居间调解，表面上平息下来。田蚡娶媳妇，窦婴拉上灌夫去庆贺，想送一笔厚礼拉近关系，化解矛盾。无奈世态炎凉，宾客们对现任丞相田蚡很恭敬，对退休丞相窦婴很冷淡，灌夫看不下去，借耍酒疯搅散了田蚡的宾客。田蚡借机以太后有诏为“尚方宝剑”，逮捕灌夫，以大不敬罪判了灭族，满门抄斩。窦婴被牵连，也问了个死罪，被腰斩。一场宴会引发惊天大案，诛杀了两位国家重臣。司马迁贬斥田蚡说：“杯酒责望，陷彼两贤。”

宴会是人生大舞台角逐的场所，多姿多彩。有生离死别的宴会，霸王别姬；有巧设烟幕的宴会，曹参日饮醇酒；有壮行送别的宴会，荆轲刺秦，“风萧萧兮易水寒，壮士一去兮不复还”；有善意设局，使才子佳人终成眷属的宴会，卓文君夜奔。司马迁笔下的“宴会”，林林总总，是一笔厚重的文化遗产。尤其是那些暗写的宴会，需要细心体悟，才能领略其味。品味宴会人生，可以开启智慧，警示慧眼，提高人生修养。

一、喜庆宴会

【说明】宴会至少是两人共食，所以宴会是群体的吃饭活动。平时吃饭称为便饭，宴会的饭菜较平时考究，是多人聚会共享生活的快乐，所以《说文》曰："宴，安也。"人伦会晤、友好的国事访问、节日欢庆等场景的宴会充满喜庆祥和，这是宴会的正途。但正途宴会不是历史记述的主体，利用宴会作为人生旅程的舞台，才是多姿多彩、气象万千的"宴会"，才是交际的特殊平台，也才是历史记述的主体。本书第一、第二两题是享受生活的宴会，第三题以下共十二个类型的"饭局"是本书的主体内容。

·补　白·

咏汉高祖

〔唐〕于季子

百战方夷项，三章且代秦。
功归萧相国，气尽戚夫人。

咏史诗·沛宫

〔唐〕胡曾

汉高辛苦事干戈，帝业兴隆俊杰多。
犹恨四方无壮士，还乡悲唱大风歌。

伊尹以滋味悦汤

——选自《殷本纪》

题　解

伊尹，是辅佐商汤王建立商王朝的贤相。他擅长烹调艺术。有一种说法，伊尹做得一手好饭好菜进献商汤王，拉近了两人的关系，进而向商汤王献策献言，推行王道，君臣同心，如鱼得水。商汤王成了圣王，伊尹成了贤相。

原　文

伊尹名阿衡①。阿衡欲奸②汤而无由，乃为有莘氏媵臣③，负鼎俎④，以滋味悦汤⑤，致于王道⑥。或曰，伊尹处士⑦，汤使人聘迎之，五返然后肯往从汤，言素王及九主之事⑧。汤举任以国政。

【注释】 ①阿衡：官名，相当于后世的宰相。伊尹为阿衡，因以为号。　②奸：通“干”，求见。　③有莘氏：古部族名，其地当今山东曹县北。媵（yìng）臣：古代陪嫁的奴仆。④负鼎俎：带着烹调的鼎和切肉的砧板。　⑤以滋味悦汤：用做出来的好菜给汤吃而趁机进言。悦：原文作通假字“说”，今改用本字。全书常用通假字换用本字，此为示例，以后不再注。　⑥王道：儒家称以仁义治天下为王道。　⑦处士：隐士。　⑧素王：有王皇之实而无王皇名号的人。九主：三皇、五帝和大禹。

译　文

伊尹名叫阿衡。阿衡想要求见成汤而没有渠道。于是就去做有莘氏陪嫁的奴仆，带着烹调的鼎和切肉的砧板，把做出的好菜献给汤并趁机进言，劝说汤用王道治国。也有人说，伊尹是隐士，汤派人去礼聘迎请他，去了五次，然后（他）才肯前去辅佐汤。伊尹对汤谈论有关远古帝王和九代君主的事迹，汤提拔他管理国家政务。

点评

衣食住行，人生要务，美食必然是人之所好。俗话说："酒杯一举，可以，可以。"饭桌交谈，可拉近人的感情，交流畅快。伊尹以滋味悦商汤王，说的就是这个道理。

高祖置酒未央宫

——选自《高祖本纪》

题解

汉高祖九年（公元前198年），即新王朝建立后不久，国家修建的未央宫落成，汉高祖在未央新宫举行盛大的庆功宴会，夸耀财富，调侃父亲太公没有远见，君臣大笑为乐。

原文

未央宫成。高祖大朝诸侯群臣，置酒未央前殿。高祖奉玉卮，起为太上皇寿，曰："始大人常以臣无赖①，不能治产业，不如仲力②。今某之业所就孰与仲多③？"殿上群臣皆呼万岁，大笑为乐。

【注释】 ①无赖：江淮一带对狡诈的年轻人的蔑称。意思是不学好，没出息。 ②不如仲力：不如老二勤恳。 ③"今某"句：现在我成就的产业与二哥刘仲相比，哪一个更多呢？

译文

未央宫建成。高祖在未央宫前殿大摆酒宴，会见诸侯、群臣。高祖手捧玉杯起身给太上皇祝辞，说："当初大人常认为我没有出息，不会经营产业，不如二哥刘仲那样有能力。如今我成就的产业与二哥刘仲相比，哪一个更多呢？"殿上群臣都高呼万岁，大笑取乐。

点评

高祖置酒未央宫，君臣同乐，庆贺成功。同时借此调侃父亲，报了当年自己不事生产遭到父亲斥责的旧"恨"，其实也是一种回顾逆境的生活情趣。高祖称帝后自鸣得意的情态跃然纸上。

高祖还乡纵酒

——选自《高祖本纪》

题解

汉高祖十二年，即公元前195年，刘邦征讨黥布胜利班师，路过丰沛故里，以至尊帝位衣锦还乡，何等荣光。高祖在沛县行宫召见父老乡亲，细说家常，回顾少年时的生活故事，其乐融融。高祖组织了一百二十个少年组成的合唱团纵情歌唱，军民同乐，纵情喝酒。此时高祖已步入晚年，身上又有箭伤，在热热闹闹的乐声中少了许多功臣，韩信、彭越、黥布皆已不在人世，汉家大好河山依靠谁来守护？他心生悲凉，口占《大风歌》吐露真情。歌词曰："大风起兮云飞扬，威加海内兮归故乡，安得猛士兮守四方！"高祖感到来日无多，反倒心情平静，走下至尊的神坛，与乡亲故旧畅饮抒怀，回归民众生活之中，是极其难得的一幅祥和平安景象。司马迁的描绘精彩纷呈。

原文

高祖还归，过沛，留。置酒沛宫，悉召故人父老子弟纵酒①，发沛中儿得百二十人，教之歌。酒酣，高祖击筑②，自为歌诗曰："大风起兮云飞扬，威加海内兮归故乡，安得猛士兮守四方！"令儿皆和习之。高祖乃起舞，慷慨伤怀，泣数行下。谓沛父兄曰："游子悲故乡。吾虽都关中，万岁后吾魂魄犹乐思沛。且朕自沛公以诛暴逆，遂有天下，其以沛为朕汤沐邑③，复其民④，世世无有所与⑤。"沛父兄诸母故人日乐饮极欢，道旧故为笑乐。十余日，高祖欲去，沛父兄固请留高祖。高祖曰："吾人众多，父兄不能给。"乃去。沛中空县皆之邑西献⑥。高祖复留止，张饮⑦三日。沛父兄皆顿首曰:“沛幸得复，丰[8]未复，唯陛下哀怜之。”高祖曰：“丰吾所生长，极不忘耳，吾特[9]为其以雍齿故反我为魏。”沛父兄固请，乃并复丰，比沛。于是拜沛侯刘濞[10]为吴王。

【注释】 ①纵酒：尽情喝酒。 ②筑（zhú）：乐器名，形似筝，颈细而肩圆的击弦乐器，演奏时，左手按弦的一端，右手执竹尺击弦发音。 ③汤沐邑：天子、皇后、公主等人的私人领地，意思是说这块领地上的赋税供汤沐之用。 ④复其民：免除人民的赋税徭役。 ⑤世世无有所与：世世代代不再有缴纳赋税的事。与：给，指缴纳赋税。 ⑥空县：意即全县出动。献：指贡献饮食。 ⑦张饮：搭起帐篷聚饮。 ⑧丰：汉始置县，县治在今江苏省丰县。 ⑨特：只是。 ⑩刘濞：刘邦次兄刘仲之子，封吴王，于汉景帝三年（公元前154年）发动吴楚七国之乱被杀。事详见《吴王濞列传》。

高祖从前线回京，路过沛县时，停留下来。在沛县行宫举行宴会，邀请家乡的全体老朋友和父老子弟，纵情痛饮，还挑选了沛县的一百二十个儿童，教他们唱歌。酒兴正浓的时候，高祖弹击着筑，唱起自己编的歌：“大风卷起啊白云飞扬，威加四海啊衣锦还乡，到哪去招致勇士啊，来守卫四方的边疆！”高祖让儿童们也都和着拍子，一起唱起来。他又起身跳起舞蹈来，一时心中感慨万千，激动得淌下行行热泪。对沛县父老兄弟们说：“远行的游子总是怀念故乡的，我虽然建都关中，可千秋万岁之后，我的魂魄仍然念念不忘沛地啊！况且我从做沛公开始，讨伐暴君逆贼，而终于取得天下，现在就将沛县作为我的汤沐封邑，免除沛县民众的赋税劳役，世世代代不再有纳税服役的事。”沛县的父老兄弟、婶子大娘和亲朋挚友天天陪着高祖开怀畅饮，笑谈往事，极为高兴。过了十多天，高祖要离开了，沛县的父老乡亲们执意挽留。高祖说：“我的随从众多，父兄们负担不起。”于是离开。沛县民众倾城而出，都赶到西郊来敬献酒食。高祖又留下来，搭起帐篷，痛饮了三天。沛县的父兄都叩头请求说：“我们沛县有幸能够免除劳役，丰邑的人却没有被免除劳役，请陛下可怜他们。”高祖说：“丰邑是我生长的地方，我决不会忘记。只是因为先前丰邑人跟着雍齿背叛我投靠魏王。”沛县的父老兄弟再三请求，高祖才答应照沛县的样子，一并免除。封沛侯刘濞为吴王。

高祖还乡，与民同乐，既是亲民的宣传，也是留恋故土，重亲情、重乡

愁的自然情感的发扬。人老落叶归根，也是一种爱国主义情怀。元人流行《哨遍·高祖回乡》这出杂剧，抒发游子归乡之情。杂剧描写高祖事业成功，踌躇满志，衣锦还乡，无限风光。由于韩信、彭越、英布等功臣的反叛，面对大好河山，高祖情不自禁唱出《大风歌》，发出深沉的忧虑，表达了创业之后回顾一生征程的艰难与远虑，成为千古名篇。

二、交谊宴会

【说明】朋友，是人际关系中最常见、最普通的亲密情感，童孩之间、成人之间、老人之间各有不同的友情。子曰："有朋自远方来，不亦乐乎！"对于朋友之间的聚会、宴请，司马迁给我们留下了什么样的经典故事呢？

·补　白·

挂剑台

〔宋〕张耒

上国归来岁月深，悲嗟脱剑挂高林。
欲知不负徐君意，便是当年让国心。

贫交行

〔唐〕杜甫

翻手作云覆手雨，纷纷轻薄何须数！
君不见管鲍贫时交，此道今人弃如土。

季札赠剑

——选自《吴太伯世家》

题 解

春秋时吴国王室公子季札出访列国，开展吴国的外交，北过徐国，徐君是一个初交的朋友。徐君看上了季札身上的佩剑，季札因有出访使命，打算完成使命回国再路过徐国时赠给他。当季札回转时，徐君已去世，季札将宝剑赠挂在徐君坟前的树上，表示践行默许的诺言。诚信是人伦道德的底线，孔子说“民无信不立”，季札的行为值得全民族点赞。

原 文

季札之初使，北过徐君①。徐君好季札剑，口弗敢言。季札心知之，为使上国②，未献。还至徐，徐君已死，于是乃解其宝剑，系之徐君冢树③而去。从者曰：“徐君已死，尚谁予乎?”季子曰：“不然。始吾心已许之，岂以死倍④吾心哉!”

【注释】 ①过：造访。徐君：嬴姓徐国之君。周初所封，故城在今江苏省泗洪县南。②上国：吴楚对中原齐晋等国敬称为上国。 ③冢树：坟上所植之树。 ④倍：通“背”。

译 文

季札开始出访时，曾北行路过徐国。徐国的国君喜欢上了季札的佩剑，嘴里又不敢说出来。季札也心领神会，因为还要出使到中原各国，所以没有当场奉献。等他出使返回到徐国时，徐国国君已经去世了。于是，季札就解下身上的宝剑，挂在徐国国君墓前的树上，然后才离开。跟随他的人说：“徐国国君已经去世了，剑还留下来给谁呢?”季札说：“话不能这样说。我一开始心里就答应送他的，现在怎么可以因为他去世了就改变初衷呢?”

点 评

这也是暗写的一场宴会交友故事。季札心许赠剑徐君，只能是发生在外交宴会场景下的默默心许。这则故事反映了一个动人的诚信原则与理念。诚信是个人的修养，躬身坚守是生命的一个组成部分，它不是做给别人看的。季札出使，身佩宝剑，徐君想要，爱不释手，季札看了出来。徐君并没有开口讨要，季札心许，并没有说出口。严格意义上讲，并无相赠的事实。季札不忘初心，既已心许，一定要付诸实施，所以挂剑徐君坟前树上，完成自己的心愿。笔者曾看过一则报道，南京郊外乡间有一老人，数十年前借过城里的某人一笔钱，当他有了这笔钱归还时，借钱的人早已去世多年，这位老人将钱还给了他的家人，可见不忘初心的古风犹存。当今的一些老赖，应当好好读一读这个故事。

晏子礼贤

——选自《管晏列传》

晏子，即春秋时齐国贤相晏婴，他解救了越石父，认为越石父是一个贤者，但在礼遇上有疏失，受到越石父的批评，晏子立即改正，礼遇越石父。晏子不摆架子，平等谦和的品德值得学习，尤其是在高位的人，更应该向晏子看齐。

越石父贤，在缧绁[①]中。晏子出，遭之途，解左骖[②]赎之，载归。弗谢[③]，入闺[④]。久之，越石父请绝[⑤]。晏子戄然[⑥]，摄衣冠谢曰[⑦]："婴虽不仁，免子于厄[⑧]，何子求绝之速也?"石父曰："不然。吾闻君子诎于不知己而信于知己者[⑨]。方吾在缧绁中，彼不知我也。夫子既已感寤[⑩]而赎我，是知己；知己而无礼，固不如在缧绁之中。"晏子于是延入为上客[⑪]。

【注释】 ①缧绁（léi xiè）：拘系犯人的绳索，这里指被拘囚。 ②骖：古代卿的坐车四马，大夫三马，两旁的马称为骖。 ③弗谢：指晏子下车时没有向越石父做礼请的表示。 ④入闺：进入内室。 ⑤久之：指晏子在内室停留了较长的时间。请绝：越石父要求离去。 ⑥戄然：惊异的样子。 ⑦摄衣冠谢曰：整理好衣冠歉疚地说。 ⑧免子于厄：把您从危困中救出来。 ⑨"吾闻君子"句：君子可以受委屈于不知道自己的人，但在知己者面前应受到尊重。诎：通"屈"，受委屈。信：通"伸"，受尊敬。 ⑩感寤：了解。 ⑪延：邀请。上客：上等宾客，宴会时坐上席。

译文

越石父是个有才能的人，因罪被捕服劳役。晏子外出，在路上遇到了他，便解下车子左边的马把他赎救出来，并让他上车，带回了家。晏子到家后，没向越石父打招呼，就进入内室。过了很久，晏子还没出来，越石父请求离去。晏子大吃一惊，整理了衣帽道歉说："我晏婴说不上厚道，至少把你从危困中解救出来，你为什么这么快就要绝交而去呢?"越石父说："话不能这样说。我听说君子可以受委屈于不知道自己的人，但在知己者面前应受到尊重。当我正在服刑的时候，别人是不了解我的。先生既然了解我，把我赎救出来，这就是我的知己；既是知己而不以礼相待，还不如做囚犯。"晏子立即（将他）请进厅堂，待越石父为上宾。

点评

俗语说，"你敬我一尺，我敬你一丈"，因为尊重别人，亦是尊重自己。晏子救了越石父，但却怠慢了越石父，惹得越石父要与他断绝交往，晏子即时醒悟，待越石父为上宾。这个故事生动地说明了"敬人者，人恒敬之"的道理。

孟尝君待士

——选自《孟尝君列传》

孟尝君与宾客同吃一锅饭，亲如一家人，“孟尝君待士”为此提供了生动的例证。

孟尝君在薛，招致诸侯宾客及亡人有罪者，皆归孟尝君。孟尝君舍业①厚遇之，以故倾天下之士。食客数千人，无贵贱一与文等。孟尝君待客坐语，而屏风后常有侍史②，主记君所与客语，问亲戚居处。客去，孟尝君已使使存问，献遗其亲戚。孟尝君曾待客③夜食，有一人蔽火光。客怒，以饭不等，辍食辞去。孟尝君起，自持其饭比之。客惭，自刭。士以此多归孟尝君。孟尝君客无所择④，皆善遇之。人人各自以为孟尝君亲己。

【注释】 ①舍业：（为之）筑房舍，立家业。 ②侍史：书记员。 ③待客：陪客人吃饭。 ④客无所择：孟尝君招致宾客，不加选择，故“鸡鸣狗盗”之徒亦养之。

孟尝君在薛邑，大量招收吸纳诸侯国的宾客以及有罪而逃亡的士人，他们都来投靠孟尝君。孟尝君为他们筑房舍，立家业，因此天下的士人都倾慕孟尝君的为人。孟尝君的食客达到数千人，他们的待遇不分贵贱，一律与孟尝君相同。孟尝君与宾客坐着交谈时，屏风后经常有书记员，负责记录孟尝君与客人的谈话，孟尝君也常问宾客的亲属住在什么地方。宾客刚刚离开，孟尝君就已经派人去慰问，并将礼物赠送给宾客的亲属。有一次，孟尝君招待客人吃晚饭，席上有一人遮蔽了灯光。客人很生气，认为饭食不一样，没吃完饭就要告辞。孟尝君站起来，拿自己的饭与客人的对比。客人惭愧得无地自容，自杀身死。因此，很多士人都归附了孟尝君。孟尝君对客人不加选择，都用极高的待遇来接待。人人都认为孟尝君对自己是很亲切的。

点评

这是一则平等待人的故事。孟尝君出使秦国，遭秦扣留不归，得到门客中“鸡鸣狗盗”之徒的帮助而脱险离开秦国，这得益于他能平等待人啊。

负荆请罪将相和

——选自《廉颇蔺相如列传》

题解

赵国名将廉颇有攻城野战之功，威名远扬，为上将军。蔺相如出使秦国不辱君命，完璧归赵，渑池之会折辱秦王，赵王任用为国相。蔺相如原本只是大夫级官者令的门客，直线上升，位在廉颇之上。廉颇很不服气，认为蔺相如口舌之劳怎能和自己出生入死的战功相比，扬言只要相遇就要折辱蔺相如。蔺相如闻言主动退避，他的门客感到耻辱，纷纷告退，蔺相如开导门客说："将相和，国家之福；将相内讧，国家之祸。我蔺相如避让廉将军是'先国家之急而后私仇'，个人恩怨要服从国家利益。"廉颇听后非常敬佩蔺相如的胸怀坦荡，认识到了自己的错。好一个廉颇，闻过则改。他袒露上身，背负用带刺的荆条做的鞭子，到蔺相如府上登门谢罪。两人交好，成了生死之交，团结对敌，秦国在此后十几年中不敢侵犯赵国。这个故事就是"负荆请罪"与"将相和"两个词语的来源。如今一方主动求和、双方交好的宴会，或者一方向另一方道歉的行为都称为"负荆请罪"。蔺相如和廉颇两人"先国家之急而后私仇"的高尚情怀，已积淀为爱国主义的思想源泉，影响了中国几千年。

原文

既罢归国，以相如功大，拜为上卿，位在廉颇之右①。廉颇曰："我为赵将，有攻城野战②之大功，而蔺相如徒以口舌为劳，而位居我上，且相如素贱人③，吾羞，不忍为之下④。"宣言曰："我见相如，必辱之。"相如闻，不肯与会。相如每朝时，常称病，不欲与廉颇争列。已而相如出，望见廉颇，相如引车避匿。于是舍人相与谏曰："臣所以去亲戚[⑤]而事君者，徒慕君之高义[⑥]也。今君与廉颇同列，廉君宣恶言[⑦]，而君畏避之，恐惧殊甚[⑧]，且庸人[⑨]尚羞之，况于将相乎！臣等不肖，请辞去。"蔺相如固止之[⑩]，曰："公之视廉将军孰与秦王？"曰："不若也。"相如曰："夫以秦王之威，而相如廷叱之，辱其群臣，相如虽驽[⑪]，独畏廉将军哉？顾吾念之，强秦之所以不敢加兵于赵者，徒以吾两人在也。今两虎共斗，其势不俱生，吾所以为此者，以先国家之急而后私仇也。"廉颇闻之，肉袒负荆[⑫]。因宾客至蔺相如门谢罪，曰："鄙贱之人，不知将军宽之至此也！"卒相与欢[⑬]，为刎颈之交[⑭]。

【注释】 ①位在廉颇之右：朝会时的位次在廉颇之上。 ②野战：在要塞或野外与敌人决战。 ③素贱人：向来地位低下，指蔺相如原是宦者令的舍人。 ④不忍为之下：不能容忍屈居于蔺相如之下。 ⑤去亲戚：离开亲人。 ⑥高义：高出于人的行事、道义。 ⑦宣恶言：传出坏话。 ⑧恐惧殊甚：胆怯得太过分了。 ⑨庸人：平凡的人，指普通平民。 ⑩固止之：坚决阻止他们离去，即真心挽留。 ⑪驽（nú）：劣马，此喻人才拙劣。 ⑫负荆：背负荆杖。荆：指用带刺的荆条做成的鞭子。 ⑬欢：交好。 ⑭刎颈之交：生死之交，急难时可以互为牺牲生命。

蔺相如渑池之会结束后回到赵国，因为功劳大，被任命为上卿，排位在廉颇之上。廉颇说："我是赵国将军，有攻城野战的大功，而蔺相如仅凭一张嘴巴立功，（他的地位）却在我之上，何况蔺相如一直是个下等人，我感到羞耻，不能忍受屈居于蔺相如之下。"廉颇扬言说："我碰到蔺相如，一定要羞辱他。"蔺相如听到后，不愿和廉颇相会。每逢上朝的时候，蔺相如常常推说有病，不愿去和廉颇争位置的高低。不久，蔺相如外出，远远望见廉颇来了，蔺相如就叫车子赶快避开。蔺相如的门客争先恐后地劝说蔺相如："我们之所以离开亲人前来侍奉您，只不过是仰慕您的高尚节义。如今您与廉颇为同等级的官员，廉将军公开传出坏话，而您害怕躲避，胆怯得要命，即使一个平常人也感到羞辱，何况是将相大臣哩。我等没才干，请求辞别。"蔺相如坚决挽留他们，说："你们看廉将军比得上秦王吗？"大家说："比不上。"蔺相如说："这就对了。"以秦王的威风，我蔺相如还敢在朝廷上斥责他，侮辱他的群臣，我蔺相如虽然平庸无能，难道单单怕一个廉将军吗？只是我经常想，强秦之所以不敢发兵攻打赵国，就是因为有我们两人在啊。如今要是两虎相斗，一定是不能并存。我这样做的缘故，是把国家的危难放在前头，把个人的私仇放在后面。”廉颇听说了这些话，十分惭愧，就袒露上身，背上荆条，由宾客带引到蔺相如府上道歉，说：“我这个粗人，不知道将军对我如此宽厚。”最终两人交好，成了生死之交。

这是一则暗写和好交欢的宴会。古往今来，相争双方化解矛盾，都要设宴创造一种气氛，一笑泯恩仇。俗话说“一山不能容二虎”，这是两强相争的局面。如果两强共事，有一方退让，另一方大多如廉颇知耻而后勇，也会退让，于是双方退让，和谐共事。廉颇“负荆请罪”，将相和而赵强。西汉初，陈平、周勃也上演了将相和，共除诸吕的故事，退让的一方也是为相的陈平。一般说，相的地位高于将。两强相遇，强势一方先退让，总是有好结果，看来为人处于强势，首先要讲让德。其次，弱势的一方要学廉颇，知错而能改，更是难能可贵。蔺相如与廉颇，一方退让，一方改过，双方共同演绎了一出“先国家之急而后私仇”的爱国主义情怀，流芳百世，万古长存。

厚具乐饮释嫌隙

——选自《郦生陆贾列传》

陈平归汉为谋臣，以周勃为首的一批将军不服，在汉王刘邦面前说陈平的坏话，诬蔑陈平盗嫂受金。吕太后当政时，陈平为相，周勃为太尉，两人有过节，不来往。陆贾看到诸吕势力日益增强，危及汉室，便对陈平说："天下安，注意相；天下危，注意将。将相和调……天下虽危，即权不分。"陈平十分赞同陆贾的观点，采纳陆贾的建议"厚具乐饮"，用五百金厚礼送给周勃，礼尚往来，周勃还以五百金，于是将相和调，往来宴会不断，饮酒谈论，削弱了诸吕势力，并为诛除诸吕奠定了基础。陈平答谢陆贾和合将相，送钱五百万。陆贾运用这笔钱来与公卿交游，名声越来越大，成为诛除诸吕势力的核心人物。

吕太后时，王诸吕，诸吕擅权，欲劫少主，危刘氏①。右丞相陈平患之，力不能争，恐祸及己，常燕居深念②。陆生往请③，直入坐，而陈丞相方深念，不时见④陆生。陆生曰："何念之深也？"陈平曰："生揣我何念⑤？"陆生曰："足下位为上相，食三万户侯，可谓极富贵无欲矣。然有忧念，不过患诸吕、少主耳。"陈平曰："然。为之奈何？"陆生曰："天下安，注意相；天下危，注意将。将相和调，则士务附⑥；士务附，天下虽有变，即权不分。为社稷计，在两君掌握耳。臣常欲谓太尉绛侯⑦，绛侯与我戏⑧，易吾言⑨。君何不交欢太尉，深相结？"为陈平画吕氏数事。陈平用其计，乃以五百金为绛侯寿，厚具乐饮；太尉亦报如之。此两人深相结，则吕氏谋益衰。陈平乃以奴婢百人，车马五十乘，钱五百万，遗陆生为饮食费。陆生以此游汉廷公卿间，名声藉甚⑩。

及诛诸吕，立孝文帝，陆生颇有力焉。孝文帝即位，欲使人之南越。陈丞相等乃言陆生为太中大夫，往使尉佗，令尉佗去黄屋称制⑪，令比诸侯，皆如意旨。语在南越语中。陆生竟以寿终。

【注释】 ①欲劫少主，危刘氏：打算挟持少帝，篡夺刘氏天下。少主，吕太后所立少帝，与诸吕同时被汉大臣所杀。 ②燕居深念：静居深思。 ③请：问候。 ④不时见：没有及时看见。陈平专心思虑，没有看见陆贾进门。 ⑤揣：测度。 ⑥务附：全心归附。 ⑦绛侯：太尉周勃。 ⑧戏：开玩笑。 ⑨易吾言：不重视我的话。 ⑩名声藉甚：名声因得此凭借，越来越大。 ⑪令尉佗去黄屋称制：说服尉佗不坐黄屋车，放弃了皇帝称号。黄屋：黄色丝绸的车盖，天子之仪。称制：称帝，尉佗称南越武帝。

吕太后当政时，吕家的人都封了王，吕氏家族因此把持了政权，打算挟持小皇帝，篡夺刘氏政权。左丞相陈平忧虑这事，又无力劝阻吕太后，还担心自己受祸，总是躲在家里冥思苦想。陆贾去看望陈平，径直进门坐下，而陈平正在深思，没有及时看见陆贾。陆贾说："怎么想得出神了？"陈平说："先生猜猜看我在想什么？"陆贾说："足下位为大丞相，食邑三万户侯，可以说是富贵已极，不会在这上面有想法了。可是你仍然忧虑重重，不过是担心吕氏家族和小皇帝的事罢了。"陈平说："正是这样，有什么办法呢？"陆贾说："天下安定，丞相重要；天下危难，将军重要。将相和调，那么士大夫就专心亲附；士大夫专心亲附，天下即使有变乱，政权也不会分裂。其实国家的安危大计，就在将和相两人的掌握之中。我常把这话对太尉周勃说，太尉就和我说笑话打岔，不重视我的话，你何不主动与太尉交好，互相紧密团结呢！"陆贾又为陈平谋画了对付吕氏的几个具体办法。陈平采纳了陆贾的计谋，就用五百金向太尉祝福，大办宴席，畅快地喝酒。太尉也反过来回报陈平。从此两人成为至交，因而吕氏的阴谋活动范围越来越小了。陈平为了答谢陆贾，送了他一百奴婢，五十套车马，五百万铜钱，作为他的宴请交际费。陆贾凭借这些钱与汉朝的王公大臣广泛交游，名声很大。

待到诛除诸吕，拥立孝文帝，陆贾都出了很大的力气。孝文帝即位，想派使者到南越去。陈丞相等人就推荐陆贾为太中大夫，出使南越，劝尉佗不坐黄屋车，去掉皇帝称号，让尉佗等同于诸侯，结果完全符合孝文帝的旨意。这些话已写在《史记》卷一一三《南越列传》中。陆生享尽天年而终。

点评

陈、周相将和调，在前一则故事中已提及，本故事中增加了一个和事佬陆贾。居中劝和的人古往今来也多有，这也是不可或缺的社会安定因素。《魏其武安侯列传》中有个“籍福”，也是陆贾一样的人，但由于多了一个灌夫搅局，籍福未能把和调窦、田两家外戚的事情办好。

卓文君夜奔

——选自《司马相如列传》

题解

“卓文君夜奔”是中国历史上第一篇才子佳人喜结连理的真实故事。绝代才子司马相如，巧设饭局，一曲弹奏，赢得卓文君的芳心。卓文君为了追求婚姻幸福，背叛了家庭，背叛了礼教，放弃了富家小姐生活，选择了令封建卫道士最为头疼的“私奔”方式，毅然地追随所爱的人去吃苦受累，饱尝生活的艰辛，体会人情冷暖，成为流传千古的佳话。临邛县令王吉运用智慧，假卓王孙之手巧设饭局是善意之举，成人之美，是最高友情的表现。司马迁写的这个故事，表达了妇女有追求幸福的权利，在两千多年前是超时空的进步观点。但也有人说，王吉帮助司马相如劫色劫财，呈现出有色眼镜的视角，不符合司马迁的创作精神，是进步思想观的一个倒退。

原文

会梁孝王[①]卒，相如归，而家贫，无以自业。素与临邛[②]令王吉相善，吉曰：“长卿久宦游不遂，而来过我[③]。”于是相如往，舍都亭[④]。临邛令缪为恭敬，日往朝相如。相如初尚见之，后称病，使从者谢吉[⑤]，吉愈益谨肃。临邛中多富人，而卓王孙家僮八百人，程郑亦数百人[⑥]。二人乃相谓曰：“令有贵客，为具[⑦]召之。”并召令。令既至，卓氏客以百数。至日中，谒司马长卿，长卿谢病不能往，临邛令不敢尝食，自往迎相如。相如不得已，强往[⑧]，一坐尽倾[⑨]。酒酣，临邛令前奏琴曰：“窃闻长卿好之，愿以自娱[⑩]。”相如辞谢，为鼓一再行[⑪]。是时卓王孙有女文君新寡，好音[⑫]，故相如缪与令相重，而以琴心挑之[13]。相如之临邛，从车骑，雍容闲雅甚都[14]；及饮卓氏，弄琴，文君窃从户窥之，心悦而好之，恐不得当也。既罢，相如乃使人重赐文君侍者通殷勤[15]。文君夜亡奔[16]相如，相如乃与驰归成都。家居徒四壁立[17]。卓王孙大怒曰："女至不材[18]，我不忍杀，不分一钱也。"人或谓王孙，王孙终不听。文君久之不乐，曰："长卿第[19]俱如临邛，从昆弟假贷犹足为生，何至自苦如此!"相如与俱之临邛，尽卖其车骑，买一酒舍酤酒，而令文君当炉[20]。相如身自著犊鼻裈[21]，与保庸[22]杂作，涤器[23]于市中。卓王孙闻而耻之，为杜门不出。昆弟诸公更谓王孙曰[24]："有一男两女，所不足者非财也。今文君已失身于司马长卿，长卿故倦游[25]，虽贫，其人材足依也，且又令客，独奈何相辱如此!"卓王孙不得已，分予文君僮百人，钱百万，及其嫁时衣被财物。文君乃与相如归成都，买田宅，为富人。

【注释】 ①梁孝王：刘武，汉景帝之弟，死于公元前144年。 ②临邛：县名，即今四川省邛崃县。 ③来过我：来拜访我。王吉让司马相如去见他，故意尊贵相如以惊动临邛富人。 ④舍都亭：住宿在临邛的驿亭里。 ⑤谢吉：司马相如辞绝王吉的拜访，以此抬高自己的身份。 ⑥卓王孙、程郑：二人为临邛的冶铁巨商，详见《货殖列传》。 ⑦为具：置办酒席。 ⑧强往：强打精神前往。 ⑨一坐尽倾：在座的所有客人都惊服羡慕。 ⑩自娱：自我欣赏以为欢娱。此为谦辞，意为不敢让相如为客人弹琴而请他自己玩赏。 ⑪鼓一再行：只弹奏了一两支曲子。鼓：弹奏。行：曲调之称，乐府有长歌行、短歌行等曲名。 ⑫好（hào）音：擅长音乐。 ⑬以琴心挑之：司马相如用琴歌来挑逗卓文君，向她诉说爱慕之情。 ⑭雍容闲雅：仪表堂堂而又文静高雅。甚都：非常大方。都：指都士之人的风度。 ⑮通殷勤：表达爱慕之情。 ⑯奔：女子私从男人曰奔。 ⑰家居徒四壁立：司马相如的家室空荡荡的，只有四面墙壁。徒：唯有，只有。 ⑱不材：不成器，没出息。 ⑲第：但。 ⑳炉：这里作动词用，在炉上热酒沽卖。 ㉑犊鼻裈（kūn）：像牛犊鼻子的围裙。 ㉒保庸：雇用工人。 ㉓涤器：洗刷器皿。 ㉔昆弟：兄弟。诸公：指临邛长者。 ㉕长卿故倦游：司马长卿本来是厌倦于官场宦游的人。意谓司马相如曾宦游官场，博学多才，现在不过是宦游厌倦了，并非无能。

梁孝王死后，司马相如只好回家，这时家里已经贫困，（他）无法谋生立

业。司马相如和临邛县令王吉一向交好，王吉说：“长卿你长久在外漂荡，求官不顺，到我这儿来做客吧。”这样，司马相如前往临邛，住宿在临邛的驿亭里。临邛县令王吉假装礼敬司马相如，每天都去拜访问候。司马相如起初礼见王吉，随后称病不见，只让随从向王吉道谢，王吉更加谨慎恭敬。临邛县里有很多富人，卓王孙最富，家中奴仆就有八百多，此外，程郑家的奴仆也有几百人。这两个人商量说：“我们的县令来了贵宾，我们应该设宴招待一次。”于是卓王孙置办了宴席，一并邀请了县令王吉。王吉到了卓家，见卓家请的各方面的客人有上百人。已到中午了，卓王孙派去请司马相如的人回报说，司马相如说有病不能来赴宴。临邛县令一看司马相如没有来，他自己不敢动筷子，还立刻起身亲自去请司马相如。司马相如没办法，只好勉强前往，他的风采使满座宾客惊服羡慕。等到饮酒正畅快尽兴时，临邛县令王吉给司马相如递过来一张琴，说：“早就听说您精于弹琴，请演奏一曲，为自己助兴。”司马相如推辞了一番，然后弹了一两支曲子。当时卓王孙的女儿卓文君刚死了丈夫，守寡在家，她喜爱音乐。所以，司马相如与县令王吉故意相互敬重，目的就是想通过弹琴来挑逗卓文君。司马相如到临邛来的时候，带了不少车马，表现得雍容华贵，气度不凡；等来到卓家一入宴会、一弹琴，卓文君偷偷地从门缝里察看司马相如的风采，心里非常喜欢，产生了爱慕之情，又担心自己配不上司马相如。待至宴会已毕，司马相如就派人厚厚地贿赂了卓文君的奴婢，让她们代为表达自己的情意。卓文君当晚就私奔到司马相如那里，司马相如立刻就带她驱车赶回成都。回成都后，司马相如家里除了四面墙壁外，一无所有。卓王孙听说女儿跑了，心中大怒，他说：“这个丫头这么不长进，我即使不忍心杀她，也决不分给她一文钱。”有人劝卓王孙不要这么无情，但卓王孙不听。就这样，过了一阵子，卓文君心中不乐，她对司马相如说：“我们尽管搬家到临邛居住，即使是和兄弟们借点钱也能维持生活，哪至于像现在这样，在这里这么自讨苦吃呢?”于是司马相如就和卓文君一起回到临邛。他们把车子卖掉，在市场上买下了一个小酒店，让卓文君站在柜台旁边卖酒，司马相如自己身穿像牛犊鼻子的围裙，与伙计们一起干活，当着街面洗刷器具。卓王孙听说如此，羞得闭门不出。这时，他的弟兄辈以及临邛的头面长者都出来劝说：“你卓王孙就一个儿子两个女儿，而缺少的不是钱财。现在卓文君已经嫁给司马长卿了。司马长卿厌烦做官，不是他无能，眼下虽然贫困，他的品貌才能是靠得住的，而且他又是咱们县令的朋友，你怎么能够让他们受这样的委屈呢!”卓王孙没办法了，只好分给了文君一百个奴仆，一百万钱以及她第一次出嫁时的衣服、被褥等财物。于是卓文君就带着这些人丁财物和司马相如又回到了成都，在成都买了一些房屋土地，成了富人。

“卓文君夜奔”是司马迁笔下的才子佳人故事，开启了传奇小说的先河。

三、外交宴会

【说明】外交，有广狭两义。广义外交，包括一切机关、团体以及人们之间的交际。狭义外交，专指国与国之间的交往，它是国家实现对外政策的重要手段。现代国家之间的外交，互派大使，国事访问，人身安全有保障，外交人员有豁免权，两国断交，只是驱逐外交人员。古代不是这样，互派大使是作为人质，使节的人身安全毫无保障，强者可以劫持弱者，如秦昭王甚至劫持了楚怀王。汉匈两国经常劫持、扣押对方使者，如苏武牧羊北海十九年持汉节不屈，这是家喻户晓的故事。可见，古代外交人员，孤身在外，情况复杂多变，前途难以预测，轻者受辱，重者身死，执行外交使命，往往不是美差，而是充满了艰辛与危险，非大智大勇的人不能胜任。那么，司马迁是怎样写外交宴会的呢?

·补　白·

和项王歌

〔西楚〕虞姬

汉兵已略地，四方楚歌声。
大王意气尽，贱妾何聊生。

夏日绝句

〔宋〕李清照

生当作人杰，死亦为鬼雄。
至今思项羽，不肯过江东。

蔺相如

〔元〕宋无

完璧归来难已纾，请秦击缶赵仍书。
情知两虎难相斗，望见廉颇即引车。

晋公子重耳过列国

——选自《晋世家》

题解

春秋五霸之一的晋文公重耳，由于晋国内乱，逃亡国外，历经卫、齐、曹、宋、郑、楚、秦列国，在外十九年，历经磨难，积累了丰富的政治经验。追随重耳的一批晋国政治精英，皆一时之选。齐、楚、秦等大国之君，在接待重耳的外交宴席上，展示了大国之君的胸怀与展望未来的眼光，十分优礼重耳。卫、曹、郑等小国之君，目光短浅，用世俗狭隘的眼光接待重耳，傲慢无礼，看不起逃难中的重耳，后来吃了大亏。重耳过列国的故事，表现出外交艺术不仅要重视实力，而且要重视身为政治潜力股的历史伟人。楚成王以国君之礼优待重耳，以及两人在宴会上的对话，提供了经典外交的范例。

原文

过卫，卫文公不礼。去，过五鹿①，饥而从野人②乞食，野人盛土器中③进之。重耳怒。赵衰曰："土者，有土也，君其拜受之。"

……④

【注释】 ①五鹿：卫邑，在今河南省濮阳县东北。 ②野人：乡野之人，指农夫。 ③盛土器中：把土块装在食器中。 ④省略号删节的一段，是重耳"过齐"，作为一独立宴会选入第十三类"诀别宴会"，故本题删略。

原文

过曹，曹共公不礼，欲观重耳骈胁。曹大夫釐负羁曰："晋公子贤，又同姓，穷来过我，奈何不礼！”共公不从其谋。负羁乃私遗重耳食，置璧其下。重耳受其食，还其璧。

去，过宋。宋襄公新困兵于楚，伤于泓，闻重耳贤，乃以国礼礼于重耳。宋司马公孙固善于咎犯，曰：“宋小国新困，不足以求入，更之大国。”乃去。

过郑，郑文公弗礼。郑叔瞻谏其君曰：“晋公子贤，而其从者皆国相，且又同姓。郑之出自厉王，而晋之出自武王。”郑君曰：“诸侯亡公子过此者众，安可尽礼！”叔瞻曰：“君不礼，不如杀之，且后为国患。”郑君不听。

重耳去之楚，楚成王以适诸侯礼待之①，重耳谢不敢当。赵衰曰：“子亡在外十余年，小国轻子，况大国乎？今楚大国而固遇子②，子其毋让，此天开子也。”遂以客礼见之。成王厚遇重耳，重耳甚卑③。成王曰：“子即反国④，何以报寡人？”重耳曰：“羽毛齿角玉帛，君王所余，未知所以报。”王曰：“虽然，何以报不谷⑤？”重耳曰：“即不得已，与君王以兵车会平原广泽，请辟王三舍⑥。”楚将子玉怒曰：“王遇晋公子至厚，今重耳言不孙⑦，请杀之。”成王曰：“晋公子贤而困于外久，从者皆国器⑧，此天所置，庸可杀乎？且言何以易之⑨！”居楚数月，而晋太子圉亡秦，秦怨之；闻重耳在楚，乃召之。成王曰：“楚远，更数国乃至晋。秦晋接境，秦君贤，子其勉行！”厚送重耳。

【注释】 ①去之楚：离开郑国到楚国去。适诸侯礼待之：相当于以诸侯礼招待重耳。适：通“适”，相当。 ②固遇子：坚持用诸侯礼招待你。 ③卑：谦恭。 ④反国：回国。 ⑤不谷：古代诸侯对自己的谦称。 ⑥辟王三舍：退让三舍之地。三十里为一舍。辟：通“避”。 ⑦孙：通“逊”。 ⑧国器：栋梁之材。 ⑨且言何以易之：（重耳的）话没有错，他不这样说还能说别的什么呢！

重耳至秦，缪公以宗女五人妻重耳，故子圉妻与往。重耳不欲受，司空季子曰①：“其国且伐，况其故妻乎！且受以结秦亲而求

人，子乃拘小礼，忘大丑乎！”遂受。缪公大欢，与重耳饮。赵衰歌《黍苗》诗[②]。缪公曰：“知子欲急反国矣。”赵衰与重耳下，再拜曰：“孤臣之仰君，如百谷之望时雨。”是时晋惠公十四年秋。惠公以九月卒，子圉立。十一月，葬惠公。十二月，晋国大夫栾、郤等闻重耳在秦，皆阴来劝重耳、赵衰等反国，为内应甚众。于是秦缪公乃发兵与重耳归晋。晋闻秦兵来，亦发兵拒之。然皆阴知公子重耳入也。唯惠公之故贵臣吕、郤之属[③]不欲立重耳。重耳出亡凡十九岁而得入，时年六十二矣，晋人多附焉。

【注释】 ①司空季子：胥臣。 ②《黍苗》：《诗经·小雅》篇名，其中有“盖（盍）云归哉”之言，故秦缪公曰：“知子急欲反国矣。” ③吕、郤之属：吕省、郤芮。

译文

重耳等人经过卫国，卫文公没有以礼相待。重耳离开卫国，路过卫国的五鹿时，十分饥饿，就向当地农夫讨吃的。那人把土装在器物中给重耳，重耳非常生气。赵衰劝阻说：“给你土，预示着你将来拥有土地，你应该拜谢接受下来。”

……

经过曹国时，曹共公也很不礼貌，甚至想观看重耳身上连成一片的肋骨。曹国大夫釐负羁劝曹共公说：“晋国公子重耳非常贤能，又与我们同姓，现在遇到困难才来到我国，为什么不以礼相待呢？”曹共公一意孤行，拒不听从他的意见。釐负羁就私下送食物给重耳，并把一块玉璧放在食物下面。重耳接受了食物，退还了玉璧。

离开曹国以后，重耳等人又路经宋国。宋襄公由于刚刚遭到楚军的沉重打击，自己也在泓水之战中负了伤，听说重耳是位贤德的人，就用国宾的礼节款待重耳。宋国司马公孙固与咎犯（狐偃）关系很好，就对咎犯说：“宋是一个小国家，又在最近吃了败仗，不值得要求留在这里，还是换到另外的国家去吧。”因此，重耳一行又离开了宋国。

重耳经过郑国时，郑文公也没有以礼相待。郑叔瞻劝谏郑文公说：“晋公子重耳很贤明，跟从他的那些人也个个都有宰相之才，而且重耳与郑国又是同姓。郑国国君是周厉王的后代，而晋国国君是周武王的后代。”郑文公说：“诸侯各国逃亡出来经过这里的公子很多，哪里能够全部以礼相待？”叔瞻又说："国君您如果不能以礼相待，那不如把他们都杀了，免得以后给国家留下祸患。"郑文公也不听。

重耳离开郑国，又到了楚国，楚成王用相当于诸侯礼的规格隆重招待重耳。重耳不敢接受，想推辞。赵衰说："你流亡在外已经十多年了，连小国都轻视你，更不用说大国了。如今楚国是大国，而坚持用诸侯礼招待你，你不必推让，这是天意要让你发达了。"于是用宾客之礼与楚成王相见。楚成王用厚礼款待重耳，重耳态度非常谦恭。楚成王问重耳："你如果回到晋国，拿什么东西来报答我?"重耳说："名贵的羽毛、象牙、兽角、玉帛，君王你有多余的，我不知道用什么报答。"楚成王坚持说："虽然如此，总要拿点什么报答我。"重耳说："如果万不得已，晋、楚交战时，与君王的兵车在平原大泽中相遇，我请求退让三舍之地。"楚国将领子玉听了，愤怒地说："君王对晋公子这样厚礼优待，现在重耳却出言不逊，请杀了他。"楚成王说："晋公子重耳很贤能，流亡在外也很久了，跟从他的人都是栋梁之材，这是老天安排的，怎么可以杀呢?再说重耳的话也没有错，他不这样说还能说别的什么呢?"重耳在楚国住了几个月，这时在秦国做人质的晋国太子圉逃离了秦国，秦国很恼火，听说重耳在楚国，就派人来请重耳去秦国。楚成王对重耳说："楚国太远了，要经过几个国家才能到晋国。秦国和晋国却国土相接，秦国的国君又很能干，你还是去那里!"重耳走时，楚成王又送了份厚礼。

重耳到秦国以后，秦穆公把自己宗族中的五个姑娘都嫁给了重耳，其中一个曾经是晋太子圉的妻子。重耳不想接受，司空季子劝告说："子圉的国家都准备去攻打，更何况他的前妻呢!而且你接受之后，就与秦国成了亲家，可以求它帮你回国。你怎能拘泥于小节，而忘掉奇耻大辱呢?"于是重耳就接受了这五个女子。秦穆公因此十分高兴，就设宴款待重耳。在宴会上，赵衰吟唱了一首《黍苗》诗。秦穆公听后说："我知道你们想急着回国了。"赵衰与重耳走下座位，向秦穆公拜谢两次说："我们仰仗君王，就像久旱的禾苗盼望及时雨一样。"这时，正是晋惠公十四年秋天。晋惠公在这一年九月去世，太子圉继位。十一月，晋国安葬了晋惠公。十二月，晋国大夫栾枝、郤縠等人听说重耳在秦国，就暗中派人来劝说重耳、赵衰等回国，说晋国愿意做内应的人非常多。因此秦穆公就派兵护送重耳回晋国。晋怀公听说秦兵来了，也马上出兵抵抗。然而大家心里都明白公子重耳要回国争君位了。只有晋惠公原先的贵臣吕省、郤芮这班人不愿意立重耳为国君。重耳在外面流亡了十九年才得以回国，这时他已六十二岁了，(但)晋国人大多数都拥戴他。

“礼”的一般意义是指人类活动的各种规范和仪则，衣、食、住、行皆有礼仪。国与国之间的外交宴会是“食”的最高层级，看起来是宾主之间的一番觥筹交错，实质却是国家大政，马虎不得。重耳过列国，齐、楚、秦等大国接待重耳给予了最高礼遇，国家元首出席，待重耳以平等的宾主之礼，视重耳为未来的晋国元首，播下了和平的种子；而曹、郑小国不以礼遇，视重耳为落难公子，曹共公甚至还要窥探重耳隐私，他们的鼠目寸光在日后给国家带来大灾难。人际交往中，“礼”是大事，正如俗话所说的礼多人不怪，尤须记取。

须贾马食

——选自《范雎蔡泽列传》

外交宴会，并不都是鲜花掌声，有时充满凶险，有的被刺杀，有的被毒杀，或者被劫持。魏国大夫须贾使秦，在列国外宾云集的宴会席上被强喂马料，也真是新鲜。原来须贾嫉贤妒能，他有一个叫范雎的下属，善辩有才，他们曾一同使齐，齐王欣赏范雎的才能，送了厚礼。须贾回国后，向魏相魏齐打小报告，诬陷范雎出卖情报，范雎受尽折磨，差点被处死。后范雎逃亡到秦国，化名张禄，做了秦相，扬言攻打魏国，目的是引诱须贾使秦，报仇雪恨。幸亏须贾发了善心，赐了化装成“打工仔”的范雎一顿饭，还送了一件粗绸袍子，这才保住了性命。范雎不杀须贾，却在宴会席上强喂马食羞辱，留着他回到魏国报信，要魏王送魏齐的人头到秦国。魏齐闻知，赶紧逃亡了。

范雎者[①]，魏人也，字叔。游说诸侯，欲事魏王，家贫无以自资，乃先事魏中大夫须贾[②]。

【注释】 ①范雎（suī）：黄善夫本、武英殿本作“睢”，金陵本作“雎”。战国秦汉时人名多以“且”为名，则范雎，为是。 ②中大夫：掌议论之官。魏王：指魏昭王，名遫，公元前295至公元前277年在位。

须贾为魏昭王使于齐，范雎从。留数月，未得报[①]。齐襄王[②]闻雎辩口，乃使人赐雎金十斤及牛酒，雎辞谢不敢受。须贾知之，大怒，以为雎持魏国阴事[3]告齐，故得此馈，令睢受其牛酒，还其金。既归，心怒睢，以告魏相。魏相，魏之诸公子，曰魏齐。魏齐大怒，使舍人笞击睢，折胁摺齿[4]。睢佯死，即卷以箦[5]，置厕中。宾客饮者醉，更溺睢[6]，故僇辱[7]以惩后，令无妄言者。睢从箦中谓守者曰："公能出我，我必厚谢公。"守者乃请出弃箦中死人。魏齐醉，曰："可矣。"范睢得出。后魏齐悔，复召求之。魏人郑安平闻之，乃遂操[8]范睢亡，伏匿，更名姓曰张禄。

【注释】 ①未得报：没得要领，没有结果。 ②齐襄王：即田法章，公元前 283 年至前 265 年在位。 ③阴事：秘密事。此处指须贾妄疑范睢出卖情报。 ④折胁摺齿：打断了肋骨和牙齿。 ⑤卷以箦：以席卷尸。箦：用苇荻编织的席垫。 ⑥溺睢：用小便淋睢身。 ⑦僇辱：践踏羞辱。 ⑧操：携带。

范睢既相秦，秦号曰张禄，而魏不知，以为范睢已死久矣。魏闻秦且东伐韩、魏，魏使须贾于秦。范睢闻之，为微行[1]，敝衣间步之邸[2]，见须贾。须贾见之而惊曰："范叔固无恙乎[3]！"范睢曰："然。"须贾笑曰："范叔有说于秦邪?"曰："不也。睢前日得过[4]于魏相，故亡逃至此，安敢说乎！"须贾曰："今叔何事?"范睢曰："臣为人庸赁[5]。"须贾意哀之[6]，留与坐饮食，曰："范叔一寒[7]如此哉！"乃取其一绨袍[8]以赐之。须贾因问曰："秦相张君，公知之乎？吾闻幸[9]于王，天下之事皆决于相君。今吾事之去留[10]在张君。孺子岂有客习于相君者哉?"范睢曰："主人翁习知之[11]。唯睢亦得谒，睢请为见君于张君。"须贾曰："吾马病，车轴折，非大车驷马，吾固不出。"范睢曰："愿为君借大车驷马于主人翁。"

【注释】 ①微行：便装出行。 ②邸：宾馆。 ③固无恙乎：一向好吗？恙：病痛。 ④得过：得罪。 ⑤庸赁（lìn）：为人做帮工。 ⑥哀：同情，怜悯。 ⑦寒：贫困。 ⑧绨袍：粗绸做的袍子。 ⑨幸：得宠。 ⑩去留：喻成败。 ⑪习知之：很熟悉了解秦相。

范睢归取大车驷马，为须贾御之[1]，入秦相府。府中望见，有

识者皆避匿。须贾怪之。至相舍门，谓须贾曰："待我，我为君先入通于相君。"须贾待门下，持车良久②，问门下曰："范叔不出，何也?"门下曰："无范叔。"须贾曰："乡者与我载而入者。"门下曰："乃吾相张君也。"须贾大惊，自知见卖③，乃肉袒膝行④，因门下人谢罪。于是范睢盛帷帐⑤，侍者甚众，见之。须贾顿首言死罪，曰："贾不意君能自致于青云之上⑥，贾不敢复读天下之书，不敢复与天下之事。贾有汤镬⑦之罪，请自屏于胡貉之地⑧，唯君死生之⑨!"范睢曰："汝罪有几?"曰："擢贾之发以续贾之罪⑩，尚未足。"范睢曰："汝罪有三耳。昔者楚昭王时而申包胥为楚却吴军⑪，楚王封之以荆五千户，包胥辞不受，为丘墓⑫之寄于荆也。今睢之先人丘墓亦在魏，公前以睢为有外心于齐而恶⑬睢于魏齐，公之罪一也。当魏齐辱我于厕中，公不止，罪二也。更醉而溺我，公其何忍乎？罪三矣。然公之所以得无死者，以绨袍恋恋⑭，有故人之意，故释公。"乃谢罢⑮。入言之昭王，罢归须贾⑯。

【注释】 ①御：驾车。 ②持车良久：须贾在车上等了好长时间。 ③见卖：被骗上当。 ④肉袒膝行：赤膊露体，跪着走路，表示请罪。 ⑤盛帷帐：悬挂很多帷帐，示其富贵。 ⑥不意：没料想。青云之上：一步登天。 ⑦汤镬（huò）：古代酷刑之一，将罪人烹煮，下油锅。 ⑧屏：放逐。胡貉之地：少数民族所居的边荒之地。 ⑨唯君死生之：是死是活听凭你安排。 ⑩擢贾之发以续贾之罪：我的罪比我的头发根数还要多，喻难以计数。擢，拔起。续，一桩接一桩地计数。 ⑪"申包胥"句：公元前506年，吴军破楚入郢，楚大夫申包胥借秦兵拯救了楚国。 ⑫丘墓：一冢土坟，即祖坟。 ⑬恶（wù）：说坏话。 ⑭以绨袍恋恋：依恋送绨袍之情。 ⑮谢罢：有礼貌地结束这次会见。 ⑯罢归：驱逐须贾回国，不以他为魏使。

须贾辞于范睢，范睢大供具①，尽请诸侯使，与坐堂上，食饮甚设②。而坐须贾于堂下，置莝豆③其前，令两黥徒夹而马食之④。数⑤曰："为我告魏王，急持魏齐头来！不然者，我且屠大梁⑥。"须贾归，以告魏齐。魏齐恐，亡走赵，匿平原君所。

【注释】 ①大供具：大摆筵席。 ②食饮甚设：筵席备办得极其丰盛。 ③莝（cuò）

豆：拌有豆子的喂马的草料。莝：铡碎的草。 ④令两黥徒夹而马食之：派两个囚犯夹持须贾，逼他食马料。 ⑤数：数落。 ⑥大梁：魏都城，今河南省开封市。

范雎是魏国人，字叔。他向各国诸侯游说，尤其想在魏王手下谋个官职，可是家里贫穷，没有活动经费，便先投靠魏国的中大夫须贾。

须贾奉魏昭王命出使齐国，范雎随从。在齐国等了几个月，也未得到齐国的答复。齐襄王听说范雎口才很好，便派人送给范雎黄金十斤及牛肉美酒，范雎推辞不敢接受。须贾知道后，十分生气，认为是范雎将魏国的情报告诉了齐国，因此才得到馈赠，命范雎收下牛肉美酒，退还黄金。须贾回到魏国后，心里对范雎仍十分恼怒，便将此事告诉了魏相。这时担任魏相的是魏国公子魏齐。魏齐大怒，让家臣抽打范雎，打断了肋骨和牙齿。范雎假装死去，就被卷在苇席中，丢在厕所。宾客中有喝醉的人，便尿在范雎身上，故意百般侮辱，用以惩戒以后的人，不要乱讲话。范雎在苇席中对看守人说："你要是能救我出去，我一定重谢你。"看守人于是请求由他出去抛弃苇席中的死人。魏齐已经喝醉，回答说："可以。"就这样，范雎得以逃出。后来魏齐后悔放了范雎，又派人到处找他。魏国人郑安平听说此事后，便带着范雎一起逃亡，躲躲藏藏，范雎改名叫张禄。

范雎逃到秦国当了秦相，在秦国就叫张禄，而魏国人还不知道此事，以为范雎早已经死了。魏国听说秦军要东向讨伐韩、魏，便派须贾出使秦国。范雎听说后，换了便服去见须贾，故意穿着破衣服，走着小道到了须贾住的宾馆。须贾见到范雎后，大惊失色，说："范叔一向好吗？"范雎回答说："是。"须贾笑着说："范叔想游说秦国吗？"回答说："不。我以前得罪过魏相，所以逃到这里，哪里还敢再游说呢？"须贾说："那么范叔现在做什么事呢？"范雎说："我替别人做帮工。"须贾很同情他，留他一块儿吃饭，说："范叔怎么穷到了这种程度！"于是取了一件粗绸袍相赠。须贾接着问："秦国张相，你了解吗？我听说他很得秦王宠幸，天下大事都由他决定。如今我的使命之成败关键在张相，你小子那里可有熟悉张相的人吗？"范雎说："我的主人便熟悉张相，连我也见过几面，我可以推荐你去见张相。"须贾说："我的马病了，车轴也折了，没有驷马高车，我是不能出去见人的。"范雎说："我可以为你去向主人借驷马高车。"

范雎回府取来驷马高车，并亲自替须贾驾车。车到秦相府，府中人看到后，认识的人都赶紧避让躲藏。须贾感到很奇怪。到了相府门，范雎对须贾说："等我一下，我替你先到张相那儿通报。"须贾在车上等了好长时间，便问守门人说："范叔怎么不出来呢？"守门人说："没见什么范叔。"须贾说："就是刚才和我一同坐车来的那个人啊！"守门人说："那就是我们张相。"须贾大吃一惊，自知上当，于是赤身跪行，请守门人代他向范雎表示请罪。这时范雎坐在富丽堂皇的帷幕中，在众多侍从人员的陪同下，接见须贾。须贾口称死罪，叩头说："我没想到您能凭自己的本事一步登天，我不敢再读天下的书，我不敢再参与天下的事了。我的罪过，下油锅也不为过。请让我把自己放逐到边远之地去，生死由您发落。"范雎说："您有几项罪呢？"须贾说："拔光我的头发来数我的罪也数不清。"范雎说："你有三罪。当年楚昭王时申包胥替楚国赶走吴军，楚王将荆地五千户封给申包胥，申包胥辞而不受，因为祖坟在楚国。如今我祖先的坟墓也在魏国，你认为我私通齐国而在魏齐面前说我的坏话，这是第一罪。当魏齐在厕所里侮辱我，你不加制止，这是第二罪。有人趁着酒醉向我撒尿，你怎么能忍心呢？这是第三罪。但我所以能饶你不死的原因，是看你赠袍之情，还有乡亲的情谊，所以我放了你。"于是有礼貌地结束了这次会见。向秦昭王禀告此事，驱逐须贾回魏国。

须贾向范雎辞行，范雎大摆筵席，遍请各诸侯国的使者参加，一起坐在堂上，酒菜十分丰盛。而让须贾坐堂下，给他面前放着供马吃的草料，派两个囚犯挟持须贾，逼他吃马料。并数落须贾，说："替我转告魏王，赶快把魏齐的人头送来！如若不然，我将灭了大梁城。"须贾回去后，将情况告诉魏齐。魏齐害怕，便投奔赵国，藏在赵国平原君的家里。

点评

须贾马食，自酿苦果，可为嫉贤妒能者戒。

蔺相如完璧归赵

——选自《廉颇蔺相如列传》

题解

蔺相如是战国中期人。他智勇双全，出使秦国维护了赵国的利益，以他的智慧和勇敢挫败了秦昭王君臣以诈术图谋赵国的国宝和氏璧的狼子野心，完璧归赵。由于秦强赵弱，秦昭王诡称用十五座城来换取赵王的和氏璧，这明显是不等价的交换，再值钱的宝玉也换不了十五座城的高价。秦昭王以势压人，故意用不等价的交换来骗取赵王手中的国宝。蔺相如胸有成竹，以诈对诈，以骗对骗，他只是把和氏璧向秦昭王展示了一番，就将其骗回送还赵王，向世人昭示赵国守信用的名誉。秦王真要换，就要一手交钱，一手交货，先割城给赵，因为赵国已经派专使到秦国展示了宝玉。蔺相如用其大智大勇揭穿了秦王的骗局。秦王为顾全面子，见强取无望，只好优礼蔺相如。蔺相如在秦廷上怒斥秦王，在九宾大礼招待列国使节的宴会上巧对秦王，意气洋洋。

原文

廉颇者，赵之良将也，赵惠文王十六年①，廉颇为赵将伐齐，大破之，取阳晋②，拜为上卿③，以勇气闻于诸侯。蔺相如者，赵人也，为赵宦者令缪贤舍人④。

【注释】 ①赵惠文王十六年：公元前 283 年。 ②阳晋：齐邑，在今山东省菏泽市西北。 ③上卿：仅次于国相的大臣。 ④缪（miào）贤：人名，为宦官首领。舍人：担有职事的门客。

原文

赵惠文王时，得楚和氏璧①。秦昭王闻之，使人遗赵王书，愿以十五城请易[2]璧，赵王与大将军廉颇诸大臣谋：欲予[3]秦，秦城恐不可得，徒见欺[4]；欲勿予，即患秦兵之来[5]。计未定，求人可使报秦者[6]，未得。宦者令缪贤曰："臣舍人蔺相如可使。"王问："何以知之？"对曰："臣尝有罪，窃计[7]欲亡走燕，臣舍人相如止臣，曰：'君何以知燕王？'臣语曰：'臣尝从大王与燕王会境上，燕王私握臣手，曰："愿结友。"以此知之，故欲往。'相如谓臣曰：'夫赵强而燕弱，而君幸[8]于赵王，故燕王欲结于君。今君乃[9]亡赵走燕，燕畏赵，其势必不敢留君，而束君[10]归赵矣。君不如肉袒[11]伏斧质请罪，则幸[12]得脱矣。'臣从其计，大王亦幸赦臣。臣窃以为其人勇士，有智谋，宜[13]可使。"于是王召见，问蔺相如曰："秦王以十五城请易寡人之璧，可予不[14]？"相如曰："秦强而赵弱，不可不许。"王曰："取吾璧，不予我城，奈何？"相如曰："秦以城求璧而赵不许，曲[15]在赵；赵予璧而秦不予赵城，曲在秦。均之二策[16]，宁许以负秦曲[17]。"王曰："谁可使者？"相如曰："王必[18]无人，臣愿奉[19]璧往使。城入赵而璧留秦；城不入，臣请完璧归赵[20]。"赵王于是遂遣相如奉璧西入秦。

【注释】 ①和氏璧：《韩非子·和氏篇》记叙，楚人卞和于楚山得璞（pú，含玉的石头）经雕琢成美玉，称为和氏璧。 ②易：交换。 ③予：同"与"。 ④徒见欺：白白地受欺骗。见：被。 ⑤患：忧虑。 ⑥求人可使报秦者：寻求能充当使者去答复秦国的人。 ⑦窃计：私下打算。 ⑧幸：受宠幸。 ⑨乃：竟然。 ⑩束君：把你抓起来。束：捆绑。 ⑪肉袒：脱去上衣，露出肉体，表示服罪就刑。 ⑫幸：侥幸。 ⑬宜：适宜、胜任。 ⑭不（fǒu）：读"否"。 ⑮曲：理亏。 ⑯均之二策：衡量这两种办法。均：通"钧"，权衡。 ⑰宁许以负秦曲：宁可许诺，使理亏的责任由秦国负担。负：使担负。 ⑱必：确实，一定。 ⑲奉：捧着。⑳完璧归赵：将使璧完整地回归赵国。

秦王坐章台[1]见相如，相如奉璧奏[2]秦王。秦王大喜，传以示美人[3]及左右，左右皆呼万岁。相如视秦王无意偿赵城，乃前曰："璧有瑕[4]，请指示王。"王授璧，相如因持璧却立[5]，倚柱，怒发上冲冠，谓秦王曰："大王欲得璧，使人发书[6]至赵王，赵王悉召群臣议，皆曰：‘秦贪，负[7]其强，以空言求璧，偿城恐不可得。’议不欲予秦璧。臣以为布衣之交[8]尚不相欺，况大国乎！且以一璧之故逆[9]强秦之欢，不可。于是赵王乃斋戒[10]五日，使臣奉璧，拜送书于庭[11]。何者？严大国之威以修敬也[12]。今臣至，大王见臣列观[13]，礼节甚倨[14]；得璧，传之美人，以戏弄臣。臣观大王无意偿赵王城邑，故臣复取璧。大王必欲急[15]臣，臣头今与璧俱碎于柱矣！”相如持其璧睨[16]柱，欲以击柱。秦王恐其破璧，乃辞谢固请[17]，召有司案图[18]，指从此以往十五都[19]予赵。相如度秦王特以诈佯为予赵城[20]，实不可得，乃谓秦王曰：“和氏璧，天下所共传宝也，赵王恐，不敢不献。赵王送璧时，斋戒五日，今大王亦宜斋戒五日，设九宾[21]于廷，臣乃敢上璧。”秦王度之，终不可强夺，遂许斋五日，舍相如广成传[22]。相如度秦王虽斋，决负约不偿城，乃使其从者衣褐[23]，怀其璧，从径道[24]亡，归璧于赵。

【注释】 ①章台：秦宫台名，遗址在今陕西省西安市长安区故城西南。 ②奏：进献。 ③美人：嫔妃。 ④瑕（xiá）：玉上小赤斑点。 ⑤却立：后退几步站住。 ⑥发书：送国书。 ⑦负：仗恃。 ⑧布衣之交：平民之间的交往。布衣：古代平民以麻布或葛布为衣，因称平民为布衣。 ⑨逆：拂逆，触犯。 ⑩斋戒：古代举行祀典，主祭人必先沐浴、更衣、独宿、戒酒、不茹荤，以表恭敬和隆重。 ⑪拜送书于庭：赵王在朝廷上拜送国书，表示了对秦的隆重敬礼。庭：同“廷”，朝廷。 ⑫严：尊重。修敬：隆重敬礼。 ⑬列观：便殿。 ⑭倨（jù）：简易，轻慢。 ⑮急：逼迫。 ⑯睨（nì）：斜视。 ⑰辞谢固请：道歉并再三请相如息怒。 ⑱案图：指按地图，即请蔺相如察看易璧的十五城邑位置图。 ⑲都：城邑。⑳度：估计。特：只是。诈：欺骗。佯：假装。 ㉑九宾：用九个迎宾礼官依次传呼引客上殿，这是古代外交上最隆重的礼节。 ㉒广成传，广成宾馆。广成：宾馆之名。 ㉓衣褐（hè）：穿上粗布短衣。 ㉔径道：便道，小道。

秦王斋五日后，乃设九宾礼于廷，引[1]赵使者蔺相如。相如至，谓秦王曰：“秦自缪公以来二十余君[2]，未尝有坚明约束[3]者也。臣诚恐见欺于王而负赵，故令人持璧归，间至赵矣[4]。且秦强而赵弱，大王遣一介之使[5]至赵，赵立奉璧来。今以秦之强而先割十五都予赵，赵岂敢留璧而得罪于大王乎？臣知欺大王之罪当诛，臣请就汤镬[⑥]，唯大王与群臣孰[⑦]计议之！”秦王与群臣相视而嘻[⑧]。左右或欲引[⑨]相如去，秦王因曰：“今杀相如，终不能得璧也，而绝秦赵之欢，不如因而厚遇之，使归赵，赵王岂以一璧之故欺秦邪？”卒廷见相如，毕礼而归之。

【注释】 ①引：延请，接引。 ②秦自缪公以来二十余君：秦自缪公以来至秦昭王，共二十一世十八君，其间有景公、夷公、昭太子三世皆早死不享国。缪：同“穆”。 ③坚明约束：坚定明确地遵守信约。约束：盟约。 ④间至赵矣：已从小路送回赵国去了。 ⑤一介之使：一个使臣。 ⑥请就汤镬（huò）：愿接受汤镬之刑。汤镬：盛开水的大鼎，用以烹人，古代酷刑之一。 ⑦孰：乃古“熟”字，仔细。 ⑧嘻（xī）：苦笑声。 ⑨引：推拉相如去受刑。

相如既归，赵王以为贤大夫，使不辱于诸侯，拜相如为上大夫[①]。秦亦不以城予赵，赵亦终不予秦璧。

【注释】 ①上大夫：古代卿、大夫均分上、中、下三级。上大夫位次于卿。

廉颇是赵国杰出的将领。赵惠文王十六年（公元前283年），廉颇为赵军主帅，讨伐齐国，大败齐军，夺取了阳晋，被提升为上卿，他勇敢善战的名声传扬于诸侯各国。蔺相如是赵国人，在赵王宦者令缪贤家做门客，即担任管事的舍人。

赵惠文王时，得到了楚国的和氏璧，秦昭王听说后，派人送了一封信给赵王，愿意用十五座城邑来交换这块宝璧。赵王召集众大臣及廉颇商议：如果把玉璧给予秦国，怕秦国的城邑到不了手，白白受骗；如果不给吧，又怕秦兵来进犯。未商议好对策，想找一个人充任使者回报秦国，还没找到适当人选。宦者令缪贤说：“我的门客蔺相如可以为使臣。”赵王问：“你怎么知道的？”（缪贤）回答说：“我曾经犯罪，私下想逃到燕国去，舍人蔺相如阻止了我，说‘你怎么知道能托身于燕王？’我对他说：‘我曾跟随大王在边境上和燕王相会，燕王私下握住我的手说，“我们交个朋友吧”。因此我认识燕王，想去投奔他。’蔺相如对我说：‘赵国强盛，燕国弱小，你得到赵王的信任，所以燕王要和你交朋友，现在你背离赵国去投奔燕国，燕国畏惧赵国，按情势一定不敢留下你，倒会把你捆绑起来送回赵国。你不如袒露出上体，伏在刑具上，向君王请罪，也许有希望得到赦免。’我听从了他的计谋，大王也开恩赦免了我。我个人认为蔺相如这个人是一个勇士，又有智谋，适宜派他做使臣。”于是赵王召见蔺相如，问蔺相如说：“秦王要用十五座城邑来交换我的和氏璧，是答应呢，还是不答应?”蔺相如说：“秦国强大而赵国弱小，不能不答应。”赵王说：“秦王拿走我的玉璧，不给城邑，怎么办?”蔺相如说：“秦国用城邑来换玉璧，赵国不答应，赵国理亏；赵国给了玉璧，秦国不给城邑，秦国理亏。两者比较，宁可答应使秦国理亏。”赵王说：“谁能胜任出使秦国的使者?”蔺相如说：“大王身边如果没有适当人选，我愿带上玉璧权作使者，城邑归赵国，玉璧就留在秦国；城邑不归赵国，我就完璧归赵。”赵王于是派遣蔺相如带上玉璧向西出使秦国。

秦王坐在章台宫接见蔺相如，蔺相如捧着和氏璧献给秦王。秦王非常高兴，把璧传递给妃嫔及身边的人观看，侍从们高呼万岁。蔺相如看出秦王不想偿付赵国城邑的意思，就走上前说：“璧上隐隐有斑纹，请让我指给大王看。”秦王把璧交还给蔺相如，蔺相如后退站立，背靠庭柱，怒发冲冠地对秦王说：“大王想要这块宝璧，派人送信给赵王，赵王召集全体大臣商议，都说：‘秦国贪婪，凭着强大，用空话要璧，偿付的城邑不可能得到。’讨论结果是不给秦国玉璧。我认为普通百姓交往都不肯欺诈，何况是个大国呢？再说为了一块玉璧触犯强大的秦国，是不应该的。于是赵王斋戒了五天，派我捧上玉璧，拜送回信给大王。为什么？这是尊重大国的威望而格外表示恭敬啊，如今我来到贵国，大王在这便殿召见我，礼节轻慢，拿到玉璧，传给妃嫔观看，以此来戏弄我。我看大王没有要偿付城邑给赵王的意思，所以我要取回玉璧。大王一定要逼迫我，我的头便和玉璧一起撞碎在柱子上!”蔺相如拿着玉璧，眼睛瞄着庭柱，真要撞击柱子。秦王害怕真把玉璧撞碎，于是向蔺相如道歉，再三请求蔺相如息怒，并召来主管官员拿来地图，指出从某地到某地的十五座城邑交割给赵国。蔺相如估计秦王是特意摆出偿付赵国城邑的样子，实际是得不到的，便对秦王说：“和氏璧是天下公认的宝物，赵王因为敬畏秦国，不敢不奉献。赵王送宝物，斋戒了五天，现在大王也应该斋戒五天，在朝廷上设立九位司仪，举行隆重的仪式，我才敢奉献宝物。”秦王估量，不能用强力夺取，就答应斋戒五天，把蔺相如安置在广成宾馆。蔺相如也估量秦王虽然答应了斋戒，但一定会背约不给城邑，就派他的随从穿上普通百姓的麻布短衫，怀里揣着玉璧，从小路逃走，把玉璧送回了赵国。

秦王斋戒五天后，在朝廷上举行了九宾的典礼，宣召接见赵国使者蔺相如。蔺相如来到后对秦王说："秦国从穆公以来有二十多位君主，从没有坚定明确地遵守过信约，我担心受大王的欺骗而有负赵王的重托，所以派人从小道把玉璧送回赵国去了，况且秦强赵弱，大王只派了一个使臣到赵国去，赵国就立刻把玉璧送来了。现今以秦国的强大，先割让十五座城邑给赵国，赵国岂敢留下玉璧得罪大王呢？我知道欺骗大王罪当死，我愿意下油锅受烹，只求大王与诸位大臣认真考虑一下。"秦王和他的群臣面面相觑，只好苦笑。侍从中有的出来要把蔺相如拉走，秦王借此下台阶，说："现在杀了蔺相如，还是拿不到玉璧，反而断了秦赵两国的友好，不如借此款待他，让他回到赵国，赵王难道会因一块玉璧的缘故欺骗秦国吗?"秦王终于在朝廷上会见了蔺相如，按礼节款待，让他回国。

蔺相如回到赵国，赵王认为他是一个能干称职的大夫，出使诸侯国而不受欺辱，任命他为上大夫。秦国没有把城邑割给赵国，赵国也始终没有把玉璧送给秦国。

点评

蔺相如在国家危难之际，挺身而出，冒险出使强秦，用他的智慧和勇敢完成了任务，司马迁称他是一个大智大勇的人。一个出色的外交官，就应当是蔺相如这样的人。蔺相如归国后，不与廉颇争功，顾全大局，先国家之急而后私仇，同样是大智大勇。激昂是勇敢，忍让也是一种勇敢。一个人的智勇，只有与国家利益紧密相连、捍卫国家利益，才能得到最大限度的发挥。蔺相如做出了光辉的榜样。

秦赵渑池会盟

——选自《廉颇蔺相如列传》

题　解

蔺相如完璧归赵，秦昭王很不甘心，连年进攻赵国，夺取了赵国的石城、光狼等地，然后致书赵王秦赵在渑池会盟。秦王软硬兼施，想用外交手段获取利益。赵国大臣都劝赵王不要与会，说秦朝是不讲信誉的虎狼之国。蔺相如劝赵王与会，廉颇率大军驻守赵国边境为后盾。在渑池两国会谈的宴会上，酒过三巡后，秦王假装高兴，按事前的预设计划，请赵王弹瑟助兴。赵王弹了一曲后，秦王即命令御史写了一笔："某年某月某日，秦王命令赵王弹瑟。"秦王以此欺侮赵王，企图在谈判中占上风。说时迟，那时快，还未等秦国群臣喊出万岁之声，蔺相如拿了一个瓦盆跪到秦王面前说："秦国风俗喜欢敲瓦盆打拍子，请秦王击打瓦盆以相娱乐。"秦王不肯，蔺相如说："秦王不给面子，蔺相如死给你看，我的热血免不了洒在你的身上。"说着就要做出拼命的样子。秦王不得已敲了一下瓦盆。蔺相如也命令赵国御史写上："某年某月某日，秦王为赵王敲瓦盆。"秦王群臣高呼："请赵国献十五座城为秦王祝寿。"蔺相如随即应和："请秦国献上咸阳替赵王祝寿。"直到宴会结束，秦王也没有占到上风。蔺相如护驾，张扬了赵王的尊严和赵国的国威，立下大功，被封为上卿。

原　文

秦王使使者告赵王，欲与王为好会于西河外渑池①。赵王畏秦，欲毋行。廉颇、蔺相如计曰："王不行，示赵弱且怯也。"赵王遂行，相如从。廉颇送至境，与王诀②曰："王行，度道里会遇之礼毕③，还，不过三十日。三十日不还，则请立太子为王，以绝秦望[④]。”王许之，遂与秦王会渑池。秦王饮酒酣，曰：“寡人窃闻赵王好音[⑤]，请奏瑟[⑥]！”赵王鼓[⑦]瑟。秦御史前书曰[⑧]：“某年月日[⑨]，秦王与赵王会饮，令赵王鼓瑟。”蔺相如前曰：“赵王窃闻秦王善为秦声[⑩]，请奏盆缶秦王[⑪]，以相娱乐。”秦王怒，不许。于是相如前进缶，因跪请秦王。秦王不肯击缶。相如曰：“五步之内，相如请得以颈血溅大王[⑫]矣！”左右欲刃[⑬]相如，相如张目叱[⑭]之，左右皆靡[⑮]。于是秦王不怿[⑯]，为一击缶。相如顾召[⑰]赵御史书曰：“某年月日，秦王为赵王击缶。”秦之群臣曰：“请以赵十五城为秦王寿[⑱]。”蔺相如亦曰：“请以秦之咸阳为赵王寿！”秦王竟酒[⑲]，终不能加胜于赵[⑳]。赵亦盛设兵以待秦[㉑]，秦不敢动。

【注释】 ①好会：友好之会。据《史记·六国年表》，其事在公元前 279 年。西河：今陕西省东部韩城以南黄河西岸地区。渑池：秦邑名，在今河南省渑池县西，地当西河之南，就赵国的方位说，称为西河外。 ②诀（jué）：辞别。 ③道里：路程。会遇：见面会谈。 ④以绝秦望：以断绝秦国要挟赵国的希望。廉颇的大将风度与周密安排，壮了赵王的行色，保证了渑池之会的胜利。 ⑤好音：精通音乐。 ⑥奏瑟（sè）：弹瑟。瑟：古代乐器名，形似琴而身长大，通常配二十五弦。 ⑦鼓：弹奏。 ⑧御史：官名，战国时掌管图籍、记载国家大事的史官。前书：上前记录书写。 ⑨某年月日：史官记载时是有具体年月日的，这里是叙述其事。 ⑩秦声：秦地的乡土乐曲。 ⑪奏：有本作“奉”，呈献。缶（fǒu）：盛酒浆的瓦器，秦人歌时习惯击缶为节拍。 ⑫以颈血溅大王：谓以死相请。 ⑬刃：杀。 ⑭叱（chì）：呵骂。 ⑮靡（mǐ）：后退、避开。 ⑯不怿（yì）：不高兴。 ⑰顾召：回过头来嘱咐。 ⑱为秦王寿：替秦王祝寿献礼。 ⑲竟酒：宴终。 ⑳加胜：占上风。 ㉑盛设兵：重兵设防。故略而未载。

译文

秦王派使者告诉赵王，想与赵王在西河外渑池进行友好会谈。赵王惧怕秦国，不想去。廉颇、蔺相如商议说：“大王不去赴会，表示赵国既弱又胆小。”赵王决定与会，蔺相如随从。廉颇送到边境，与赵王告别，相约说：“大王这次出行，估计路程及会议礼节结束，来回不会超过三十天。三十天还不回来，那就请求允许太子登上王位，断绝秦国的妄想。”赵王答应了，便在渑池与秦王相会。秦王饮酒到痛快的时候，说：“我听说赵王爱好音乐，请弹一曲瑟吧。”赵王弹了一曲。秦国御史走上前来写道：“某年某月某日，秦王与赵王会饮，令赵王鼓瑟。”蔺相如走上前去说：“赵王听说秦王擅长演奏秦声，请允许我给秦王献上盆缶，大家一起欢乐。”秦王发怒，不肯敲击。于是蔺相如走上去递缶给秦王，跪下来请求秦王敲击。秦王还是不肯。蔺相如说：“五步之内，我蔺相如要用颈血来溅满大王的身子了。”秦王侍从想刺杀蔺相如，蔺相如张大眼睛呵斥，秦王侍从退下去了。秦王很不高兴，勉强敲了一下。蔺相如回头招呼赵国的御史写道：“某年某月某日，秦王为赵王击缶。”秦国的群臣说：“请拿赵国的十五座城邑给秦王祝寿献礼吧。”蔺相如接着说：“请拿秦国都城咸阳给赵王祝寿献礼吧！”秦王一直到酒筵结束，终究没能压倒赵国。赵国也大规模调集军队防备秦国，秦国不敢动手。

点 评

秦赵渑池之会，表面上是友好盟会，暗地里是一场惊心动魄的斗争。蔺相如随机应变，挫败秦国君臣以强欺弱的居心，维护了国家的尊严，再次展示了他的大智大勇

廉颇率大军为之后援，保障了赵国君臣的安全，彰显将相和而赵强的事理，为廉蔺交欢埋下伏笔。

毛遂定纵

——选自《平原君虞卿列传》

题解

毛遂自荐随赵平原君使楚，在定盟合纵宴会上劫持楚王，斥责楚王胆小畏秦，楚国拥百万之众却不敢与秦战，是可耻行为。赵国危急，求救于楚，定盟合纵，明为救赵，实为救楚。楚国多次遭受秦国屈辱，连赵国都感到害羞。毛遂调侃楚王说："楚王称不与赵国联合雪先人之耻，却在朋友面前逞能，在我毛遂面前大喊大叫，算什么英雄？"毛遂在楚王面前展示了英雄豪气，批评有理有节，还摆出友好姿态。楚王很受感动，也激发了豪气，丢掉包袱与赵结盟，派春申君率兵救赵，打败了秦军，挽救了赵国。这个故事就是成语"毛遂自荐"的出处。毛遂的三寸之舌，胜过百万雄兵，生动地展示了运用智勇的技巧。

原文

秦之围邯郸，赵使平原君求救，合从于楚，约与食客门下有勇力文武备具者二十人偕。平原君曰："使文能取胜[①]，则善矣。文不能取胜，则歃血[②]于华屋之下，必得定从而还。士不外索，取于食客门下足矣。"得十九人，余无可取者，无以满二十人。门下有毛遂者，前，自赞[③]于平原君曰："遂闻君将合从于楚，约与食客门下二十人偕，不外索。今少一人，愿君即以遂备员[④]而行矣。"平原君曰："先生处胜之门下几年于此矣？"毛遂曰："三年于此矣。"平原君曰："夫贤士之处世也，譬若锥之处囊中，其末立见。今先生处胜之门下三年于此矣，左右未有所称诵[⑤]，胜未有所闻，是先生无所有[⑥]也。先生不能，先生留。”毛遂曰：“臣乃今日请处囊中耳。使遂蚤得处囊中，乃颖脱而出[⑦]，非特[⑧]其末见而已。”平原君竟与毛遂偕。十九人相与目笑之而未废也[⑨]。

【注释】 ①文能取胜：指用和平谈判的方法达到从约的目的。 ②歃血：以盘盛牲血而盟饮。 ③自赞：自我标榜，自我介绍。 ④备员：充数。 ⑤左右：平原君身边的门客。称诵：称赞。 ⑥无所有：没有什么能力。 ⑦颖脱而出：连锥头都露出来。颖：禾芒，此指锥头。 ⑧非特：不仅仅。 ⑨目笑：互相以目会意而笑，蔑视之也。废：借为发。未发，指十九人轻蔑之言未说出口。

毛遂比[①]至楚，与十九人论议[②]，十九人皆服。平原君与楚合从，言其利害，日出而言之，日中不决。十九人谓毛遂曰：“先生上。”毛遂按剑历阶而上[③]，谓平原君曰：“从之利害，两言而决耳。今日出而言从，日中不决，何也?”楚王[④]谓平原君曰：“客何为者也?”平原君曰：“是胜之舍人也。”楚王叱[⑤]曰：“胡不下[⑥]！吾乃与而君言，汝何为者也!”毛遂按剑而前曰：“王之所以叱遂者，以楚国之众也。今十步之内，王不得恃楚国之众也，王之命悬[⑦]于遂手。吾君在前，叱者何也？且遂闻汤以七十里之地王天下，文王以百里之壤而臣诸侯[⑧]，岂其士卒众多哉，诚能据其势而奋其威。今楚地方五千里，持戟百万，此霸王之资也。以楚之强，天下弗能当。白起，小竖子耳，率数万之众，兴师以与楚战，一战而举鄢郢，再战而烧夷陵，三战[⑨]而辱王之先人。此百世之怨而赵之所羞，而王弗知恶[⑩]焉。合从者为楚，非为赵也。吾君在前，叱者何也?”楚王曰：“唯唯[⑪]，诚若先生之言，谨奉社稷而以从。”毛遂曰：“从定乎?”楚王曰：“定矣。”毛遂谓楚王之左右曰：“取鸡狗马之血来[⑫]。”毛遂奉铜槃而跪进之楚王曰：“王当歃血而定从，次者吾君，次者遂。”遂定从于殿上。毛遂左手持槃血而右手招十九人曰：“公相与歃此血于堂下。公等录录[⑬]。所谓因人成事者也。”

【注释】 ①比：及。 ②论议：交换意见，讨论。 ③历阶而上：一脚一级超阶而上。依礼两脚一级一级地上，此为情况紧急不遵礼，表示愤怒。 ④楚王：楚考烈王熊完。 ⑤叱（chì）：高声喝斥。 ⑥胡不下：何不快下！ ⑦悬：掌握，控制。 ⑧壤：土地。臣诸侯：使诸侯臣服。 ⑨白起三战：白起，秦将，公元前279年破楚鄢郢（今湖北省宜城市西南）；公元前278年攻破楚都郢（今湖北省江陵县北）；又烧楚先王陵墓所在地夷陵（今湖北省宜昌市东）。 ⑩恶（wù）：厌恨。 ⑪唯唯：是，是。谦恭地连声应答。 ⑫取鸡狗马之血来：古代歃盟，帝王用牛马血，诸侯用狗猪血，大夫以下用鸡血。此处泛言歃盟之血。 ⑬录录：平庸无能。

平原君已定从而归，归至于赵，曰："胜不敢复相士。胜相士多者千人，寡者百数，自以为不失天下之士，今乃于毛先生而失之也。毛先生一至楚，而使赵重于九鼎大吕①。毛先生以三寸之舌，强于百万之师。胜不敢复相士。"遂以为上客②。

【注释】 ①九鼎：相传禹所铸，为三代传国之宝。大吕：周王室宗庙中的大钟。九鼎大吕，喻毛遂之重。 ②上客：最尊贵的客人。

秦军围困赵都邯郸，赵国派平原君出使楚国求援，与楚国结盟。平原君想从门客中选拔文武兼备的二十位随员前往。平原君说："假使和平谈判能够取胜，那是最好的。如果和平的方式不行，哪怕是在华丽的宫殿中歃血为盟，也一定要订立合纵盟约再回来。随行人员也不用去外边找，就从我门下食客中挑选就够了。"挑来选去，只有十九个人，剩下的都没有够格的，凑不够二十人。门客中有位名叫毛遂的，自己走向前，向平原君自我推荐说："听说您将与楚国订立盟约，商量好与门下食客二十人一起去，不在外边挑选。如今还缺少一人，希望你能用我充数一起去。"平原君说："先生您到我的门下有几年了？"毛遂说："到此三年了。"平原君说："贤人在世上，就像锥子放在袋中一样，尖端马上就显出来。如今您到我门下三年多了，没听到有人称赞过您，我也没听说过您的长处，这说明您没有什么本领。您不能去，您还是留下吧。"毛遂说："我今天才请求将我放在袋中。如果我能够早进袋中，整个锥子早就显露出来了，不会是只露出锥头而已。”平原君最终同意毛遂一起去。其余十九人会意地笑了笑，只是没有说出看不起毛遂的话来。

毛遂和大家到了楚国，与十九人一起分析形势，十九人都服了。平原君和楚国商议联合之策，说起利弊，从太阳出山说到太阳当头，还没做出决定。十九人对毛遂说：“请先生上去讲。”毛遂按着剑柄，一步跨两个台阶走上殿去对平原君说：“联合的利与弊，两句话便可说清。如今从太阳出来，说到太阳当头，还没有做出决定，是什么原因呢?”楚王问平原君：“这位客人是干什么的?”平原君回答：“是我的门客。”楚王高声呵斥说：“还不快下去！我是和你的主人谈话，你算干什么的?”毛遂按着剑柄挺步向前，说：“大王之所以大声呵斥我，不过是仗着楚国人多罢了。如今你我在十步之内，大王就不能依靠楚国人多了，你的命就握在我的手中。我的主人在场，干什么要大声呵斥呢？我听说商汤靠七十里的土地最后成就了王业，周文王凭借一百里的土地让诸侯俯首称臣。他们难道是靠士卒众多吗？实在是他们能顺应形势、发挥威力的缘故。如今楚国地方纵横五千里，士兵超过百万，这是成就霸业的资本啊！以楚国的强盛，天下没有敌手。白起一个小子，领着几万兵，进攻楚国与楚军战，一战拿下了鄢郢之地，再战火烧了夷陵，三战而使楚国先人受辱。这是百世的仇怨，连赵国都因此感到害羞，而大王却并不厌恨。合纵主要是为了楚国，并不是为了赵国。我的主人在场，干什么要大声呵斥呢?”楚王说：“是，是。真的像先生所说的那样，我举国相从，愿意订立合纵的盟约。”毛遂问：“决心合纵吗?”楚王说：“决心已定。”毛遂对楚王的左右臣下说：“快拿鸡狗马的血来。”毛遂举着盘子跪着献给楚王说：“请大王当即歃血以订立合纵的盟约，接着我的主人歃血，再接着是我。”于是，双方在殿上订立了合纵的盟约。毛遂左手拿着歃血的盘子，右手招呼阶下的十九人说：“你们依次在堂下歃血。你们这些平庸之辈，不过是依靠别人，坐享其成的人。”

平原君与楚国订立合纵之盟后回国，回到赵国后，说：“我从此不敢再品评人了。我品评过的人，多说有上千人，少说也有上百人，自认为看天下的有识之士不会走眼，如今却在毛先生跟前栽了跟头。毛先生一到楚国，便使赵国的声望胜过九鼎和大吕黄钟。毛先生的三寸之舌，胜过百万雄师。我从此不敢再品评人了。”于是，将毛遂尊为最尊贵的客人。

点 评

毛遂定纵达成了楚魏救赵的联军，秦军解围邯郸，挽救了赵国，毛遂的口舌之功可抵百万雄兵。这个故事留下了“毛遂自荐”“脱颖而出”“一言九鼎”“碌碌无为”“因人成事”等多个成语，可见影响之大。“毛遂自荐”，是一种担当，也是一种把握时机、励志奋斗的精神。

鸿门宴

——选自《项羽本纪》

题 解

鸿门宴，事发于公元前206年，现已家喻户晓，成为设局宴会的代名词。沛公刘邦先破咸阳，派兵把守函谷关，阻止项羽西进，欲称关中王。项羽大怒，打破函谷关，下令四十万大军埋锅造饭，攻击刘邦军。刘邦只有十万军队，不是项羽的对手。楚军第二号人物——项羽的叔父项伯为了报答张良的救命之恩，趁夜私访张良，泄露军事秘密。张良诡称辞诀刘邦，结果项伯上了张良的当，刘邦与项伯结为儿女亲家和把兄弟，要项伯和好两家。刘邦把“守关提防项羽”说成替项羽守关，“备他盗之入与非常”，颠倒事实，原本有理的项羽成了听信小人挑拨攻击友军的罪人。项伯建议设宴和解，说服项羽解除了攻击令。楚军第三号人物范增想趁机刺杀刘邦，但主子项羽犹豫，范增心有余而力不足，败下阵来。所以“鸿门宴”原本不是项羽设局，而是政治糊涂虫项伯摆下的和平宴。项伯从与刘邦结为儿女亲家时起已是不自觉的内奸，随着楚汉相争的推进，刘强项弱时，项伯已是地地道道的内奸。

“鸿门宴”拉开了楚汉相争的序幕，这场外交斗争，由于出了内奸，强势一方的项羽败下阵来。敌对斗争，无论是外交还是军事，上下一心、团结一致的一方才是真正的强者，表面强大、内部不稳、政令不一，必然败下阵来，这是“鸿门宴”留给人们的深刻启示。

原 文

行略定秦地[①]。函谷关[②]有兵守关，不得入。又闻沛公已破咸阳[③]，项羽大怒，使当阳君等击关，项羽遂入，至于戏西[④]。沛公军霸上[⑤]，未得与项羽相见。沛公左司马曹无伤使人言于项羽曰：“沛公欲王关中，使子婴[⑥]为相，珍宝尽有之。”项羽大怒，曰：“旦日飨士卒[⑦]，为击破沛公军。”当是时，项羽兵四十万，在新丰鸿门[⑧]，沛公兵十万，在霸上。范增说项羽曰：“沛公居山东[⑨]时，贪于财货，好美姬[⑩]，今入关，财物无所取，妇女无所幸[⑪]，此其志不在小。吾令人望其气[⑫]，皆为龙虎，成五采[⑬]，此天子气也。急击勿失[⑭]。”

【注释】 ①行略定秦地：向西前进，攻取秦地。行：前进。 ②函谷关：东方入秦的要道，险关，在今河南省灵宝市西部。 ③沛公已破咸阳：秦二世三年（公元前207年）十月，沛公由武关攻入关中破咸阳。项羽晚两个月，十二月始入关。 ④戏西：戏水之西。戏水，渭水支流，在今陕西省临潼市东。 ⑤霸上：地名，即白鹿原，在今陕西省西安市东南。 ⑥子婴：秦王子婴杀赵高迎降刘邦。 ⑦旦日：明早。飨：犒赏。 ⑧新丰：即秦骊邑，汉置县，故城在今陕西省临潼市东北。鸿门：山坂名，在临潼东，今称项王营。 ⑨山东：华山以东，泛指东方六国之地。 ⑩美姬：美女。 ⑪幸：亲近。 ⑫望其气：察望刘邦行止处的天上云气，用于推测人事吉凶。这是古代预测时局人事所用的一种迷信方法，也是一种宣传手段。 ⑬皆为龙虎，成五采：这是刘邦行止处形成的所谓天子气。 ⑭勿失：不要失去机会。

原文

楚左尹项伯者[①]，项羽季父也，素善留侯张良[②]。张良是时从沛公，项伯乃夜驰之沛公军，私见张良，具告以事，欲呼张良与俱去，曰：“毋从俱死也。”张良曰：“臣为韩王[③]送沛公，沛公今事有急，亡去不义，不可不语。”良乃入，具告沛公。沛公大惊，曰：“为之奈何？”张良曰：“谁为大王为此计者？”曰：“鲰生[④]说我曰，‘距关，毋内[⑤]诸侯，秦地可尽王也[⑥]’。故听之。”良曰：“料大王士卒足以当[⑦]项王乎？”沛公默然，曰：“固不如也，且为之奈何？”张良曰：“请往谓项伯，言沛公不敢背项王也。”沛公曰：“君安与项伯有故[⑧]？”张良曰：“秦时与臣游[⑨]，项伯杀人，臣活之。今事有急，故幸来告良。”沛公曰：“孰与君少长[⑩]？”良曰：“长于臣。”沛公曰：“君为我呼入，吾得兄事之[⑪]。”张良出，要[⑫]项伯。项伯即入见沛公。沛公奉卮酒为寿[⑬]，约为婚姻[⑭]，曰：“吾入关，秋毫不敢有所近[⑮]，籍吏民[⑯]，封府库，而待将军[⑰]。所以遣将守关者，备他盗之出入与非常[⑱]也。日夜望将军至，岂敢反乎？愿伯具言臣之不敢倍德[19]也。”项伯许诺，谓沛公曰：“旦日不可不蚤自来谢项王。”沛公曰：“诺。”于是项伯复夜去，至军中，具以沛公言报[20]项王。因言曰：“沛公不先破关中，公岂敢入乎？今人有大功而击之，不义也，不如因善遇之。”项王许诺。

【注释】 ①左尹：左相。项伯：名缠，楚亡后，刘邦封他为射阳侯，赐姓刘。 ②张良：字子房，祖、父相韩五王，反秦起义后，张良又为韩王韩成司徒，随刘邦西征入关，故下文云：“臣为韩王送沛公。”张良为刘邦谋主，封留侯。事详载《留侯世家》。 ③韩王：韩诸公子名成，项梁立为韩王，事迹详后。 ④鲰（zōu）生：一个无名的小人。鲰：小杂鱼，刘邦借以骂人。《集解》谓“鲰”为姓。按：据《楚汉春秋》，说沛公者为解先生。 ⑤内：读纳。 ⑥秦地可尽王也：谓只要守住函谷关，整个秦国旧境都是刘邦的了。 ⑦当：匹敌。 ⑧安：何以。有故：有交情。 ⑨游：交游。 ⑩孰与君少长：项伯与您相比，谁的年岁大。孰：谁。 ⑪吾得兄事之：我得尊他为老大哥。 ⑫要（yāo）：邀请。 ⑬奉卮（zhī）酒为寿：举杯敬酒祝福。卮：酒杯。 ⑭约为婚姻：结为儿女亲家。于此可见刘邦的手段。 ⑮秋毫不敢有所近：丝毫也不敢贪占。秋毫：秋天的动物换毛时刚生出的细毛，喻细小。 ⑯籍吏民：登记了官民的户籍。籍：登记。 ⑰将军：指项羽。 ⑱非常：意外事变。 ⑲倍德：背信弃义。 ⑳报：转告。

沛公旦日从[1]百余骑来见项王，至鸿门，谢曰：“臣与将军戮力而攻秦，将军战河北，臣战河南，然不自意[2]能先入关破秦，得复见将军于此。今者有小人之言[3]，令将军与臣有郤。”项王曰：“此沛公左司马曹无伤言之；不然，籍何以至此。”项王即日因留沛公与饮。项王、项伯东向坐[4]，亚父南向坐。亚父者，范增也。沛公北向坐，张良西向侍。范增数目项王，举所佩玉玦[5]以示之者三，项王默然不应。范增起，出召项庄[6]，谓曰：“君王为人不忍[7]，若[8]入前为寿，寿毕，请以剑舞，因击沛公于坐，杀之。不者[9]，若属皆且为所虏。”庄则入为寿。寿毕，曰：“君王与沛公饮，军中无以为乐，请以剑舞。”项王曰：“诺。”项庄拔剑起舞，项伯亦拔剑起舞，常以身翼蔽[10]沛公，庄不得击。于是张良至军门，见樊哙。樊哙曰：“今日之事何如?”良曰：“甚急。今者项庄拔剑舞，其意常在沛公也。”哙曰：“此迫矣[11]，臣请入，与之同命[12]。”哙即带剑拥盾入军门。交戟之卫士⑬欲止不内，樊哙侧其盾以撞⑭，卫士仆地⑮，哙遂入。披帷西向立⑯，瞋目⑰视项王，头发上指，目眦尽裂⑱。项王按剑而跽⑲曰："客何为者？"张良曰："沛公之参乘⑳樊哙者也。"项王曰"壮士！赐之卮酒。"则与斗卮酒㉑。哙拜谢，起，立而饮之。项王曰："赐之彘肩㉒。"则与一生彘肩㉓。樊哙覆其盾于地㉔，加彘肩上㉕，拔剑切而啖㉖之。项王曰："壮士，能复饮乎？"樊哙曰："臣死且不避，卮酒安足辞！夫秦王有虎狼之心，杀人如不能举，刑人如恐不胜㉗，天下皆叛之。怀王与诸将约曰：'先破秦入咸阳者王之。'今沛公先破秦入咸阳，毫毛㉘不敢有所近，封闭宫室，还军霸上，以待大王来。故遣将守关者，备他盗出入与非常也。劳苦而功高如此，未有封侯之赏，而听细说㉙，欲诛有功之人。此亡秦之续㉚耳，窃为大王不取也。"项王未有以应，曰："坐！"樊哙从良坐㉛。坐须臾，沛公起如厕，因招樊哙出。

【注释】 ①从：带领随从。 ②不自意：自己也没有料到的。 ③小人之言：坏人挑唆。 ④东向坐：《史记会注考证》引中井曰，"堂上之位，对堂下者，南向为贵，不对堂下者，唯东向为尊"。《淮阴侯列传》，韩信尊贵李左车，使其东向坐，自己西向对。鸿门宴项羽自居尊位，由此可见其骄妄。 ⑤玉玦：一种半圆形的佩戴玉器。玦：与"决"谐音，举玉玦示意项羽下决心杀掉刘邦。 ⑥项庄：项羽堂兄弟。 ⑦君王为人不忍：项羽为人心肠软。不忍：不狠心，心肠软。一方面是项羽"仁而爱人"，另一方面则是他年轻，缺乏政治斗争经验。 ⑧若：你。 ⑨不者：否则。不：读"否"。 ⑩翼蔽：像鸟翼一样遮住，掩护。 ⑪此迫矣：眼前危急极了。 ⑫与之同命：与沛公同生死，此为双关语，谓与项羽等拼命了。 ⑬交戟之卫士：帐前站岗的卫士交叉举戟，示意禁止进入。⑭侧其盾以撞：横着盾牌撞击卫士。 ⑮仆地：倒地。 ⑯披帷西向立：揭开营帐，站在东面向西正对着项羽。 ⑰瞋目：瞪大眼睛。 ⑱目眦（zì）尽裂：眼眶都瞪得绽开了。形容樊哙怒不可遏。 ⑲按剑而跽：提剑跪起。古人席地而坐，两膝着地，臀部坐于小腿上。如果臀部离开小腿，准备起身就形成长跪姿势，这就是跽。项羽按剑而跽，是准备决斗的戒备姿势。 ⑳参乘：同车而乘，在右侧担任警卫的甲士。 ㉑斗卮酒：容一斗的大酒杯。 ㉒彘肩：猪肘的上部，俗称肘子。肘肩，贵于猪臂。《仪礼·乡射礼》郑注："宾俎用肩，主人用臂，尊宾也。"项羽赐樊哙彘肩，表示有礼尊宾。 ㉓生彘肩：生猪肘，此乃项羽下属故意为难樊哙所为。而且没有切割的刀俎，致使樊哙以盾为俎，以剑为刀，生啖猪肘，一派豪气。 ㉔覆其盾于地：将盾牌反扣在地上，即平面向上。 ㉕加彘肩上：把猪肘放在上面。 ㉖啖（dàn）：大口地吞吃。 ㉗"杀人"二句：杀人唯恐不能杀光，处罚人唯恐不重。 ㉘毫毛：同“秋毫”，喻微小。 ㉙细说：小人的谗言。 ㉚亡秦之续：继续走秦朝灭亡的道路。 ㉛樊哙从良坐：樊哙挨着张良坐下。

沛公已出，项王使都尉陈平召沛公①。沛公曰：“今者出，未辞也，为之奈何?”樊哙曰：“大行不顾细谨，大礼不辞小让②。如今人方为刀俎③，我为鱼肉④，何辞为!”于是遂去。乃令张良留谢。良问曰：“大王来何操⑤?”曰：“我持白璧一双，欲献项王；玉斗⑥一双，欲与亚父，会其怒，不敢献。公为我献之。”张良曰：“谨诺。”当是时，项王军在鸿门下，沛公军在霸上，相去四十里。沛公则置车骑⑦，脱身独骑，与樊哙、夏侯婴、靳强、纪信等四人持剑盾步走⑧，从郦山⑨下，道芷阳间行⑩。沛公谓张良曰：“从此道至吾军，不过二十里耳。度⑪我至军中，公乃入。”沛公已去，间至军中⑫，张良入谢，曰：“沛公不胜桮杓⑬，不能辞，谨使臣良奉白璧一双，再拜献⑭大王足下；玉斗一双，再拜奉大将军足下。”项王曰:“沛公安在?”良曰:“闻大王有意督过⑮之，脱身独去，已至军矣。”项王则受璧，置之坐上。亚父受玉斗，置之地，拔剑撞而破之，曰：“唉！竖子⑯不足与谋。夺项王天下者，必沛公也，吾属今为之虏矣!”沛公至军，立诛杀曹无伤。

【注释】 ①陈平：第二年即归刘邦为谋主。事详载《陈丞相世家》。 ②“大行不顾细谨”二句：干大事不要顾忌细小的差池，行大礼就不要怕小的责难。这两句是说干大事业的人不必拘泥小节。 ③俎：刀砧板。 ④我为鱼肉：比喻处于任人宰割的地位。 ⑤大王来何操：大王来时带来了什么礼物。 ⑥玉斗：玉制酒器。 ⑦置车骑：丢下来时所带的车骑。 ⑧夏侯婴：号滕公，封汝阴侯，与樊哙同传。靳强：封汾阳侯。纪信：从刘邦为将军，详后。 ⑨郦山：在西安市临潼区东。 ⑩道芷阳间行：取道经芷阳的小路走。芷阳：秦县名，县治在今陕西省西安市东。 ⑪度（duó）：估计。 ⑫间至军中：此为张良估计，按间道，即走小路近道已到军中。 ⑬桮杓：这里是酒的代称。 ⑭再拜献：谦词，郑重奉上的意思。 ⑮有意督过：有责备其过之意。 ⑯竖子：小子。范增明骂项庄，暗斥项羽。

项羽向咸阳推进，到达函谷关，有军队把守，不能进入。又听说沛公已

经攻下咸阳，项羽大怒，派遣当阳君等攻打函谷关。项羽军破关而入，到达戏水西面。沛公驻军霸上，还没有和项羽相见。沛公的左司马曹无伤派人对项羽说："沛公想在关中称王，让子婴当相，奇珍异宝都占为己有。"项羽大怒，说："明天早晨犒赏士兵，给我打垮沛公的军队！"当时，项羽兵力为四十万，驻扎在新丰的鸿门，沛公有兵力十万，驻扎在霸上。范增劝说项羽道："沛公在山东时，贪图财宝，喜好美女。现在进入关内，不取财物，不近妇女，这表明他的志向不小。我让人观察了他那边的云气，都显出龙虎形状，五彩缤纷，这是天子气哩。赶快进攻，不要错过机会。"

楚国左尹项伯，是项羽的叔父。一直与留侯张良交好，张良这时跟随沛公，项伯就连夜骑马到沛公的军营，私下会见张良，把实情全部告诉他，想叫张良跟他一起走。说："不要跟沛公一起送死。"张良说："我是替韩王护送沛公的，沛公现在情况危急，逃走是不义的，不能不告诉他。"张良于是进去，告诉了沛公。沛公大惊失色，说："这怎么办?"张良问："谁替大王出的这个主意?"沛公答道："有个臭小子对我说，'据守函谷关，不要接纳诸侯，可以占有整个秦地称王'。因此听了他的话。"张良说："大王的兵力足够抵挡项王吗?"沛公沉默一阵，说："当然不如，这该怎么办呢?"张良说："请让我去告诉项伯，就说沛公不敢背叛项王。"沛公说："您何以与项伯有交情呢?"张良说："在秦的时候，项伯与我相交，项伯杀了人，我救了他，现在事情危急，幸亏他来告诉我。"沛公说："他与您谁大谁小?"张良说："他比我年长。"沛公说："您替我请他进来，我要以兄长的礼节接待他。"张良出去，邀请项伯。项伯就进去会见沛公。沛公举杯向项伯敬酒，相约结成儿女亲家，说："我进入关中，公私财物秋毫不敢接近，登记官民户籍，封闭府库而等待将军，之所以要派遣将领把守关口，是为了防备其他强盗出入和非常情况。日夜盼望将军到来，怎么还敢反叛！请您详细给将军说明，我不敢背弃恩德。"项伯答应了，对沛公说："明天不可不早早前来向项王谢罪。"沛公答应说："是。"于是项伯连夜离去，回到军营中，把沛公的话详细地报告给项王，并趁机说道："沛公不先攻破关中，您怎么敢进来呢？现在人家有大功劳却要攻击他，这是不道义的，不如就此好好善待他。"项王答应了。

沛公第二天一清早就带着一百多人马拜见项王，来到鸿门，谢罪说："臣与将军协力攻秦，将军在河北作战，我在河南作战，然而没有料到我能先入关攻破秦军，得以在这里再次见到将军。现在有小人说坏话，让将军和我产生嫌隙。"项王说："这是沛公的左司马曹无伤说的，不然，项籍怎么会这样呢?"项王当天就留沛公一起喝酒。项王、项伯面朝东坐，亚父面南就坐，亚父就是范增。沛公面朝北坐，张良面西陪坐。范增多次以目示意项王，三次举起所佩玉玦来暗示，项王默然不应。范增起身，出来召唤项庄，对他说："君王心软不肯下手，你进去上前敬酒，敬完酒请求舞剑，趁机刺杀沛公于座席上。不然的话，你们这帮人终将为他所俘虏。"项庄就进去祝寿。祝寿完毕，说："君王与沛公饮酒，军中没有什么可以取乐，请让我舞剑吧！"项王说："好。"项庄拔剑起舞，项伯也拔剑起舞，常用身体掩护沛公，项庄没有机会刺击。这时张良到军门，见到樊哙 。樊哙问："今天的事情怎么样？"张良说："很危急！现在项庄拔剑起舞，想要击杀沛公。"樊哙说："事情这样紧急，请让我进去，与沛公同生共死。"樊哙立即带剑拿盾进入军门。双岗卫士举起交叉的矛戟想阻止不让进去，樊哙侧过盾一撞，卫士仆倒在地，樊哙于是进去，揭开帷帐，面西站立，瞪大眼睛看着项王，头发竖起，眼角都瞪裂了。项王按剑挺身问："来客是干什么的？"张良说："这是沛公的参乘，叫樊哙。"项王说："壮士！赐他一杯酒。"就给他一大斗酒。樊哙拜谢，站起身喝了。项王说："赐他猪肘。"又给他一条生猪肘。樊哙把盾牌扣在地上，把猪肘放在上面，拔剑切了大口吞吃。项王问："壮士，能再喝酒吗？"樊哙说："臣连死尚且不躲避，一杯酒难道还值得推辞！秦王有虎狼一样的心肠，杀人唯恐杀不完，处人刑罚唯恐不重，天下人都背叛了他。怀王同将领们约定：'先攻破秦军进入咸阳的在关中称王。'现在沛公先破秦入咸阳，秋毫无犯，封闭宫室，还军霸上，以等待大王的到来。之所以派将领把守关口，是为了防备其他强盗出入和意外情况。劳苦功高到这样，未有封侯的奖赏，却听信小人谗言，想杀有功之人。这是继续走秦朝灭亡的老路，我非常遗憾大王这样做。"项王无话可答，说："请坐！"樊哙紧靠张良坐下。坐了一会儿，沛公起身上厕所，趁机招呼樊哙出来。

沛公已经出去，项王派都尉陈平召唤沛公。沛公说："刚才出来，没有告辞，怎么办呢？"樊哙说："干大事不拘小节，行大礼不怕责难。眼下人家是屠刀和砧板，我们是鱼肉，还告辞什么？"于是沛公决定离去。留下张良致歉。张良问："大王来时带了什么？"沛公说："我带白璧一双，想献给项王，玉斗一双，想献给亚父，正赶上他们发怒，没敢进献。您替我献上吧！"张良说："遵命。"当时，项王驻军在鸿门下，沛公驻军在霸上，相距四十里。沛公就丢下车马侍从，独自骑马，脱身而走，樊哙、夏侯婴、靳强、纪信等四人持剑拿盾，徒步随行，从骊山而下，顺着芷阳小路走。沛公对张良说："从这条道到我们军营，不过二十里。估计我已回到军营，您再进去。"沛公已经离去，估计已从小路回到了军中，张良这才进去谢罪，说："沛公没有酒量，不能告辞，谨让小臣张良奉上白璧一双，敬献大王足下，玉斗一双，敬奉大将军足下。”项王问：“沛公在哪里?”张良答：“听说大王有意责罚他，脱身独自离开，已经回到军营里了。”项王便接受了玉璧，放在座席上。亚父接过玉斗，扔在地上，拔出剑来击成碎片，骂道：“唉！项庄这小子不足以共谋大事。夺取项王天下的，必定是沛公了！我们这些人眼下就要成为他的俘虏了!”沛公回到军营，立刻杀了曹无伤。

点评

项羽设鸿门宴，本可以杀掉刘邦，如果这样，历史将是另一番模样。但当年项羽只是一个二十七岁的马背上的将军，性情又直爽，听了几句奉承话就丧失了理智，刘邦老谋深算，抓住项羽的弱点，与樊哙一行对好口径，颠倒事实，一番巧辩，反而数落得项羽自觉理亏，其政治手腕之高明，由此可见一斑。鸿门宴拉开楚汉相争的序幕，这是一场文斗，说理斗智，项羽主动变被动，预示项羽必败。所以范增说：“今天放走刘邦，日后我们都要成为他的俘虏!”不幸言中。数年后，楚王项羽失败，汉王刘邦胜利，建立了汉朝。

陈平反间

——选自《陈丞相世家》

楚汉相争，陈平替汉王主持情报工作，对项羽集团实施统战，利用宴席挑拨离间，逐走范增。项羽派使者到汉营，汉王摆出猪、牛、羊三牲俱全的高规格宴席接待，称为太牢具。项王使者入席，汉王姗姗来迟，故意吃惊地说："我以为是项王亚父范增的使者，原来是项王的使者啊。"然后把酒菜端了出去，摆出粗劣的饮食。楚使回报，项王怀疑范增。范增急于攻破荥阳，捉拿汉王。项王偏偏不听。范增生气地离开项王，东归彭城，死在了半道。汉王趁机从荥阳突围而去，项王放虎归山，失去战机，为日后败亡埋下伏笔。陈平设的宴席反间计并不高明，可十分奏效，因为陈平从项王营垒过来，深知项王为人——多疑，用人唯亲不用贤，楚使蠢笨，因而上当。

陈平既多以金纵反间[①]于楚军，宣言[②]诸将钟离昧等为项王将，功多矣，然而终不得裂地而王，欲与汉为一，以灭项氏而分王其地。项羽果意不信钟离昧等。项王既疑之，使使至汉。汉王为太牢具[③]，举进。见楚使，即详惊曰："吾以为亚父使，乃项王使！"复持去，更以恶草具[④]进楚使。楚使归，具以报项王。项王果大疑亚父。亚父欲急攻下荥阳城，项王不信，不肯听。亚父闻项王疑之，乃怒曰："天下事大定矣，君王自为之！愿请骸骨归！"归未至彭城，疽[⑤]发背而死。陈平乃夜出女子二千人荥阳城东门，楚因击之，陈平乃与汉王从城西门夜出去。遂入关，收散兵复东。

【注释】 ①纵反间：大肆进行挑拨楚君臣的间谍活动。 ②宣言：公开散播。 ③太牢具：牛羊猪三牲具的丰盛筵席。 ④恶草具：粗劣饭食。 ⑤疽（jū）：常生于项部、背部和臀部的痈疮。

译文

陈平用这批黄金在楚军中大肆进行挑拨楚君臣的间谍活动，公开散播谣言说，钟离眛等人作为项羽的战将，功劳很多，然而终究得不到裂土封王的奖赏，因此想和汉王刘邦联合起来，消灭项羽，瓜分楚国的土地，各自称王。项羽知道后果然不再信任钟离眛等人。项羽对钟离眛等人起了疑心以后，就派使者到汉军中去打听虚实。使者到时，汉王刘邦为他准备了猪牛羊三牲齐备的丰盛筵席，端了进去。等见到楚国项羽的使者时，就假装惊讶地说："我以为是亚父范增的使者，原来是项王的使者啊！"说完就把酒菜端了回去，换了一份粗劣饭食给楚使吃。楚使回去以后，把事情经过全部报告给了项羽。项羽果然更加怀疑亚父范增。亚父范增建议项羽尽早攻下荥阳城，项羽已不信任范增，所以不肯听从他的建议。亚父范增知道项羽开始怀疑自己了，就火气冲天地说："天下大事已经基本定格，余下的事你自己看着办吧，我请求告老还乡！"范增还没到达彭城，就因背上的毒疮发作而死。这时，陈平就在夜里派遣两千名城中女子装扮成汉军从荥阳城东门突围，楚军于是攻击她们，陈平却和汉王刘邦从荥阳城的西门逃走了。随后，他们进入关中，召集起逃散的队伍，再次东进。

点评

陈平巧设宴席离间计引诱楚使上当，并不高明，为何能奏效？因为陈平从项羽营垒中出来，知道项羽多疑，用人唯亲，楚使皆为草包，项羽不败何为？

陆贾使越

——选自《郦生陆贾列传》

汉高祖平定天下，汉朝刚刚建立，百废待兴。高祖休兵息民，不愿派兵讨伐南越，遂派陆贾出使，封尉佗为南越王。陆贾初到，尉佗十分傲慢，陆贾不慌不忙，分析利害，说服尉佗臣服汉朝。陆贾称赞尉佗贤能，比汉朝功臣萧何、曹参、韩信都要能干，尉佗高兴，两人拉近了关系。但是尉佗要与高祖为敌，那是以卵击石，臣服汉朝，称王一方，国家之福，人民之福，更是尉佗家族之福。陆贾说理有礼有节，折服了尉佗。两人成了朋友，天天宴饮，史称“留饮数月”，可称为宴会外交。陆贾以说理为主，联络感情为辅，在饮酒论说中完成了出使的使命。尉佗接受封王，还赠赐陆贾两千万的厚礼。

陆贾者，楚人也①。以客从高祖定天下，名为有口②辩士，居左右，常使诸侯。

【注释】 ①陆贾者，楚人也：泛言陆贾为楚人，史失其具体籍贯。 ②有口：有口才。

及高祖时，中国初定，尉佗①平南越，因王之。高祖使陆贾赐尉佗印为南越王。陆生至，尉佗魋结②箕倨见陆生。陆生因进说佗曰：“足下中国人，亲戚昆弟坟墓在真定③。今足下反天性④，弃冠带[⑤]，欲以区区之越与天子抗衡为敌国，祸且及身矣。且夫秦失其政，诸侯豪杰并起，唯汉王先入关，据咸阳。项羽背约，自立为西楚霸王，诸侯皆属，可谓至强。然汉王起巴蜀，鞭笞天下[⑥]，劫略诸侯[⑦]，遂诛项羽，灭之。五年之间，海内平定，此非人力，天之所建也。天子闻君王王南越，不助天下诛暴逆，将相欲移兵而诛王，天子怜百姓新劳苦，故且休之，遣臣授君王印，剖符通使[⑧]。君王宜郊迎，北面称臣，乃欲以新造未集之越[⑨]，屈强[⑩]于此。汉诚闻之，掘烧王先人冢，夷灭宗族，使一偏将将十万众临越，则越杀王降汉，如反覆手耳。”

【注释】 ①尉佗：南海尉赵佗，秦末割据南越称王。事详见《南越列传》。 ②魋（tuí）结：挽发于顶，其状如锥，南夷人之打扮。 ③真定：即正定，县名，在今河北省石家庄市东北。赵佗为真定人。 ④反天性：违反本性，指弃礼义。 ⑤弃冠带：不穿汉俗服装。 ⑥鞭笞天下：征服天下。 ⑦劫略：制服。 ⑧剖符：谓君臣名分已定，已封赵佗为王。符：凭信，金、铁所制，剖分为二，天子与受封者各执符之半，以为信用。 ⑨新造：新建。未集：人心未集，政权未固。 ⑩屈强：同“倔强”，桀骜不驯。

于是尉佗乃蹶然起坐[①]，谢陆生曰：“居蛮夷中久，殊失礼义。”因问陆生曰：“我孰与萧何、曹参、韩信贤？”陆生曰：“王似贤。”复曰：“我孰与皇帝贤？”陆生曰：“皇帝起丰沛，讨暴秦，诛强楚，为天下兴利除害，继五帝三王之业，统理中国。中国之人以亿计，地方万里，居天下之膏腴，人众车舆[②]，万物殷富，政由一家，自天地剖泮[③]未始有也。今王众不过数十万，皆蛮夷，崎岖山海间，譬若汉一郡，王何乃比于汉！”尉佗大笑曰：“吾不起中国，故王此。使我居中国，何渠[④]不若汉？”乃大悦陆生，留与饮数月。曰：“越中无足与语，至生来，令我日闻所不闻。”赐陆生橐中装[⑤]直千金，他送亦千金。陆生卒拜尉佗为南越王，令称臣奉汉约。归报，高祖大悦，拜贾为太中大夫[⑥]。

【注释】 ①蹶然起坐：突然惊起跪坐。箕（jī）踞：两腿伸直而坐，其形如箕，是不礼貌的表现。以膝着地跪坐，是古人席地而坐的正常姿势。 ②人众车舆：人民众多，车马繁盛。 ③天地剖泮（pàn）：开天辟地。 ④何渠（qú）：哪能。 ⑤橐（tuó）中装：袋中所装礼物，大抵珠宝之类。 ⑥太中大夫：郎中令属官，掌议论。

陆贾是楚国人。他以宾客身份随从高祖平定天下，是当时有名的说客辩士，极有口才，不离高祖左右，经常出使诸侯国。

等到高祖做皇帝时，中国刚刚平定，尉佗也平定了南越，便在那里称王。高祖派陆贾把南越王印赐给尉佗。陆生到达，尉佗梳着当地人的锥形发髻，叉开两腿像畚箕的样子坐着接见陆生。陆生便上前劝说尉佗，说："足下是中原人，父母、兄弟的坟墓都在真定。现今足下违反本性，丢了戴帽子、系带子的中国习俗，想凭小小的地方与天子抗衡，成为敌国，大祸将要临头了。正因秦朝政治腐败，诸侯豪杰纷纷起事，却只有汉王首先进入关中，占据了咸阳。后来，项羽违背盟约，自立为西楚霸王，诸侯都归属他，可以说是最强大了。可是汉王从偏远的巴蜀起兵，征讨天下，制服诸侯，终于诛杀项羽，把他灭了。五年时间，就平定了天下，这不是人力能办成的，是上天要建立的。天子听说大王称王南越，不帮助天下人民诛讨暴秦，汉朝将相就想发兵来诛灭大王，天子体谅百姓刚刚经历战乱的劳苦，所以要休息百姓，才派我来授予大王南越王印，剖符为证，永世通好。大王本该出城迎接，向北面称臣，可你却想仗着这小小的未稳固的南越称霸一方。这些真让汉朝知道了，那你祖先的坟墓将被挖毁，你的家族就会被灭掉，皇上还要派一位偏将率领十万之众兵临南越，那时越地人民要杀了大王投降汉朝，还不是易如反掌吗?"

听到这里，尉佗突然惊起跪坐，向陆生致歉说："我在蛮夷中间居住太久了，实在不礼貌。"便问陆生说："我与萧何、曹参、韩信相比较，哪一个更能干?"陆生说："大王好像更能干。"尉佗又问："我与皇帝相比，哪个更能干?"陆生说："皇帝从丰沛起事，诛讨暴秦，灭了强楚，替天下人兴利除害，继承发扬了五帝三王的事业，统一了中国。中国人口以亿计，地方疆域辽阔万里，土地肥沃，人多车众，物产丰富，政令统一，这是自开天辟地以来从没有过的。现今大王的人众不过几十万，都是蛮夷，处在崎岖的大山大海之间，好比只是汉朝的一个郡，大王怎么能与汉家相比?"尉佗大笑说："我没在中国起兵，所以才在这里称王。如果我居住在中国，何以见得不如汉?"这一番交谈，尉佗非常赞赏陆生，留他住了几个月，每天饮酒谈论。尉佗说：

“南越国中没有谈得来的人，先生的到来，使我每天都能听到新鲜事。”于是赐给陆生一个口袋，里面装了价值千金的珠宝，其他礼物的价值也有千金之多。陆生终于完成封拜尉佗为南越王的使命，让他对汉称臣，遵守汉家法规。陆生回朝报告，高祖非常高兴，任命陆贾为太中大夫。

点评

陆贾出使，不辱使命，演绎了一个优秀外交人才的言辞与智慧，值得借鉴。

四、会盟宴会

【说明】中国古代外交产生于春秋战国之际，诸侯林立，列国纷争，必然产生外交。会盟专指两国国君双边会谈，或多国结盟会晤，是春秋列国最早产生的外交活动。本题节选了五次春秋时期的会盟故事，依时间顺序为齐鲁柯邑之盟，公元前 681 年；齐楚召陵之盟，公元前 656 年；齐桓公葵丘之会，公元前 651 年；齐鲁夹谷之会，公元前 500 年；晋吴黄池之会，公元前 482 年。春秋时期的会盟外交均是列国争斗中军事斗争的补充，大国通过会盟巩固和扩大战争的果实，有时弱小的一方，看准时机，运用高超的外交手段也可以改善处境，抑制强势一方的欺凌。

·补　白·

齐桓公

〔宋〕王十朋

诸侯九合霸图成，晋宋江黄尽会盟。
惟有召陵功最直，包茅不贡故来征。

吴　宫

〔唐〕胡曾

草长黄池千里余，归来宗庙已丘墟。
出师不听忠臣谏，徒耻穷泉见子胥。

齐鲁柯邑之盟

——选自《齐太公世家》

题解

柯邑，齐地，在今山东省阳谷县东北，临近鲁国的边邑。齐桓公五年，即公元前681年，齐鲁会盟于柯邑。当时齐国快速兴起，齐桓公急欲称霸。由于齐桓公即位时遭到鲁国反对，鲁国支持齐国公子纠与齐桓公争位失败，齐、鲁成为敌对国家。此次盟会，齐国意欲扩大战争果实，鲁国想要夺回战争中的损失。鲁将曹沫用劫持的手段迫使齐桓公退还侵占的鲁国土地，是看准了齐桓公取信列国、图谋称霸的需求而走出的一步险棋，鲁国成功了。当然鲁国也付出了承认齐国霸主地位的代价。

原文

五年[①]，伐鲁，鲁将师败。鲁庄公[②]请献遂邑以平，桓公许，与鲁会柯[③]而盟。鲁将盟，曹沫以匕首劫桓公于坛上[④]，曰："反鲁之侵地！"桓公许之。已而曹沫去匕首，北面就臣位。桓公后悔，欲无与鲁地而杀曹沫。管仲曰："夫劫许之而倍信杀之，愈一小快耳，而弃信于诸侯，失天下之援，不可。"于是遂与曹沫三败所亡地于鲁。诸侯闻之，皆信齐而欲附焉。七年，诸侯会桓公于甄[⑤]，而桓公于是始霸焉。

【注释】 ①五年：指齐桓公五年，即公元前681年。 ②鲁庄公：鲁国国君，公元前693年至前662年在位。遂邑：鲁邑，在今山东省宁阳县西北。 ③柯：齐邑，在今山东省阳谷县东北。 ④曹沫（mèi）：鲁将，事详见《刺客列传》。坛：土筑的高台，用于祭祀、盟会。 ⑤甄：《左传》作"鄄"，卫邑，在今山东省鄄城县西北。

译文

桓公五年，齐国攻打鲁国，鲁国吃了败仗。鲁庄公请求献出鲁国的遂邑来求和，齐桓公表示同意，就与鲁庄公在齐国的柯邑结盟签约。鲁庄公正准备盟誓的时候，鲁国将领曹沫突然拔出匕首，在坛上威胁齐桓公说："马上把侵占去的地方还给鲁国！"齐桓公答应了，曹沫这才收起匕首，向北回到了大臣的位子上。这时齐桓公又后悔了，准备不归还鲁国的失地，并要杀了曹沫。管仲不同意，说："一个人在受到劫持时答应了人家的要求，事后又背信弃义，还要杀了人家，这只是图一时痛快罢了，然而却在诸侯面前丧失了信用，也失去了天下人的支持，不能这样做！"于是齐国就把曹沫三次战败丢失的土地还给了鲁国。各诸侯国知道后，都更加相信齐国，并打算依赖齐国。桓公七年，诸侯们同齐桓公在甄地会盟，从此齐桓公开始称霸诸侯。

点评

成为霸主，必须有担当，维护正义，才能维护和平。齐桓公以身作则，示天下以信义，做出了榜样，成为春秋时期的第一个霸主。

齐楚召陵之盟

——选自《齐太公世家》

题解

齐楚召陵之盟是齐桓公阻止楚国势力北上的一次外交盟会，也是两国势均力敌、相互妥协、化解战争的外交活动。这次会盟提供了以和平手段代替战争处理诸侯国争端的经典范例。齐桓公责楚贡包茅不入乃是小事，楚国北上灭了许多姬姓国家，楚国不可能复兴这些小国，此乃大事。齐桓公不予责问，给予了妥协的空间。楚使回答说："贡之不入是楚国的责任，而昭王不复，你去问汉水吧。"不卑不亢，也维护了楚国的尊严。双方的外交艺术都值得称道。

原文

三十年①春，齐桓公率诸侯伐蔡，蔡溃。遂伐楚。楚成王②兴师问曰："何故涉吾地？"管仲对曰："昔召康公命我先君太公曰：'五侯九伯③，若④实征之，以夹辅周室。'赐我先君履⑤，东至海，西至河，南至穆陵，北至无棣。楚贡包茅⑥不入，王祭不具⑦，是以来责。昭王南征不复，是以来问。"楚王曰："贡之不入，有之，寡人罪也，敢不共乎！昭王之出不复，君其问之水滨⑧。"齐师进次于陉⑨。夏，楚王使屈完将兵扞齐，齐师退次召陵。桓公矜屈完以其众。屈完曰："君以道则可；若不，则楚方城⑩以为城，江、汉以为沟⑪，君安能进乎？"乃与屈完盟而去。

【注释】 ①三十年：指齐桓公三十年，即公元前 656 年。 ②楚成王：名恽，公元前 671 年至公元前 625 年在位。蔡附于楚国。 ③五侯九伯：泛指天下诸侯。五侯，即周封五等之爵，公、侯、伯、子、男。九伯，即九州之长。 ④若：汝，你，指齐国。 ⑤履：践踏，即征伐的范围。 ⑥包茅：成捆的菁茅，用于滤酒。 ⑦王祭不具：楚不贡茅，使周王的祭祀礼物不完备。 ⑧问之水滨：谓周昭王南巡，死于汉水中，楚不承担此责任，故云“问之水滨”。 ⑨次：军队临时驻扎。陉（xíng）：楚地名，在楚召陵之南。召陵在今河南省郾城县东。 ⑩方城：山名，在今河南省叶县南。 ⑪江、汉以为沟：以长江、汉水为护城河。

译文

三十年春天，齐桓公率领诸侯攻打蔡国，蔡国溃不成军。齐桓公又一鼓作气去攻打楚国。楚成王立即兴师问罪，说：“为什么侵犯我的地盘?”管仲回答说：“从前召康公命令我们的祖先太公说，‘五侯九伯，你都可以征讨它，以此来辅弼周王朝’。并交给我祖先征伐的范围是，东边到海，西边到黄河，南边到穆陵，北边到无棣。现在楚国应该贡奉王室的包茅没有交纳，使周天子的祭祀物品不完备，所以前来问罪！周昭王到南方视察，没能回朝廷，所以前来质问!”楚成王说：“贡物没有按时进献，确有其事，这是我的过失，哪里敢不进贡呢！至于周昭王出巡没能返回，你去汉水边上问问吧!”齐国的军队向前推进，到了楚国的陉地。夏天，楚成王派遣屈完率兵抵抗齐军，齐军后退到了召陵。齐桓公向屈完夸耀自己人多势众。屈完说：“你讲道理还可以，如不讲道理，那么楚国以方城做城墙，以长江和汉水为护城河，你怎么能够打得进来呢?”于是齐桓公与屈完订立了盟约，退兵而回。

点评

齐楚召陵之盟是双方在势均力敌的情况下达成的维持现状的和平盟约。楚国承认齐桓公称霸中原，暂停向北开拓；齐国承认楚国已在江汉一带形成的疆域。势均力敌的妥协能够成功，外交艺术具有决定性作用。齐桓公责楚以小过而遗其大过；楚成王心领神会，过则改之，或有过分要求，楚不相应，去“问之水滨”，你自己估量轻重吧，与楚无关。双方趁势下台，好会而去。

齐桓公葵丘之会

——选自《齐太公世家》

题解

葵丘，宋邑，在今河南省兰考县东。公元前651年，齐桓公大会诸侯于葵丘，是齐国称霸的鼎盛时期。后由于齐桓公的傲慢，诸侯开始离心，从此齐桓公的霸主地位步入了下坡道路。

原文

三十五年夏①，会诸侯于葵丘②。周襄王使宰孔赐桓公文武胙、彤弓矢、大路③，命无拜。桓公欲许之，管仲曰“不可”，乃下拜受赐。秋，复会诸侯于葵丘，益有骄色。周使宰孔会。诸侯颇有叛者。晋侯病，后，遇宰孔。宰孔曰：“齐侯骄矣，弟无行④。”从之。是岁，晋献公卒，里克杀奚齐、卓子，秦穆公以夫人入公子夷吾为晋君。桓公于是讨晋乱，至高梁⑤，使隰朋立晋君，还。

【注释】 ①三十五年：指齐桓公三十五年，即公元前651年。 ②葵丘：此葵丘非齐邑葵丘，为宋邑，在今河南省兰考县东。 ③文武胙：祭祀文王、武王的祭肉。周王赐诸侯文武胙是一种尊奖的礼仪。彤弓矢：朱红色的弓和箭，周王授予诸侯征讨之权，则赐彤弓矢。大路：天子坐的车。 ④弟无行：不必去赴会了。弟：通“第”，但，只。 ⑤高梁：晋邑，在今山西省临汾市东北。

译文

三十五年夏天，齐桓公在葵丘与诸侯相会。周襄王派宰孔赐给齐桓公一些祭祀文王、武王用的祭肉、朱红色的弓和箭以及只有天子才能坐的大路车，并让他受赐时不必下拜。齐桓公想答应，管仲说“不行”，齐桓公才下堂跪拜受赐。这年秋天，齐桓公再次在葵丘大会诸侯，变得更加骄横了。周襄王也派宰孔参加了这次会盟。诸侯中有不少人开始叛离齐国。晋献公生病，来晚了，路上碰到提前返周的宰孔。宰孔对他说：“齐桓公骄气十足，你不必去赴会了。”晋献公答应了。这一年，晋献公死了，大臣里克杀掉了奚齐和公子卓。秦穆公因为夫人是晋公子夷吾的姐姐，所以派兵护送夷吾回晋国做国君。齐桓公因此出兵讨伐晋国的乱臣贼子，军队到了高梁，派大夫隰朋与秦国共立夷吾为君，然后才回国。

齐桓公一拜周天子受赐文武胙，尊礼尊王，诸侯归心；齐桓公一骄矜，诸侯离析。正所谓“满招损，谦受益”。

齐鲁夹谷之会

——选自《孔子世家》

题 解

齐鲁夹谷之会，事发于鲁定公十年，即公元前500年。这次盟会展示了孔子的外交才能。名义上是齐鲁双边友好会盟，其实是齐景公要制造事端，迫使鲁国国君除掉孔子。孔子事前做好了应对策略，“有文事者必有武备”，所以在会谈中孔子有礼有节而以强硬手段赢得了外交主动，维护了国家尊严，也维护了自己的地位。

原 文

定公十年春，及齐平[①]。夏，齐大夫黎钼言于景公曰：“鲁用孔丘，其势危齐。”乃使使告鲁为好会[②]，会于夹谷[③]。鲁定公且以乘车好往[④]。孔子摄相事[⑤]，曰：“臣闻有文事者必有武备，有武事者必有文备。古者诸侯出疆，必具官[⑥]以从。请具左右司马[⑦]。”定公曰：“诺。”具左右司马。会齐侯夹谷，为坛位[⑧]，土阶三等，以会遇之礼相见，揖让而登。献酬之礼毕[⑨]，齐有司趋[⑩]而进曰：“请奏四方之乐。”景公曰：“诺。”于是旍旄羽袚矛戟剑拨[⑪]，鼓噪而至。孔子趋而进，历阶而登[⑫]，不尽一等，举袂而言曰：“吾两君为好会，夷狄之乐何为于此？请命有司[⑬]！”有司却之，不去，则左右视晏子与景公。景公心怍[⑭]，麾而去之。有顷，齐有司趋而进曰：“请奏宫中之乐。”景公曰：“诺。”优倡侏儒[⑮]，为戏而前。孔子趋而进，历阶而登，不尽一等，曰：“匹夫而营惑[⑯]诸侯者，罪当诛。请命有司！”有司加法[⑰]焉，手足异处。景公惧而动，知义不若[⑱]，归而大恐，告其群臣曰："鲁以君子之道辅其君，而子独以夷狄之道教寡人，使得罪于鲁君，为之奈何?"有司进对曰："君子有过，则谢以质[19]；小人有过，则谢以文[20]。君若悼之[21]，则谢以质。"于是齐侯乃归所侵鲁之郓、汶阳、龟阴之田以谢过[22]。

【注释】 ①平：和平之盟会。 ②好会：友好之会。 ③夹谷：齐邑，在今山东省莱芜市南面的夹谷峡。 ④鲁定公且以乘车好往：鲁定公将真的不带武装乘便车去友好相会。且：将要。乘车：便车，非兵车。 ⑤摄相事：代理司仪。 ⑥具官：指要文武齐备。具，备。 ⑦司马：掌军政的武官。 ⑧为坛位：筑起盟会高台，设立位次。 ⑨献：互赠礼品。酬：互相敬酒。 ⑩趋：快步走。 ⑪旍旄：旌旗。旍（jíng）：同"旌"。羽袚（fū）：皮制护膝。矛戟剑拨（fā）：武乐的兵器道具。拨：大楯。 ⑫历阶而登：一脚一级地快步登阶。按礼法要双脚同登一级地慢步升阶。当时情况紧急，孔子顾不得礼法而历阶；盟台只有三级，但孔子没有上最后一级，又留有分寸，虽急而终不违礼。实际是孔子跳上两级，果断地处理突然事变，有礼有节。 ⑬请命有司：请齐景公命主管者把武乐队撤下去。 ⑭怍：惭愧。 ⑮侏儒：矮人小丑。 ⑯营惑：迷惑戏弄。 ⑰加法：依法执行，斩侏儒。 ⑱知义不若：自知在道义上输给了对方。 ⑲谢以质：老老实实地赔礼道歉。 ⑳谢以文：文过饰非。 ㉑悼之：担心，惭愧。 ㉒郓、汶阳、龟阴：皆鲁地。

译文

鲁定公十年春天，孔子参加了鲁国和齐国的友好盟会。这年夏天，齐国大夫黎钼对齐景公说："鲁国重用孔子，这样下去一定会对齐国构成威胁。"于是齐景公就派人告诉鲁定公，准备举行一次友好相会，相会的地点设在夹谷。鲁定公将真的不带武装乘便车去友好相会。孔子当时代理司仪，他劝鲁定公说："我听说，办文事要有武力做后盾，办武事也要准备文的一手。古代诸侯出国，都要文武齐备。请求配备护卫左右司马官。"鲁定公说："好的。"于是配备了护卫左右司马。鲁定公到达夹谷时，那里已经筑起盟会高台，设立位次，土台阶共有三级。鲁定公与齐景公依据会盟的礼节见面后，就互相推让着登上了高台。彼此互赠礼品，互相敬酒之后，齐国的主管官员突然快步走上前来请示说："请允许表演四方的歌舞。"齐景公说："好吧。"于是齐国的乐队拿着旌旗、弓弩、矛戟等兵器道具，大呼小叫地蜂拥而上。孔子见情况不妙，立即快步上前，一脚一级地登上台阶，但留有分寸，没登上最后一级台阶，挥动袖子对下面喝道："我们两国国君正在进行友好会见，把这些夷狄的乐舞拿到这里干什么？请齐景公命主管者把武乐队撤下去。"这时齐国的主管者让武乐队退下去，可是他们不肯。孔子就转过头来看看晏子，又看看齐景公。齐景公心里惭愧，就挥挥手让他们下去了。过了一会儿，齐国的主管官员又快步走到前面说："请允许演奏宫中的乐舞。"齐景公又说："好的。"于是一些能说会唱的艺人与侏儒，就边歌边舞地来到了大家面前。孔子又快步上前，两脚登上台阶，但没有踏到最上面一级，大声说："凡匹夫小人迷惑戏弄诸侯的，罪当斩首。请命令主管者对他们施刑。"于是齐国主管者只好依法斩了侏儒，侏儒顿时手脚分了家。齐景公看了大为震动，自知在道义上输给了对方，回国以后，他仍感到心有余悸，就埋怨手下的大臣们说："鲁国的孔子是用君子之道来辅佐国君的，而你们却用夷狄那一套来教导我，害得我得罪了鲁国国君，现在怎么办呢?"有个官员走到前面说："君子做错了事，就老老实实地赔礼道歉；小人做错了事，才花言巧语，文过饰非。如果您真的感到担心，那就在实际行动上表示一下。"于是，齐景公就把过去从鲁国侵占来的郓、汶阳、龟阴等地都归还了鲁国，以示歉意。

点评

外交斗争，弱势一方如果做好充分的应对策略，文武皆备，敢于斗争，敢于胜利，针锋相对，有礼有节，就可化被动为主动。齐鲁夹谷之会，孔子的智慧策略，尤其是其敢于斗争的勇气以及把握分寸的艺术，给我们上了一堂生动的实践课。

晋吴黄池之会

——选自《吴太伯世家》

题解

吴王夫差打败越王勾践后，趾高气扬，不听伍子胥的劝谏灭掉越国，而要进兵北上，与大国齐、晋为敌，称霸中原。夫差经过多年争战，打败了齐国，西向进兵晋国，在黄池与晋定公会盟，两人争长，互不相让。越王趁机偷袭吴国，打破都城，掳走吴王太子。消息传到黄池，吴王沉着镇定，封锁消息，一连杀了七个知情人，直到盟会结束。《史记·秦本纪》《史记·晋世家》《史记·赵世家》记载夫差为长，《吴太伯世家》记载晋定公为长。大约是吴王夫差先为长，接到国内败报，识时务地让出盟长。夫差的镇定，显示了霸主的雄风，保全了军队不乱，会盟不处下风。但夫差穷兵黩武，国都已破还想去进攻宋国，回国后向越王求和苟安，仍没有回头是岸、励精图治，最终被越国所灭。黄池之会中的吴王夫差留给后人许多警示。

原文

十四年[①]春，吴王北会诸侯于黄池[②]，欲霸中国以全周室。六月丙子，越王勾践伐吴。乙酉，越五千人与吴战。丙戌，虏吴太子友。丁亥，入吴。吴人告败于王夫差，夫差恶其闻[③]也。或泄其语，吴王怒，斩七人于幕下[④]。七月辛丑，吴王与晋定公争长。吴王曰："于周室我为长[⑤]。"晋定公曰："于姬姓我为伯[⑥]。"赵鞅怒，将伐吴，乃长晋定公[⑦]。吴王已盟，与晋别，欲伐宋。太宰嚭曰："可胜而不能居也。"乃引兵归国。国亡太子，内空，王居外久，士皆疲敝，于是乃使厚币以与越平。

【注释】 ①十四年：指吴王夫差十四年，即公元前483年。 ②黄池：在今河南省封丘县南济水故道南岸。 ③恶其闻：不愿把吴国内部被越人战败的消息传播出去。 ④斩七人于幕下：吴王夫差杀人灭口，在会盟的帐幕下连杀了七个知情人。 ⑤为长：吴为太伯之后，故为长。 ⑥伯：通“霸”，晋人谓自晋文公以来，历代为盟主。 ⑦乃长晋定公：《秦本纪》《晋世家》《赵世家》记载夫差为长，此言“长晋定公”，两传存疑。

夫差十四年春天，吴王夫差北上，在黄池与诸侯们相会，目的是想借保全周王朝的名义，成为中原地区的霸主。六月丙子那天，越王句践趁吴王率兵在外之机突然出兵攻打吴国。到乙酉这天，越国参加伐吴战斗的已有五千人。战斗进行到丙戌这天，一举活捉了吴国的太子友。丁亥那天，越军攻占了吴国的首都。吴人把失败的消息报告给了远在黄池的夫差，夫差不愿把国都失陷的消息传播出去。因此，当他听说有人走漏了风声时，非常生气，在会盟的帐幕下连杀了七个知情人。七月辛丑那天，吴王夫差与晋定公在会上争着要当盟主。夫差说：“吴国是太伯的后代，应该为长。”晋定公毫不退让地说：“从晋文公以来，我们历代都是盟主。”晋国的赵鞅见两人争执不下，很生气，准备下令攻打吴王，夫差无可奈何地同意晋定公做了盟主。吴王夫差同诸侯们订盟后，告别了晋定公，又想去攻打宋国。太宰伯嚭说：“你即使胜利了，也不可能永远霸占宋国。”夫差这才率领部队回国。这时吴国国内已失掉了太子，内部空虚，而吴王夫差长期征战在外，弄得士兵人人疲乏不堪，只好派人带着重礼去向越国求和。

点评

黄池之会，晋吴争霸，吴王夫差的雄主气度与高超应对危难的举措，彰显了他不是一个平凡的人。由于吴国是小国，国力有限，而夫差强与大国争霸，死撑到底，穷兵黩武，至死不寤，最终落得国灭身亡，令人叹惜。

·补　白·

齐桓公

〔清〕徐公修

礼贤堂阜脱羁囚，小忿何常记射钩。
公子登庸来莒国，诸侯大会盛葵丘。
苞茅责楚词严正，孤竹平戎道阻修。
开拓雄封表东海，一匡天下在尊周。

吴王夫差

〔宋〕王十朋

西施未必解亡吴，只为谗臣害霸图。
早使夫差诛宰嚭，不应麋鹿到姑苏。

五、议政宴会

【说明】在朝堂上君臣会议军国大事，是一件十分严肃的事。有时为了化解矛盾，消除阻力，设宴议政，创造轻松的氛围，可以收到事半功倍的效果。但如果矛盾太尖锐，宴会议政仍将破裂。

·补　白·

焚书坑

〔唐〕章碣

竹帛烟销帝业虚，关河空锁祖龙居。
坑灰未冷山东乱，刘项原来不读书。

赵武灵王

〔宋〕徐钧

宗周削弱列侯强，僭拟谁知有陛堂。
独有武灵知大节，称君已足不称王。

秦始皇置酒咸阳宫

——选自《秦始皇本纪》

题解

“置酒”，就是大摆宴席。公元前213年，即秦始皇三十四年，始皇帝在咸阳宫设宴君臣叙事，让群臣讨论废分封行郡县的利弊。博士主张国家体制效法三代，分封诸侯，广植藩辅；丞相李斯反对分封，认为诸侯林立是祸乱之源，行郡县天下一统。李斯上纲上线，说博士以古非今，诽谤皇上，主张焚烧诗书，禁止言论自由。秦朝的“焚书”“坑儒”即由这次宴会引发。秦始皇的初衷本是在宴会上议政，制造宽松场景，由于政见分歧，冰炭不可同于一炉，反而加剧了分裂，秦政更为苛酷。

原文

始皇置酒咸阳宫，博士七十人前为寿。仆射[①]周青臣进颂曰：“他时秦地不过千里，赖陛下神灵明圣，平定海内，放逐蛮夷，日月所照，莫不宾服。以诸侯为郡县[②]，人人自安乐，无战争之患，传之万世。自上古不及陛下威德。”始皇悦。博士齐人淳于越进曰：“臣闻殷、周之王千余岁，封子弟功臣，自为枝辅。今陛下有海内，而子弟为匹夫[③]，卒有田常、六卿之臣[④]，无辅拂，何以相救哉？事不师古而能长久者，非所闻也。今青臣又面谀以重陛下之过，非忠臣。”始皇下其议。丞相李斯曰：“五帝不相复，三代不相袭，各以治，非其相反，时变异也。今陛下创大业，建万世之功，固非愚儒所知。且越言乃三代之事，何足法也？异时诸侯并争，厚招游学[⑤]。今天下已定，法令出一[⑥]，百姓当家则力农工，士则学习法令辟禁[⑦]。今诸生不师今而学古，以非当世，惑乱黔首。丞相臣斯昧死言：古者天下散乱，莫之能一⑧，是以诸侯并作⑨，语皆道古以害⑩今，饰虚言以乱实，人善其所私学，以非上之所建立。今皇帝并有天下，别黑白而定一尊⑪。私学而相与非法教⑫，人闻令下，则各以其学议之。入则心非⑬，出则巷议⑭，夸主以为名⑮，异取以为高⑯，率群下以造谤。如此弗禁，则主势降乎上⑰，党与成乎下⑱，禁之便⑲。臣请史官⑳非秦记皆烧之。非博士官所职㉑，天下敢有藏《诗》《书》、百家语㉒者，悉诣守、尉杂烧之。有敢偶语《诗》《书》者弃市㉓。以古非今者族。吏见知不举者与同罪。令下三十日不烧，黥为城旦㉔。所不去者，医药、卜筮、种树之书。若欲有学法令，以吏为师。”制曰：“可。”

【注释】 ①仆射（yè）：秦官名。仆：主持。古代重武，主持督课射礼的官员叫仆射。此处指诸博士的首长。 ②以诸侯为郡县：即废除封建制，行郡县制。 ③匹夫：指没有爵位和权势的平民。 ④田常：春秋末年齐国大夫，他杀了齐简公另立平公，到战国初，又夺取了齐国君位。六卿：指春秋末年晋国大夫韩、赵、魏、范、中行、智六家。这六家势力强大，晋君不能控制。公元前453年，韩、赵、魏三家瓜分了晋国。 ⑤游学：指战国时以自己的学说游说诸侯的人。 ⑥法令出一：法令由皇帝一人制定。 ⑦辟（bì）禁：刑法禁令。辟：法。 ⑧莫之能一：即“莫能一之”，没有一个人能把政令统一起来。 ⑨并作：都起来割据称霸。 ⑩害：攻击。 ⑪别黑白而定一尊：分别是非，奠定至高无上的法制。 ⑫法教：法律、教令。 ⑬入则心非：在家独处时，便对法令心怀不满。 ⑭出则巷议：外出就在街头巷尾批评议论。 ⑮夸主以为名：夸耀所信奉的学说来沽名钓誉。主：所信奉的学说。 ⑯异取以为高：择取不同于现行法令的做法来抬高自己。取：同“趣”，择取。 ⑰主势降（jiàng）乎上：在上边，皇帝的权威会因此而下降。 ⑱党与成乎下：在下边，私人集团渐次形成。党与：宗派、集团。 ⑲禁之便：取缔他们是正确的。便：便宜，正当。 ⑳史官：指诸侯各国的史书。 ㉑非博士官所职：不是博士官所应研讨的知识，即非国家选定的藏书。 ㉒百家语：诸子百家的言论著作。 ㉓偶语：结伙谈论。 ㉔黥（qíng）：在犯人额颊上刺字，并用矾石涂抹，使字不可洗除。城旦：秦代四年徒刑。犯者谪发边地，旦暮守边。

译文

秦始皇在咸阳宫设置酒宴，有博士七十人上前祝寿。仆射周青臣进前歌颂功德说：“从前秦国的领土不过一千里，依赖陛下的神灵圣明，平定海内，放逐了蛮夷，日月所能照到的无不从服。废去诸侯而设置郡县，每个人安居乐业，没有战争的忧患，天下可以传承万世。自上古以来没有人能赶上陛下您的威德。”始皇非常高兴。博士齐人淳于越上前说：“臣听闻殷朝和周朝称王一千多年，分封子弟和功臣，自为枝叶辅翼。现今陛下拥有海内，而子弟为平民，一旦有田常和六卿这类大臣，没有辅翼，用什么来相互救助呢？事情不取法上古而能长久的，没有听说过。今天青臣又当面阿谀以加重陛下的过错，不是忠臣。”始皇把他们的议论下达给臣下商议。承相李斯说：“五帝的制度不相重复，三代不相因袭，各自达到治理，并非有意要相反，而是时势变异的缘故。现今陛下创立大业，建成万世的功勋，本来就不是愚陋的儒生所能知道的。而且淳于越说的乃是三代的事，如何值得效法呢？那时诸侯相互争夺，用优厚的待遇招致游学之士。现今天下已经平定，法令出于统一，百姓在家就致力于农工生产，士人就学习法律和刑法禁令。现今这些读书人不师法当今而学习上古，用来非议当世，惑乱百姓。我丞相李斯冒死上言陛下：古时天下散乱、没有人能使它统一，因此诸侯并起，学说都称道古时而攻击现今，用修饰虚妄的言语来扰乱名实，人们都认为自己的学说是最好的，拿来非议今天所建立的制度。今天皇帝兼并拥有天下，区别黑白而确定至高无上的权威。私自传授学说的人相聚在一起，非议法律教令，每当朝廷法令下达，就各自用他所学的道理来议论。他们在家独处时，就在心中非议，出门则街谈巷议；夸耀所信奉的学说来沽名钓誉，标新立异，抬高自己，率领一群在下位的人来造谣谤诽。如果放任这样而不禁止，那么在上位的皇帝的权威就会下降，在下位的人就会拉帮结派，取缔他们是正当的。臣请求史官所记不是秦国的典籍全都烧毁，不是博士官的职守，天下敢有私藏《诗》《书》、百家书籍的，全都将书送到郡守、县尉那里烧毁。有敢结伙谈论《诗》《书》者处以弃市之刑。以古非今的要诛杀全族。官吏见到知晓而不举报的处以相同的刑罚。凡令下达三十日还不焚烧书籍的处以黥刑，发配守边四年。可以不烧毁的只有医药、卜筮、种树的书。如果有人想学习法令，以官吏为老师。”始皇批示说：“可以。”

点评

秦始皇举办大型宴会议政，原本想在宽松气氛中达成废分封行郡县制的共识。没曾想李斯上纲上线，把博士的建言说成是“以古非今，诽谤皇上”，一下子激化了矛盾。李斯建言推行愚民政策，主张焚书坑儒，引诱秦始皇实施苛酷暴政。秦之亡，祸成始皇，李斯有不可推卸的责任。其后，李斯又与赵高合谋发动宫廷政变，扶秦二世上台，又上“督责书”于二世，把秦朝的暴政推向顶峰，加速了秦的灭亡。李斯助始皇统一天下立有大功，而李斯诱使秦始皇行苛酷之政，亦是秦亡之祸首，由是李斯之名永远钉在了历史的耻辱柱上，亦可悲也。

武灵王年节议政胡服骑射

——选自《赵世家》

赵武灵王胡服骑射是一场重大的政治改革，保守与革新双方矛盾十分尖锐。赵武灵王进行了长达十九年的蓄势准备，双方摊牌的机会十分成熟，武灵王借年节的祥和气氛，把群臣召集到远离京城保守势力的行宫中举行节日宴会，展开讨论，统一思想后才宣布改革方案。群臣在这样的环境下进行了五天的大辩论才达成了关于胡服骑射的一致意见，表现了赵武灵王杰出的政治才能。

十九年春正月①，大朝信宫。召肥义与议天下，五日而毕。王北略中山之地，至于房子，遂之代，北至无穷，西至河，登黄华②之上。召楼缓谋曰："我先王因世之变，以长南藩之地，属阻漳、滏之险，立长城③，又取蔺、郭狼，败林人于荏④，而功未遂。今中山在我腹心，北有燕，东有胡⑤，西有林胡、楼烦、秦、韩之边，而无强兵之救，是亡社稷，奈何？夫有高世之名，必有遗俗之累⑥。吾欲胡服。"楼缓曰："善。"群臣皆不欲。

【注释】 ①十九年春正月：公元前 307 年正月初一日。这里的"春"字，指代春节。②黄华：西河侧之山名，在今山西省山阴县北。 ③属阻漳、滏之险，立长城：指连接漳水、溢水之险阻以建立长城。属：连接。此为赵国南部的长城。　④蔺、郭狼、荏：均在山西省西北部。　⑤东有胡：指居于今河北省迁安市一带的东胡。　⑥遗俗之累："遗负俗之累"的省说，与"高世之名"相对。有盖世名声的人，一定会留下（遗）后世人的议论。

原文

于是肥义侍，王曰："简、襄主之烈，计胡、翟之利。为人臣者，宠有孝弟长幼顺明之节，通有补民益主之业，此两者臣之分也[①]。今吾欲继襄主之迹，开于胡、翟之乡，而卒世不见[②]也。为敌弱[③]，用力少而功多，可以毋尽百姓之劳，而序往古之勋[④]。夫有高世之功者，负遗俗之累；有独智之虑者，任骜民[⑤]之怨。今吾将胡服骑射以教百姓，而世必议寡人，奈何？"肥义曰："臣闻疑事无功，疑行无名。王既定负遗俗之虑，殆无顾天下之议矣。夫论至德者不和于俗，成大功者不谋于众。昔者舜舞有苗，禹袒裸国[⑥]，非以养欲而乐志也，务以论德而约功也。愚者阇成事，智者睹未形[⑦]，则王何疑焉。"王曰："吾不疑胡服也，吾恐天下笑我也。狂夫之乐，智者哀焉；愚者所笑，贤者察焉。世有顺我者，胡服之功未可知也。虽驱世以笑我，胡地中山吾必有之。"于是遂胡服矣。

【注释】　①两者臣之分也：为人臣有两大职分，得贵宠的要有孝悌长幼、顺情明理的志节，显达的要有补民益主的功业。　②卒世不见：我这一生还没见到佐主建立功业的大臣。　③为敌弱：为了削弱敌人。　④序：继承。往古之勋：指简襄之业。　⑤骜民：暴戾而愚蠢之民。　⑥"昔者"二句：从前虞舜为了苗民而舞蹈，大禹赤膊进入裸国。　⑦愚者阇成事，智者睹未形：愚者在事成之后还不明白，智者在事前就已看得很清楚。

译文

赵武灵王十九年正月初一年节里，武灵王在信宫大会群臣。他又单独召见肥义讨论天下大事，五天才谈完。于是赵武灵王向北勘察了中山之地，一直到达房子，顺便又到了代，接着向北到达无穷，向西到达黄河，最后登上了黄华山。武灵王召见楼缓商量说："我的祖先趁着时代风云变化，做了南藩地区的首领，连接漳水、滏水之险阻，建立了长城，又夺取了蔺和郭狼两邑，还在荏邑打败了林胡人，但是功业还是没有完成。现在中山处在我们赵国的腹心部位，北边有燕国，东边有匈奴，西边又和林胡、楼烦、秦国、韩国接壤，如果没有一支强大的军队保卫，这样会亡国的，怎么办呢？那些有盖世名声的人，一定会留下后世人的议论。我打算改穿胡人的服饰。”楼缓说：“这主意很好！”可是大臣们都不愿意。

这时，肥义陪武灵王议事。武灵王对他说：“我的祖先赵简子和赵襄子的功业，是算计了胡人和翟人的利益以后建立的。作为臣子，得贵宠的要有孝悌长幼顺情明理的志节，显达的要有补民益主的功业，这两者是做人臣的职分。现在我想继承赵襄子的事业，在胡、翟两地开疆拓土，但是我这一生还没有见到能辅佐我建立功业的大臣。为了削弱敌人，花很少的力气就建立了很多的功劳，这样既可以减轻百姓的劳苦，又能继承祖先的功业。再说有盖世奇功的人，必然会留下被后人议论的东西；能独立思考的人，一定会遭到暴戾而愚蠢的人的埋怨。现在我准备用胡人的服饰和骑马射箭来教育训练人民，但是社会上一定会对我议论纷纷，怎么办呢？”肥义回答说：“我听说做事疑疑惑惑优柔寡断的人不可能建立什么功名。大王既然抱定违反世俗的念头，那就完全不必去管天下人的议论了。凡是讲大德的人必然与社会上的一般人不协调，凡是建立大功的人一定不会与普通人商量。从前虞舜为了平息苗民作乱而执干戚舞蹈，大禹赤膊进入裸国，并不是为了放纵情欲使自己愉悦，而是为了以德化民、建立功勋。愚蠢的人在事成之后还不明白，聪明的人在事前就已看得很清楚，那大王还有什么顾虑的呢？”武灵王说：“我不是怀疑改穿胡服，而是怕天下人笑话我。狂夫高兴的事，智者却感到伤心；愚者所讥笑的事，贤者却要反复审察。如果社会上人人都听我的话去做，那么胡服的功用就不可限量了。虽然让整个世上的人都笑话我，但是胡地、中山这两个地方我一定会占有的。”于是就决定改穿胡服了。

点评

赵武灵王推行胡服骑射的改革，移风易俗，阻力很大。武灵王经过长期蓄势，培植亲信大臣肥义等操控了实权，瓦解对立面的工作也相当有成效，条件成熟，在即位的第十九年才正式推行改革。武灵王利用正月春节之机，把朝臣拉出京师，远离保守势力的巢穴，到行宫去商议国事，在节日祥和的气氛中讨论，实在是高明之举。赵武灵王的改革与商鞅变法是两场不同方式的改革。商鞅变法暴风骤雨，用强权高压，立竿见影，当年就见效果，十年秦国大治。武灵王的改革渐进试水，逐步化解对立面阻力，用了近二十年时间才正式推行。渐进式改革必然有许多妥协，见效慢，但所花成本小，负面影响小，社会安定。商鞅变法暴风骤雨，改革彻底，见效快，但所花成本大，负面影响大。这两种模式可供后世君王在不同背景下采择。

高祖置酒洛阳南宫

——选自《高祖本纪》

题解

汉高祖五年，即公元前202年，高祖在洛阳南宫举办庆功宴席，让大臣们畅谈楚亡汉兴的原因。高祖总结汉兴的原因，是汉有三杰：张良、萧何、韩信各自发挥了长处；楚国项羽败亡是因为项羽只有一个范增却不能信任他。得人才者得天下，要想事业成功，必然网罗人才，必须使用人才。汉高祖举行的庆功宴，给张良、萧何、韩信等人的盖世功勋定了调，为即将进行的大封功臣铺平了道路。打天下在马背上，重用武人；治天下在马下，要依靠文人。汉高祖六年（公元前201年）大封功臣，文武之间矛盾尖锐，刘邦发明了“功人”“功狗”的说法，评论文与武两种不同的功劳。萧何、曹参原本是一对好朋友，萧何是文臣，掌后勤，曹参是武将，在前线争战，两人功劳谁最大，也发生了争执，以致两人产生了隔阂。由此可见洛阳南宫庆功宴的重大意义。

原文

高祖置酒洛阳南宫。高祖曰：“列侯诸将无敢隐朕，皆言其情。吾所以有天下者何？项氏之所以失天下者何？”高起[①]、王陵对曰：“陛下慢而侮人，项羽仁而爱人。然陛下使人攻城略地，所降下者因以予之，与天下同利也。项羽妒贤嫉能，有功者害之，贤者疑之，战胜而不予人功，得地而不予人利，此所以失天下也。”高祖曰：“公知其一，未知其二。夫运筹策[②]帷帐之中，决胜于千里之外，吾不如子房；镇国家，抚百姓，给馈饷[③]，不绝粮道，吾不如萧何；连[④]百万之军，战必胜，攻必取，吾不如韩信。此三者，皆人杰也，吾能用之，此吾所以取天下也。项羽有一范增而不能用，此其所以为我擒也。”

【注释】 ①高起：《汉书·高帝纪》注引《汉帝年纪》有“都武侯臣起”，疑即其人。②筹策：古代计数的筹码，引申为谋策。 ③馈饷：粮饷。 ④连：连接。此指统领指挥。

译文

高祖在洛阳南宫设置酒宴。高祖说：“各位列侯、各位将领不要隐瞒我，都讲真话。我之所以拥有天下的原因是什么？项羽失去天下的原因又是什么？”高起、王陵回答说：“陛下性情傲慢，喜欢侮辱别人；项羽性情仁厚，能够爱护别人。虽然如此，但是陛下派人攻城略地，攻下城邑就分给他，与大家同享利益。而项羽妒贤嫉能，有功劳的便加害于他，贤能的人便猜疑他，打胜了仗却不给人家授功，夺取了土地也不给人家奖励，这就是他失掉天下的原因。”高祖说：“你们只知其一，不知其二。至于在帷帐中筹谋策划，就能在千里之外决定胜利，我比不上子房；安定国家，抚慰百姓，供给粮饷，使粮道通畅，我比不上萧何；统率百万军队，每战必胜，每攻必取，我比不上韩信。这三个人，都是人中的豪杰，我能任用他们，这是我能夺取天下的原因。项羽有一个范增却不能信任他，这是他被我擒获的原因。”

点评

高祖置酒洛阳南宫，君臣同乐，庆贺成功。在这喜庆之际，君臣畅饮，高祖提议群臣敞开胸怀说心里话，谈谈楚汉相争，汉胜楚败的原因。高祖自己总结的成败原因是：“论谋略我不如张良，论筹措军队的后勤供给我不如萧何，论用兵打仗我不如韩信。这三人都是人世间的英雄豪杰，他们为我所聚，为我所用，所以我取得了天下。”能聚人用人这才是最高的本领。高祖刘邦说出了创业成功最大的资本是人才，这是贯通古今、亘古不变的真理。

六、设局宴会

【说明】利用宴会设局，让对手上当，达到趁人不备、出奇制胜消灭对手的目的，这样的宴会就是凶险的设局宴会，其代名词为“鸿门宴”。拉开楚汉相争序幕的“鸿门宴”，设宴人项伯原是要和好刘、项两家，即通常所说的“摆平”，所以“鸿门宴”最终以“和局”收场，本书列为“外交宴会”。由于范增欲借以除掉刘邦，转化为家喻户晓的设局凶险宴会，故引以为喻。善意设局，“卓文君夜奔”列入“交谊宴会”。但南越王宫宴是典型的“鸿门宴”的翻版，故列入本题殿卷。“朱虚侯以军法行酒令斩诸吕”，原本为家宴，朱虚侯却巧妙利用宴会酒令诛异己，故也列入“凶险的设局宴会”。

·补　白·

齐襄公

〔宋〕王十朋

诸儿帷薄可曾修，敝笱诗包两国羞。
何事春秋犹讳恶，只缘能报祖宗仇。

张仪

〔唐〕徐夤

荆楚南来又北归，分明舌在不应违。
怀王本是无心者，笼得苍蝇却放飞。

专诸刺吴王僚

——选自《吴太伯世家》

题 解

专诸是春秋时著名的刺客，他行刺吴王僚改变了吴国的政权，成就了吴王阖庐的霸业，使伍子胥雪耻梦想成真。专诸刺吴王僚，既载于《吴太伯世家》，又载于《刺客列传》，司马迁重复记载表明了这一事件对历史的重大影响。本文节选自《吴太伯世家》。

原 文

十二年[①]冬，楚平王卒。十三年春，吴欲因楚丧而伐之，使公子盖余、烛庸以兵围楚之六、灊[②]。使季札于晋，以观诸侯之变。楚发兵绝吴兵后，吴兵不得还。于是吴公子光曰："此时不可失也。"告专诸曰："不索何获[③]！我真王嗣，当立，吾欲求之。季子虽至，不吾废也。"专诸曰："王僚可杀也。母老子弱[④]，而两公子将兵攻楚，楚绝其路[⑤]。方今吴外困于楚，而内空无骨鲠之臣，是无奈我何。"光曰："我身，子之身也。"四月丙子，光伏甲士于窟室[⑥]，而谒[⑦]王僚饮。王僚使兵陈于道，自王宫至光之家，门阶户席，皆王僚之亲也，人夹持铍[⑧]。公子光佯为足疾，入于窟室，使专诸置匕首于炙鱼之中以进食。手匕首刺王僚，铍交于匈[⑨]，遂弑王僚。公子光竟代立为王，是为吴王阖庐[⑩]。阖庐乃以专诸子为卿。

【注释】 ①十二年：指吴王僚十二年，公元前515年。 ②盖余、烛庸：两人为吴王僚之弟。六、灊：两邑名。六：在今安徽省六安市之北。灊（qián）：即今安徽省霍山县。

③不索何获：不去追求，哪能有收获。 ④母老子弱：谓吴王僚母老子弱。 ⑤“两公子”二句：两公子，指吴王僚的两个弟弟烛庸、盖余，二人领兵伐楚，受困于楚，吴王僚失去了左右手。 ⑥窟室：地下室。 ⑦谒：迎请。 ⑧人夹持铍：每人左右两手皆持利刃。铍：两刃小刀。 ⑨铍交于匈：指数把利刃同时刺进专诸之胸。吴王僚被刺，他的侍从亦杀专诸。匈：“胸”之借字。 ⑩阖庐：又作“阖闾”，公元前514到公元前496年在位。

译文

吴王僚十二年冬天，楚平王死了。十三年春天，吴国趁楚国在办丧事时起兵伐楚，吴王派公子盖余和烛庸率领军队包围了楚国的六县和灊县。又派季札出使到晋国，以观察中原各国的态度。楚国派兵截断了吴国军队的后路，吴军一时回不来了。这时公子光说：“这个机会不能错过了。”他告诉专诸说：“不去追求，哪能有收获！我是真正的王位继承人，应该为王，现在我想得到它。即使季札回来，也不会废掉我的。”专诸回答说：“王僚是可以杀掉的，他的母亲老不中用，他的孩子软弱无能，他的两个弟弟正在带兵伐楚，而楚国又切断了他们的退路。如今吴国正处在外被楚军所围，内无骨鲠大臣辅政的时机，吴王僚对我们是无可奈何的。”公子光说：“我们生死与共，你放心去吧！”到四月丙子那天，公子光把全副武装的勇士埋伏在地下室里，然后请吴王僚到他家里喝酒。吴王僚派兵沿途警戒，从王宫一直到公子光的家门前，从大门、台阶、房门到座席，上上下下，全部都是吴王僚的心腹亲信，在吴王僚的左右两边都有警卫拿着锋利的剑。公子光假装脚痛，离席进入地下室，他让专诸把小匕首放进烧熟的鱼肚里，送到宴席上来。当专诸突然拔出匕首刺中吴王僚时，他的胸膛也被数名武士的利刃刺中，但他还是杀了吴王僚。公子光终于自立为王，这就是吴王阖庐。阖庐封专诸的儿子做了吴国的卿大夫。

点评

吴王僚前后左右全是警卫人员，但仍未躲过专诸的刺杀，可见专诸之能。当然，吴王僚在明处，专诸在暗处，可出奇不意、攻其不备，也是专诸的一个优势。

田乞诈立齐悼公

——选自《齐太公世家》

题解

田乞诈立齐悼公，既载于《齐太公世家》，又载于《田敬仲完世家》。本文选自《齐太公世家》。田乞利用一次家宴演绎了一场宫廷政变，他用欺诈手段逼迫齐国诸大夫立一个傀儡国君，并一步步掌握了齐国政权，这在历史上实属罕见。

原文

晏孺子元年[①]春，田乞伪事高、国者，每朝，乞骖乘，言曰："子得君，大夫皆自危，欲谋作乱。"又谓诸大夫曰："高昭子可畏，及未发，先之。"大夫从之。六月，田乞、鲍牧乃与大夫以兵入公宫，攻高昭子。昭子闻之，与国惠子救公。公师败，田乞之徒追之，国惠子奔莒，遂反杀高昭子。晏圉[②]奔鲁。八月，齐秉意兹[③]。田乞败二相[④]，乃使人之鲁召公子阳生。阳生至齐，私匿田乞家。十月戊子，田乞请诸大夫曰："常之母有鱼菽之祭，幸来会饮[⑤]。"会饮，田乞盛阳生橐[⑥]中，置坐中央，发橐出阳生，曰："此乃齐君矣！"大夫皆伏谒[⑦]。将与大夫盟而立之，鲍牧醉，乞诬大夫曰："吾与鲍牧谋共立阳生。"鲍牧怒曰："子忘景公之命乎？"诸大夫相视欲悔，阳生前，顿首曰："可则立之，否则已。"鲍牧恐祸起，乃复曰："皆景公子也，何为不可！"乃与盟，立阳生，是为悼公[⑧]。悼公入宫，使人迁晏孺子于骀[⑨]，杀之幕下[⑩]，而逐孺子母芮子。芮子故贱而孺子少，故无权，国人轻之。

【注释】 ①晏孺子元年：公元前489年。 ②晏圉：晏婴之子。 ③秉意兹：齐大夫，奔鲁。 ④二相：即高昭子、国惠子。 ⑤“常之母”句：田乞对诸大夫说，“孩子的母亲今天替贱子祈福，备有薄酒，求诸位赏光。”常之母，即田乞妻，田乞不直呼“贱妻”而称“常之母”，是推出田常为借口以诈邀诸大夫来家。田常：田乞之子。鱼菽：客套语，只有鱼和豆，即家常便宴之意。 ⑥橐：袋。 ⑦伏谒：跪拜请安。 ⑧悼公：公元前488年至前485年在位。 ⑨骀：齐邑名。《左传》作“赖”，赖邑在今山东省聊城市西部。⑩杀之幕下：杀之于荒野之中。

译文

晏孺子元年春天，田乞假装顺从高、国两氏，每次上朝，田乞都在车上做他们的随从，并且说：“您得到国君的宠幸，大臣们都人人自危，想阴谋造反。”然后田乞又对众大臣说：“高昭子是个阴险可怕的人，要在他没有动手之前，抢先把他除掉。”众大臣都愿听田乞的安排。到了这年六月，田乞和鲍牧就与众大臣率领士兵攻入宫中，攻打高昭子。高昭子得到消息，立即与国惠子一起先救国君。可是晏孺子的军队失败，田乞率众穷追猛打，国惠子逃到了莒国，田乞回师杀了高昭子。这时，晏婴的儿子晏圉也逃到了鲁国。八月，齐国大夫秉意兹逃到了鲁国。田乞打败了高昭子和国惠子以后，就派人到鲁国召回公子阳生。阳生回到齐国后，就偷偷地躲在田乞家里。十月戊子，田乞对众大臣说：“孩子的母亲今天替贱子祈福，备有薄酒，请大家赏光。”宴会中，田乞把阳生藏在袋里，放在座位中间，然后打开袋子放出阳生，对大家说：“这就是齐国的国君！”大夫们都赶紧跪拜请安。田乞正要和大家结盟，拥立阳生为国君，这时鲍牧喝醉了，田乞就欺骗大家说：“我是与鲍牧合谋拥立阳生的。”鲍牧生气地说：“你忘记了景公的遗命了吗？”众大臣面面相觑，准备反悔。这时阳生走到大家面前，叩了头以后说：“大家认为我可以做国君就立我，否则就算了。”鲍牧害怕引起灾难，就改口说：“阳生也是景公的儿子，为什么不可以做国君呢？”因此也参与结盟，立了阳生，这就是齐悼公。悼公入宫后，派人把晏孺子迁移到骀，但在半路上把他杀死在荒野，同时赶走了晏孺子的母亲芮子。芮子本来就地位低贱，晏孺子年纪又小，所以没有什么权势，齐国上下都看不起他们。

点评

国氏、高氏、鲍氏都是齐国世卿，也是姜齐政权的基础。田乞先是挑拨离间，造成七卿大族的分裂与削弱，再看准时机，设置家宴发动政变，以和平手段夺权。但田乞所立悼公，也只是一个傀儡。

齐襄公宴享鲁桓公

——选自《鲁周公世家》

题解

齐襄公与自己胞妹私通，又利用宴会灌酒杀害了妹夫，是一个不齿于人类的荒淫国君，后来不得善终，得了现世报。

原文

十八年[①]春，公将有行，遂与[②]夫人如齐。申繻[③]谏止，公不听，遂如齐。齐襄公通桓公夫人。公怒夫人，夫人以告齐侯。夏四月丙子[④]，齐襄公飨公[⑤]，公醉，使公子彭生抱鲁桓公，因命彭生摺其胁[⑥]，公死于车。鲁人告于齐曰："寡君畏君之威，不敢宁居，来修好礼。礼成而不反，无所归咎[⑦]，请得彭生以除丑于诸侯。"齐人杀彭生以悦鲁。立太子同，是为庄公[⑧]。庄公母夫人因留齐，不敢归鲁。

【注释】 ①十八年：鲁桓公十八年，即齐襄公四年，公元前 694 年。 ②遂与：顺带。 ③申繻（rú）：鲁国大夫。 ④丙子：四月初十。 ⑤飨公：宴请鲁桓公。 ⑥摺其胁：压断胁下之肋骨。 ⑦归咎：怪罪。 ⑧庄公：公元前 693 年至公元前 662 年在位。

译文

十八年春，桓公打算出国远行，顺便带着夫人到齐国。大夫申繻竭力劝阻，鲁桓公不听，终于和夫人一起到了齐国。齐襄公与鲁桓公夫人暗中私通，鲁桓公知道后对夫人发火，夫人便把实情告诉了齐襄公。到了夏天四月初十那天，齐襄公宴请鲁桓公，鲁桓公喝得酩酊大醉，齐襄公便让公子彭生挟起鲁桓公，趁机压断了鲁桓公的肋骨，鲁桓公死在了车子上。鲁国派人对齐襄公说："我们的国君摄于您的威严，不敢安居不动，亲自到贵国修订友好盟约，可是礼成而人未返，没有办法归罪他人，只请求把彭生交给我们处理，以此在诸侯中消除这桩丑闻。"于是齐国杀掉彭生以向鲁国解释。鲁国立太子同为国君，这就是鲁庄公。庄公的母亲从此就留在了齐国，不敢回鲁国了。

点评

齐襄公是春秋时姜齐的一位荒淫国君，他与自己的妹妹私通，妹妹已出嫁为鲁桓公夫人。鲁桓公带着夫人到齐国访问，也是走亲戚，齐襄公居然还与妹妹私通。事情败露，他竟然设宴用武士将被酒灌醉的鲁桓公杀死。齐襄公做事如此荒唐，必然不得善终，最终导致齐国大乱，齐襄公被杀死。

晋灵公饮赵盾酒

——选自《晋世家》

春秋时晋灵公顽皮爱打闹，像一个无知少年，不像一个国君，他听不进大臣劝谏，想要耳根子清静，竟然在朝堂埋伏甲士，借赏赐赵盾饮酒吃菜时发难，由于宰夫（厨师）示眯明的揭露和保护，赵盾免于一难。示眯明是赵盾出猎时救过的一个桑下饿人。

十四年[①]，灵公壮，侈，厚敛以彫墙[②]。从台上弹人，观其避丸也。宰夫胹熊蹯[③]不熟，灵公怒，杀宰夫，使妇人持其尸出弃之，过朝。赵盾、随会前数谏，不听；已又见死人手，二人前谏。随会先谏，不听。灵公患之，使鉏麑刺赵盾。盾闺门[④]开，居处节，鉏麑退，叹曰："杀忠臣，弃君命，罪一也。"遂触树而死。

【注释】 ①十四年：指晋灵公十四年，即公元前 607 年。 ②厚敛：厚赋。彫墙：雕梁画栋。 ③胹熊蹯：煮熊掌。 ④闺门：寝室之门。

初，盾常田首山[①]，见桑下有饿人。饿人，示眯明也。盾与之食，食其半。问其故，曰："宦三年[②]，未知母之存不，愿遗母。"盾义之，益与之饭肉。已而为晋宰夫，赵盾弗复知也。九月，晋灵公饮赵盾酒，伏甲将攻盾。公宰示眯明[③]知之，恐盾醉不能起，而进曰："君赐臣，觞三行[④]可以罢。"欲以去赵盾，令先，毋及难。盾既去，灵公伏士未会，先纵齧狗名敖[⑤]。明为盾搏杀狗。盾曰："弃人用狗，虽猛何为。"然不知明之为阴德也。已而灵公纵伏士出逐赵盾，而眯明反击[⑥]灵公之伏士，伏士不能进，而竟脱盾。盾问其故，曰："我桑下饿人。"问其名，弗告。明亦因亡去。

【注释】 ①田：打猎。首山：在今山西省永济市南。 ②宦三年：游学三年。 ③公宰示眯明：《左传》作"提弥明"，《公羊传》作"祁弥明"，均一音之转。经传皆谓祁弥明为赵盾之车右，大力士。桑下饿人为晋灵公之介士（甲士：警卫人员），名灵辄。司马迁合二人为一，又谓提弥明为宰夫。 ④觞三行：饮酒三杯。觞：酒杯。依礼，君宴臣，正式大宴，不限酒杯数；小宴礼，饮酒三杯而止。 ⑤齧狗：咬人的恶犬。敖：四尺长的大狗。 ⑥反击：反戈击灵公之伏士。

译文

十四年，晋灵公已长大成人，生活奢侈无度，为了雕梁画栋而不断加重赋税。灵公又经常在高台上用弹子弹人，观看人们惊恐不安地躲避弹子的情景。厨师煮熊掌不够烂，灵公一怒之下，就杀了厨师，并让身边的妇人把他的尸体抬出去扔了，扔时还有意经过朝堂。赵盾、随会之前多次劝谏，灵公总是不听。这时又看见死人的手，二人又上前去劝谏。这次，随会先去劝导，灵公不听，但担心赵盾又会来谏，就派钽麑去暗杀赵盾。赵盾的寝室门开着，住处十分俭朴，钽麑看了十分感动，退后几步说："杀死忠臣和违背君命，罪过是一样的。"就撞树死了。

起初，赵盾曾经在首山打猎，看到桑树下有个饿倒在地的人。这个饿倒在地的人，名叫示眯明。赵盾给了他一些食品，可他吃了一半就不吃了。赵盾问他为什么，他回答说："我周游做官三年，不知道母亲的死活，想把这点食品带回去给母亲。"赵盾很欣赏他的孝心，就又多给了他一些饭和肉。后来他做了晋国国君的厨师，可赵盾一点儿也不知道。这年九月，晋灵公设宴请赵盾饮酒，暗中却埋伏着甲兵准备攻杀赵盾。灵公的厨师示眯明了解内情，他担心赵盾喝醉了酒动不了，就进去劝赵盾说："国君赐酒给大臣，喝三杯就可以了。"想打发赵盾出宫，让他先回家，不要遭到灾难。赵盾走时，灵公埋伏的甲士还没到齐，就先放出一条叫敖的恶狗来咬赵盾。示眯明帮助赵盾与狗搏斗，并杀死了狗。赵盾说："不用人而用狗，再凶又有什么用！"然而不知这是示眯明在报答他的恩德。过了一会儿，灵公就命令埋伏的甲士出来追赶赵盾，而眯明反戈击退灵公的甲士，甲士无法向前，赵盾终于逃脱了。赵盾在逃跑时问而眯明为什么舍身相救，而眯明说："我就是从前饿倒在桑树下的那个人。"赵盾又问他的名字，而眯明不肯相告。后而眯明也逃离了晋国。

好人好报。赵盾赐食桑下饿人，得其回报，免于一难。

赵襄子灭代

——选自《赵世家》

赵襄子（赵毋卹）是战国初年赵国的建立者。赵襄子为了扩大自己的领土，不惜用卑劣手段在宴会上杀害自己的亲姐夫代王，吞并了代国的土地。赵襄子的姐姐悲愤地摩笄自杀以示强烈抗议。人们为了纪念赵襄子的姐姐，把她自杀的地点称为摩笄山，在今河北省涞源县境。

襄子姊前为代王夫人。简子既葬，未除服，北登夏屋①，请代王。使厨人操铜枓②以食代王及从者，行斟，阴令宰人各以枓击杀代王及从官，遂兴兵平代地。其姊闻之，泣而呼天，摩笄自杀③。代人怜之，所死地名之为摩笄之山④。遂以代封伯鲁子周为代成君。伯鲁者，襄子兄，故太子。太子早死，故封其子。

【注释】 ①夏屋：山名，又称贾屋山、贾母山，在今山西省代县东北六十里。②铜枓：铜勺。 ③摩笄自杀：把头上的笄簪磨尖自杀。摩：同“磨”。 ④摩笄之山：即摩笄山，在今河北省涞源县境内。

赵襄子的姐姐以前是代王的夫人。赵简子已经安葬，但丧期还没有满，赵襄子就登上了北方的夏屋山，邀请代王相会。他让厨师用铜勺装食物送给代王及其随从，在斟酒时，暗中命令厨师每人用手中的铜勺击杀代王及其随从官员，然后出兵平定了代地。赵襄子的姐姐得知消息后，呼天抢地地大哭，接着把头上的笄簪磨尖自杀身亡。代人可怜她，就把她死的地方称作摩笄山。赵襄子就把代地封给了伯鲁的儿子周，让他做了代成君。伯鲁是赵襄子的哥哥，原先的太子。伯鲁死得早，所以赵襄子封了他的儿子。

创业之君扩张势力，如同资本的原始积累，每一点滴的增长都充满血腥。

商鞅设宴赚公子卬

——选自《商君列传》

商鞅在公元前340年的伐魏之战中设宴赚公子卬，取得了军事胜利，却丢弃了做人的底线。所以当时的人称秦为虎狼之国，称商鞅、王翦等秦将为豺狼之徒。

其明年，齐败魏兵于马陵[①]，虏其太子申，杀将军庞涓。其明年，卫鞅说孝公曰："秦之与魏，譬若人之有腹心疾，非魏并秦，秦即并魏。何者？魏居领阨[②]之西，都安邑，与秦界河而独擅山东[③]之利。利则西侵秦，病则东收地。今以君之贤圣，国赖以盛。而魏往年大破于齐，诸侯叛之，可因此时伐魏。魏不支秦，必东徙。东徙，秦据河山[④]之固，东向以制诸侯，此帝王之业也。"孝公以为然，使卫鞅将而伐魏。魏使公子卬将而击之。军既相距，卫鞅遗魏将公子卬书曰："吾始与公子欢，今俱为两国将，不忍相攻，可与公子面相见，盟，乐饮而罢兵，以安秦、魏。"魏公子卬以为然。会盟已，饮，而卫鞅伏甲士而袭虏魏公子卬，因攻其军，尽破之以归秦。魏惠王兵数破于齐、秦，国内空，日以削[⑤]，恐，乃使使割河西之地献于秦以和。而魏遂去安邑，徙都大梁。梁惠王曰："寡人恨不用公叔座之言也。"卫鞅既破魏还，秦封之於、商十五邑，号为商君。

【注释】 ①马陵：齐邑，在今河北省大名县东南。齐魏马陵之战，在公元前 341 年。②领阨：山岭险要之地。此指安邑之东的山险之地。 ③山东：华山之东。 ④河山：黄河和华山。 ⑤日以削：魏国土地一天天地遭到蚕食。

第二年（公元前 341 年），齐国在马陵大败魏军，俘虏了魏太子申，杀了魏将庞涓。又过了一年（公元前 340 年），公孙鞅劝说秦孝公："秦国和魏国，譬如一个人患有心腹疾病，不是魏国吞并秦国，就是秦国吞并魏国。为什么呢？魏国在山岭险要的西部，建都安邑，与秦国以黄河为界，独占崤山以东的地利。形势有利时就西侵秦国，形势不利时可以向东扩张。如今凭大王的圣明贤能，秦国得以盛强。往年，魏国被齐国打得大败，诸侯都反叛了它，可以趁机攻打魏国。魏国抵挡不住秦国的进攻，一定会向东迁移，秦国就占有黄河和崤山的险要地势，向东控制诸侯，这是建立帝王的事业。"秦孝公认为有道理，就派公孙鞅领兵攻打魏国。魏国派遣公子卬迎击。两军对峙以后，公孙鞅送信给魏将公子卬说："我当初与公子你很友好，现在各自成为两国的将领，不忍心互相攻打，可以与公子当面相见，订立盟约，痛痛快快喝几杯，然后各自撤军，使秦国和魏国都安宁。"魏将公子卬认为这样不错。会盟结束，正在喝酒，公孙鞅埋伏的士兵突然袭击并俘虏了公子卬，趁机攻打他的军队，全歼魏军，班师回国。魏惠王的军队多次被齐军和秦军击破，国内空虚，实力一天天地削弱，于是害怕起来，就派遣使者割让黄河以西的土地奉献给秦国求和。结果魏国离开安邑，迁都大梁。梁惠王说："我后悔不听公叔座的话呀！"公孙鞅打败魏军回到秦国后，秦王把商、於等十五个城邑封给了他，号为商君。

点 评

双方斗争，以取胜为目的，在竞争的平等舞台上斗智斗勇，奇谋巧计可以任情施展。而会盟交谊，必须光明正大，诚信是核心，即便是表面的诚信，也不可丢弃，所谓"两国交战，不斩来使"是也。商鞅利用会盟施诈，不武不智，丧失做人底线，遭车裂而死，死有余辜，不值得同情。

张仪受笞入秦拜相

——选自《张仪列传》

张仪为楚相门客，参与宴会被疑为盗，受笞受辱，体无完肤；张仪投靠同窗苏秦遭遇冷落，被赠嗟来之食，发愤入秦，果然拜相，成就了连横事业。

张仪者，魏人也。始尝与苏秦俱事鬼谷先生，学术，苏秦自以不及张仪。

张仪已学而游说诸侯。尝从楚相饮[①]，已而楚相亡璧[②]，门下意[③]张仪，曰："仪贫无行，必此盗相君之璧。"共执张仪，掠笞数百，不服，释之。其妻曰："嘻！子毋读书游说，安得此辱乎？"张仪谓其妻曰："视吾舌尚在不？"其妻笑曰："舌在也。"仪曰："足矣。"

【注释】 ①饮：宴饮。 ②亡璧：丢失了玉璧。 ③意：怀疑。

苏秦已说赵王而得相约从亲，然恐秦之攻诸侯，败约后负[①]，念[②]莫可使用于秦者，乃使人微感[③]张仪曰："子始与苏秦善，今秦已当路[④]，子何不往游，以求通子之愿[⑤]？"张仪于是之赵，上谒求见苏秦。苏秦乃诫门下人不为通，又使不得去者数日[⑥]。已而见之，坐之堂下，赐仆妾之食。因而数让[⑦]之曰："以子之材能，乃自令困辱至此。吾宁不能言而富贵子，子不足收也。”谢去之[8]。张仪之来也，自以为故人，求益，反见辱，怒，念诸侯莫可事，独秦能苦赵，乃遂入秦。

【注释】 ①败约后负：在合纵还未完成之前就被破坏。负：破坏。 ②念：考虑。 ③微感：暗中引诱、刺激。 ④当路：当政。 ⑤通子之愿：达到你的理想。愿：见用于世的理想。 ⑥“苏秦乃诫门下”二句：苏秦叮嘱手下人既不为张仪通报、引见，又设法不让张仪离开。不得去：不得离去。 ⑦数让：一次又一次地责备。 ⑧谢去之：苏秦拒绝张仪的要求，使之离去。

苏秦已而告其舍人曰：“张仪，天下贤士，吾殆弗如也。今吾幸先用，而能用秦柄者，独张仪可耳。然贫，无因以进。吾恐其乐小利而不遂，故召辱之，以激其意。子为我阴奉之[1]。”乃言赵王，发金币车马，使人微随[2]张仪，与同宿舍，稍稍近就之，奉以车马金钱，所欲用，为取给，而弗告。张仪遂得以见秦惠王。惠王以为客卿[3]，与谋伐诸侯。

【注释】 ①阴奉之：暗中，即以你个人名义送钱财给张仪。 ②微随：暗中跟随。 ③客卿：客居他国做官。张仪入秦为客卿，《资治通鉴》系年在公元前333年。

苏秦之舍人乃辞去。张仪曰：“赖子得显[1]，方且报德，何故去也?”舍人曰：“臣非知君，知君乃苏君。苏君忧秦伐赵败从约，以为非君莫能得秦柄，故感怒君[2]，使臣阴奉给君资，尽苏君之计谋。今君已用，请归报。”张仪曰：“嗟乎，此在吾术中而不悟[3]，吾不及苏君明矣！吾又新用，安能谋赵乎？为吾谢[4]苏君，苏君之时，仪何敢言。且苏君在，仪宁渠能乎[5]！”张仪既相秦[6]，为文檄[7]告楚相曰：“始吾从若饮，我不盗而璧，若笞我。若善守汝国，我顾且盗而城[8]！”

【注释】 ①赖子得显：依靠了您才得了通显。 ②故感怒君：故意激怒你，使你发奋。 ③悟：明白，悟解。 ④谢：感谢，拜谢。 ⑤“且苏君在”二句：只要苏秦在，我难道有能力和他作对吗？渠：他，指苏秦。 ⑥张仪既相秦：据《六国年表》，张仪初相秦在秦惠王十年，即公元前 328 年。 ⑦为文檄：写了一封公开信。檄：二尺长的简书。 ⑧我顾且盗而城：我发誓将要偷你的城池。顾：视，发誓。

译文

张仪是魏国人。当初张仪曾与苏秦一起在鬼谷子门下学习，在游说方面，苏秦自以为不如张仪。

张仪学成后去各国游说。有一次，张仪与楚相在一起饮宴，席间楚相丢失了玉璧，门客们便怀疑张仪，说：“张仪既贫穷又无德行，必定是他偷走了楚相的玉璧。”楚相手下抓住张仪，打了好几百鞭，张仪始终不承认，只好放了他。张仪的妻子说：“唉！你要是不读书，不去游说，怎么会受此侮辱呢？”张仪对其妻子说：“你看我的舌头还在不在？”他的妻子笑着说：“舌头还在。”张仪说：“只要舌头还在，这就足够了。”

苏秦已经说服赵王与六国相约合纵，然而苏秦恐怕秦国攻打诸侯国，在合纵未成之前就被秦国破坏，又考虑到没有合适的、派到秦国能受到重用的人，于是派人暗中鼓动张仪，说：“当初你与苏秦相善，如今苏秦已掌了权，你为什么不到苏秦那里，以实现你用世的理想呢？”张仪于是到了赵国，递上名片求见苏秦。苏秦暗中指示手下人不给他通报，又好几天不让他离开。后来，苏秦接见张仪，让张仪坐在堂下，并给他吃和仆妾一样的食物，还数次责备他说：“以你的才能却使自己穷困潦倒到这种地步。我难道不能说句话让你富贵吗？因为你是不值得信任的。”最后苏秦拒绝替张仪引见并打发张仪离开。张仪到赵国来，自认为是苏秦的故人，必然会得到好处，不料反遭侮辱，十分生气，考虑到没有一个诸侯国可以投靠，只有秦国能给赵国带来麻烦，于是便来到秦国。

苏秦这才对其门客说：“张仪是天下少有的贤士，连我都赶不上他。如今我幸运，先于张仪得到君主的任用，而能在秦国掌权的，只有张仪能做到。但张仪贫穷，无法晋见君主。我恐怕张仪得到些小利就放弃了理想，所以故意把他叫来并加以侮辱，以激励他的志气。你替我暗中给他送些钱财去。”于是，苏秦上告赵王，赵王赐予黄金、礼物及车马，并派人暗中跟随张仪，和张仪同住一个馆舍，逐渐接近他，并供给其车马和金钱。凡是张仪需要的费用，都替他垫付，并且不告诉他。张仪因此得以见到秦惠王，秦惠王用张仪为客卿，同张仪商量征伐诸侯的事。

苏秦的门客这时要求告辞。张仪说："我幸亏借您的力量才得以通达，正准备报答您的恩惠，为什么要离开呢?"门客说："并不是我了解您，了解您的乃是苏先生。苏先生担心秦军伐赵会破坏合纵盟约，认为只有您能得到秦国的权柄，所以故意激励您，并让我暗中供给您金钱，以便实现苏先生的计划。如今您已被秦王任用，我请求回去向苏先生交差。"张仪说："哎呀！这些本是我所学的游说术中的权谋，我却不能领悟，我不如苏秦是明摆着的。我新近才被任用，怎么能去谋划进攻赵国呢？请您回去替我向苏先生道谢，只要苏先生在世，我张仪怎么敢再去游说。而且只要苏先生在，我难道有能力与他作对吗?"张仪任秦相之后，给楚相写了一封公开信，说："当初我和你饮宴时，我没有偷你的玉璧，你却叫人鞭打我。现在你好好守住你的国土，我发誓要强取楚国的城池。"

吕太后欲鸩杀齐王

——选自《吕太后本纪》

题解

齐王刘肥是汉惠帝的兄长，刘邦外室所生子。汉惠帝二年，即公元前193年，齐王进京朝见汉惠帝，吕太后置家宴款待，竟然在酒中下毒，汉惠帝反对母亲的不仁不义，巧妙地揭穿了吕太后的毒计，齐王因此躲过了一劫。

原文

二年[①]，楚元王、齐悼惠王皆来朝。十月，孝惠与齐王燕饮[②]太后前，孝惠以为齐王兄，置上坐，如家人之礼。太后怒，乃令酌两卮[③]鸩，置前，令齐王起为寿[④]。齐王起，孝惠亦起，取卮欲俱为寿。太后乃恐，自起泛[⑤]孝惠卮。齐王怪之，因不敢饮，佯醉去。问，知其鸩，齐王恐，自以为不得脱长安，忧。齐内史士[⑥]说王曰："太后独有孝惠与鲁元公主。今王有七十余城，而公主乃食数城。王诚[⑦]以一郡上太后，为公主汤沐邑[⑧]，太后必喜，王必无忧。"于是齐王乃上城阳[⑨]之郡，尊公主为王太后[⑩]。吕后喜，许之。乃置酒齐邸[⑪]，乐饮，罢，归齐王。三年，方筑长安城，四年就半，五年六年城就。诸侯来会。十月朝贺。

【注释】 ①二年：惠帝二年，即公元前193年。 ②燕饮：家常便宴。 ③卮（zhī）：圆底酒杯。 ④寿：敬酒。 ⑤泛：倾覆，倒掉。 ⑥内史士：佐诸侯王国相掌民政的官。 ⑦诚：如果。 ⑧汤沐邑：皇帝、皇后、公主等的私邑，意谓收取赋税供沐浴之用。 ⑨城阳：郡名，郡治莒县，即今山东省莒县。 ⑩尊公主为王太后：当时鲁元公主子张偃尚未封王。齐王奉城阳郡尊鲁元公主为王太后，即奉地为张偃封王之地，偃于是被封为鲁王。　⑪齐邸：齐王在京的官邸，朝觐时所居。

汉惠帝二年，楚元王、齐悼惠王都来朝见。十月，孝惠帝和齐王在太后面前设宴饮酒，孝惠帝认为齐王是兄长，安排他在上坐，依从家人的礼节。太后发怒，就命人倒了两杯毒酒，摆在面前，命齐王起来敬酒祝寿。齐王起来，孝惠帝也起来，取过酒杯，想一起为太后祝寿。太后害怕了，自己起身打翻了孝惠帝的酒杯。齐王奇怪此事，因而没敢喝，佯装醉酒离去。齐王打听缘故，才知道是毒酒。齐王恐惧，自以为不能从长安脱身，很忧虑。齐国内史士劝齐王说："太后只有孝惠帝和鲁元公主。现今王您拥有七十多座城邑，而公主才有几座城作为食邑。您如果能将一个郡献给太后，作为公主的汤沐之地，太后必然高兴，您也一定没什么忧患了。"这时齐王就献上城阳郡，推尊公主为王太后。吕后高兴地答应了此事。就在齐王官邸设置酒宴，欢饮，结束后让齐王回国。汉惠帝三年，开始修筑长安城，四年时，工程完成了一半，五年六年，长安城建成。诸侯前来朝会。十月朝见祝贺。

点评

吕太后狠毒，汉惠帝仁慈，母子二人，适成鲜明对比。

南越王宫宴

——选自《南越列传》

南越王宫宴发生在汉武帝元鼎四年，即公元前113年，是“鸿门宴”典型的翻版，后于“鸿门宴”九十三年。朝会座位南向最尊，在朝堂之外的宴会，东向最尊。南越王宫宴是南越王太后图谋除掉国相吕嘉的宴会。这场宴会汉使最尊，座位东向，扮演“鸿门宴”项王的角色；设局者王太后扮演范增角色，座位南向；南越王少主兴扮演项伯角色，座位北向；国相吕嘉处于被刀俎的沛公角色，座位西向。王太后在宴会酒酣之际捅破窗户纸，明言指责吕嘉反对南越内属，如同范增举玉玦示之者三，汉使怯懦，装聋作哑，吕嘉觉察，逃离宴会，王太后直接又扮演项庄舞剑，投矛刺杀吕嘉，而南越王少主兴如同项伯般制止王太后，结果吕嘉逃走，举兵破王宫，杀了王太后及少主。吕嘉因反叛汉朝，被汉武帝平灭。这场宴会改变了南越的命运。吕嘉入宫已是瓮中之鳖，居然逃掉，再次说明，强势一方内部不能团结一致，对外无力。“鸿门宴”“南越王宫宴”均是强势一方败下阵来，原因在此。

其相吕嘉年长矣，相三王①，宗族官仕为长吏者七十余人，男尽尚王女，女尽嫁王子兄弟宗室，及苍梧秦王有连②。其居国中甚重，越人信之，多为耳目者，得众心愈于王。王之上书，数谏止王，王弗听。有畔心，数称病不见汉使者。使者皆注意嘉，势未能诛。王、王太后亦恐嘉等先事发，乃置酒，介③汉使者权，谋诛嘉等。使者皆东乡，太后南乡，王北乡，相嘉、大臣皆西乡，侍坐饮。嘉弟为将，将卒居宫外。酒行，太后谓嘉曰：“南越内属，国之利也，而相君若不便者，何也?”以激怒使者。使者狐疑相杖④，遂莫敢发。嘉见耳目非是⑤，即起而出。太后怒，欲鏦嘉以矛⑥，王止太后。嘉遂出，分其弟兵就舍⑦，称病，不肯见王及使者。乃阴与大臣作乱。王素无意诛嘉，嘉知之，以故数月不发。太后有淫行，国人不附，欲独诛嘉等，力又不能。

【注释】 ①相三王：辅佐三位君王，即赵佗、赵胡、赵婴齐。 ②有连：有联姻关系。苍梧王赵光与吕嘉有联姻关系。赵与秦同姓，故赵光称秦王。 ③介：凭借。 ④杖：阻止。 ⑤耳目非是：听到和看到的都不是自己的亲信，即觉察环境不对劲。 ⑥鏦（cōng）：撞击。 ⑦分其弟兵就舍：分取其弟一部分兵力回家。

南越丞相吕嘉年纪很大，他先后辅佐三代南越王，他的宗族担任重要官职的有七十多人，他的儿子都娶王女为妻，女儿尽嫁于王子兄弟和宗室贵族，他又和苍梧秦王赵光有联姻关系。吕嘉在南越的地位甚为重要，南越人信赖他，多为其耳目，他得人心胜过南越王。南越王的上书，吕嘉多次劝阻，王不听，吕嘉遂产生反叛之心，每每称有病不见汉使。汉使也注意到吕嘉的动向，由于客观形势，又不能诛杀他。南越王及王太后也恐怕吕嘉等人首先发难，于是便在宫中设置酒宴，想通过汉朝使者的权威，诛杀吕嘉等人。在宴会上，汉朝使者面向东，太后面向南，南越王面向北，吕嘉及大臣都面向西，奉陪坐饮。吕嘉的弟弟为将军，带兵守候在宫外。饮宴开始，太后对吕嘉说：“南越内属朝廷，为国家之利，而君相以为不利，这是为什么?”太后想以此激怒汉朝使者。由于吕嘉权势过大，使者犹疑不决，终于未敢发作。吕嘉发现左右都不是自己的亲信，便起身离开宴席而去，太后发怒，想用矛刺吕嘉，南越王阻止太后，吕嘉走出了王宫，分他弟弟一部分兵士护卫自己回府，借口有病，不肯见南越王及汉使。他便与大臣们暗中准备作乱。南越王本来无杀吕嘉之意，吕嘉也知道，因此几个月没有发难。太后有淫乱之行，国人不依附于她，她想杀掉吕嘉，但力量微弱，办不到。

点评

前一则“陆贾使越”，与本则“南越王宫宴”，均为宴会外交，意图在饭桌上解决国家大事，一个成功，一个失败，关键是掌握外交主动权的外交官个人智慧与素质。陆贾两次使越，第一次是安抚尉佗接受汉朝封王，臣服中原，保境一方。第二次是说服尉佗去帝号，不要反叛闹独立。尉佗起于行伍，桀骜不驯，陆贾以他的智慧说理，分析利害，表面上称扬对方，尊重对方人格，满足尉佗的虚荣心，说汉臣都不是尉佗的对手，但尉佗不是汉高帝的对手，必须臣服。陆贾动之以情，晓之以理，和合两国，维护了宗主的权威，达到了外交的目的。安国少季出使南越，只知与南越王太后鬼混，毫无安边之策，史文不载其有任何作为。在王太后于宫中设的“鸿门宴”上，他胆小怯懦，稀里糊涂，扮演了项羽的角色，放虎归山，导致南越内乱，南越王室及汉使皆被诛灭。陆贾与安国少季形成鲜明对比。可见，外交官要千挑万挑，选择智勇双全、德才兼备的人选。

七、权贵宴会

【说明】权贵人物设宴款待地位低于自己的相关人士，必有其不光彩的阴暗面，一般是聚敛财物，这样的宴会是腐败的温床。公元前212年，单父人吕公为避仇，举家投靠友人沛县县令。沛县县令看上了吕公的大女儿吕雉，即后来嫁给刘邦的吕后。沛县县令为了讨好吕公，下令功曹萧何为主持人，举办宴会为吕公接风，沛县各部门的公职人员以及地方豪绅都要去送礼庆贺。宴会中明码标价，送礼不满一千钱的在庭院席上吃饭，送礼一千钱以上的在堂上席上吃饭。沛县泗水亭亭长刘邦往贺，大言送礼一万，其实没有带一文钱，赊账吃饭，一副无赖本色。这一举动反而使吕公好奇，对刘邦另眼相看，让他坐在了首席，还把吕雉许配给了刘邦。沛县县令本想讨好吕公，却为他人做了嫁衣。古往今来，权贵人物巧立名目举行宴会，让下属及相关人士送厚礼，目的就是敛财。此风上行下效，逐渐成为民间习俗，贻害无穷。当然，民间这类宴会也有相助为乐的情形，如某人急需帮助，大家扶一把，此种送礼是一种赞助行为，是正能量，不过极为罕见。

·补　白·

咏汉高祖

〔清〕蒋楛

相逢忽与约婚姻，隆准何曾信故人。
不是吕公偏好相，大言谁勋满堂宾。

武安侯

〔宋〕宋祁

贵甚宫中势，轩然帝右趋。
所贪惟狗马，宁是学盘盂。
骄取武库地，气凌辕下驹。
淮南他日语，悔不共严诛。

刘邦大言赴宴得佳妇

——选自《高祖本纪》

题解

秦朝末年，民不聊生，家家思乱，人人欲叛。沛县泗水亭亭长刘邦在沛县组建势力，是地方势力的头目，黑白两道的“长者”，即老大哥。功曹萧何、狱掾曹参这些地方头面人物都是刘邦势力的成员。吕公为避仇到沛县找靠山，看中了刘邦，所以借看相为名嫁女刘邦。正因是萧何主持贺礼，刘邦才大言“贺钱万”，两人配合演了一场双簧。

原文

单父①人吕公善沛令，避仇从之客②，因家沛焉。沛中豪桀吏闻令有重客，皆往贺。萧何为主吏③，主进④，令诸大夫⑤曰：“进不满千钱，坐之堂下。”高祖为亭长，素易⑥诸吏，乃绐⑦为谒曰：“贺钱万！”实不持一钱。谒入，吕公大惊，起，迎之门。吕公者，好相人，见高祖状貌，因重敬⑧之，引入坐。萧何曰：“刘季固多大言，少成事。”高祖因狎侮诸客，遂坐上坐，无所诎⑨。酒阑⑩，吕公因目固留高祖⑪。高祖竟酒⑫，后⑬。吕公曰：“臣少好相人，相人多矣，无如季相，愿季自爱。臣有息女⑭，愿为季箕帚妾⑮。”酒罢，吕媪怒吕公曰：“公始常欲奇⑯此女，与贵人。沛令善公，求之不与，何自妄许与刘季？”吕公曰：“此非儿女子所知也。”卒与刘季。吕公女乃吕后也，生孝惠帝、鲁元公主⑰。

【注释】 单父（shàn fǔ）：秦县名，在今山东省单县。 ②从之客：到沛令家客居。 ③萧何：西汉开国功臣，事详见《萧相国世家》。主吏：即主吏掾，又称主吏功曹，职掌人事考核。 ④主进：主管接收礼品。 ⑤诸大夫：泛指前来祝贺的宾客。秦时民爵和军功爵均有大夫的名称。 ⑥易：看轻。 ⑦绐（dài）：说谎。 ⑧重敬：十分敬重。 ⑨无所诎：毫不客气。诎：同“屈”，此指谦让。 ⑩酒阑：酒席上的人逐渐稀少，即不少人已退席。阑：稀少。 ⑪目固留高祖：用眼色示意高祖一定留下。 ⑫竟酒：一直留到席散。 ⑬后：最后一个。 ⑭息女：亲生女。 ⑮箕帚妾：打扫清洁的使女。这是许以为妻的谦词。 ⑯奇：认为不凡。 ⑰鲁元公主：惠帝姐，食邑鲁，故称鲁元公主。元：长，老大。

译文

单父人吕公和沛县县令友好，为了逃避仇家来到沛县投靠沛令，因而搬家到沛。沛县中的豪杰官吏听说县令有贵客，都前往拜贺送礼。萧何担任县里的主吏，主管接收礼品，对各位宾客说：“送礼不满一千钱的，请坐在堂下。”高祖担任亭长，一向看不起这班官吏，写了一张白条名帖说：“贺钱一万！”其实没拿一文钱。名帖递进去，吕公大惊，起身到大门前迎接刘邦。吕公喜好给人看相，见到高祖的形象面貌，十分敬重他，引他入座。萧何说：“刘季向来说大话，很少能干成事。”高祖趁机轻侮那班客人，于是坐在上座，毫不客气。酒宴最热闹的时候已过，吕公用目光示意高祖一定要留下。高祖一直等到酒散，成了最后一个人。吕公说：“我年轻时就喜好给人相面，相过面的人太多了，没有像您这样的相貌，希望您多多自爱。我有亲生女，愿意给您做执箕帚的使女。”酒宴罢后，吕媪对吕公生气地说：“您平常总认为此女不平凡，应该嫁给贵人。沛县县令与您交情好，求娶她您不答应，为何自己胡乱许给刘季？”吕公说：“这不是你们女流之辈所能知道的。”最终吕公嫁女给刘季。吕公的女儿就是吕后，生了孝惠帝和鲁元公主。

点评

刘邦大言赴宴取佳妇，用世俗语言说就是吹牛皮抱得美人归，前文“题解”已揭示，这是萧何与刘邦合演的一出双簧。这里再说沛公与吕公。吕公走投无路来投靠沛县县令。沛令看中了吕公长女吕雉，大肆铺排宴会，为吕公新居庆贺，为的是讨好吕公。吕公投靠沛县县令是要找靠山，保护身家性命，当时已显露出天下大乱的端倪，刘邦在沛县广交宾客，组建势力，为地方权势人物，萧何、曹参等人都尊刘邦为老大哥，一旦乱起，刘邦才是地方老大，一句“贺钱万”彰显了刘邦的气度以及在地方的实力。吕公假托看相，称刘邦为非凡之人，吕雉继承这一思路，宣扬刘邦所在天上有祥云。刘邦大言娶佳妇，就是在这一特殊环境下产生的。

无盐高会惹祸殃

——选自《项羽本纪》

题　解

宋义身为楚军统帅，领兵救赵，却屯兵于安阳四十六日不进军，想坐山观虎斗，渔翁得利。宋义把儿子送到齐国去联结齐国当外援，图谋不轨。宋义借儿子出使为由，在无盐大办筵席，广会宾客，一是显示自己的权威；二是笼络部属，图谋私利。宋义自以为得计，恰恰留了一个把柄给项羽。项羽声讨宋义不进兵攻秦，玩忽职守，不顾士兵挨饿受冻，而大摆筵席挥霍，声称自己受楚王之命诛杀宋义，夺了军权，北上救赵，在巨鹿大破秦军，成为诸侯盟主。无盐宴会成就了项羽的英名，却是宋义的坟场。

原　文

初，宋义所遇齐使者高陵君显在楚军，见楚王曰："宋义论武信君之军必败，居数日，军果败。兵未战而先见败征，此可谓知兵[①]矣。"王召宋义与计事，而大说之，因置以为上将军[②]；项羽为鲁公，为次将，范增为末将，救赵。诸别将皆属宋义，号为卿子冠军[③]。行至安阳[④]，留四十六日不进。项羽曰："吾闻秦军围赵王巨鹿，疾引兵渡河，楚击其外，赵应其内，破秦军必矣。"宋义曰："不然。夫搏牛之虻不可以破虮虱[⑤]，今秦攻赵，战胜则兵罢，我承其敝[⑥]；不胜，则我引兵鼓行而西[⑦]，必举[⑧]秦矣。故不如先斗秦、赵。夫被坚执锐[⑨]，义不如公；坐而运策，公不如义。"因下令军中曰："猛如虎，很如羊[⑩]，贪如狼，强不可使者，皆斩之[⑪]！"乃遣其子宋襄相齐，身送之至无盐[⑫]，饮酒高会[⑬]。天寒大雨，士卒冻饥。

项羽曰："将戮力而攻秦[14]，久留不行[15]。今岁饥民贫，士卒食芋菽[16]，军无见粮[17]，乃饮酒高会，不引兵渡河因赵食[18]，与赵并力攻秦，乃曰'承其敝'。夫以秦之强，攻新造之赵[19]，其势必举赵。赵举而秦强，何敝之承！且国兵新破[20]，王坐不安席，扫境内而专属于将军[21]，国家安危，在此一举。今不恤士卒而徇其私[22]，非社稷之臣[23]。"项羽晨朝上将军宋义，即其帐中[24]斩宋义头，出令军中曰："宋义与齐谋反楚，楚王阴令[25]羽诛之。"当是时，诸将皆慴服，莫敢枝梧[26]。皆曰："首立楚者，将军家也。今将军诛乱。"乃相与共立羽为假上将军[27]。使人追宋义子，及之齐[28]，杀之。使桓楚报命于怀王。怀王因使项羽为上将军[29]，当阳君[30]、蒲将军皆属项羽。

【注释】 ①知兵：懂得用兵，会打仗。 ②上将军：主帅。 ③卿子冠军：卿子，是当时对男子的尊称，犹如称"公子"，这里含有风流倜傥的意思。宋义以一介书生为上将军，故人称"卿子冠军"。 ④安阳：古邑名，在今山东省曹县东北。 ⑤"搏牛"句：咬牛的牛虻却不能够咬破小小的虱子。牛虻喻秦军，虮虱喻巨鹿，城小而坚，秦军屯于坚城之下，不能马上攻破它，即使攻破了，也必然疲敝。虮虱：虱子的统称。虮：虱卵。 ⑥承其敝：趁秦军疲敝之时击灭之。 ⑦鼓行而西：大张旗鼓地向西进兵。 ⑧举：攻取。 ⑨被坚执锐：身穿铁甲，手执兵器，即冲锋陷阵。被：通"披"。锐：锐利的兵器。 ⑩很如羊：如羊相斗之凶狠。很：《说文》云，"很，不听从也"。如此，则是执拗不听指挥之意，与下句"强不可使者"重复。"猛如虎，很如羊，贪如狼"，皆以生活实际言，当是流行的俗语，两羊相斗，先退后冲，十分凶狠。很：通"狠"。 ⑪皆斩之：此令句暗指项羽。 ⑫无盐：秦县名，在今山东省东平县东南。 ⑬饮酒高会：大摆筵席，广会宾客。 ⑭戮力：合力、并力。 ⑮久留不行：长久屯驻，不向前进军。 ⑯菽：豆类。 ⑰见粮：存粮。见，读"现"。 ⑱因赵食：依靠赵地的粮食以饷军。 ⑲新造之赵：刚建立的赵国。 ⑳国兵新破：指楚军在定陶之败。国兵：楚人自称。 ㉑"扫境内"句：倾一国之兵交给了宋义指挥。扫：悉数。境内：全国。 ㉒恤：体怜。徇其私：徇私情，指宋襄相齐事。这里的"徇"作图谋解，与前"徇下县""徇广陵"的"徇"不同。 ㉓社稷之臣：忠于国家，能与国家共存亡的大臣。社稷：帝王祭祀社神和谷神的坛，国亡则社稷不祀，故以社稷指代国家。 ㉔帐中：宋义所住的中军营帐。 ㉕阴令：密令。 ㉖枝梧：支撑屋盖，引申为抵触、抗拒。枝为架屋的小柱，梧为斜柱。 ㉗假上将军：代理上将军。假：权摄，代理。 ㉘及之齐：一直追到了齐国，终于追上了。 ㉙因使：因其所请而委任之。此指项羽夺回军权，怀王无可奈何地委托项羽为上将军。 ㉚当阳君：黥布的爵号。

当初，宋义所遇见的齐国使者高陵君名叫显的还在楚军中，见到楚王说：

“宋义认定武信君的军队必定失败，过了几天，军队果然失败。军队未曾作战而预先看见失败的征兆，这可以说是懂得用兵。”楚王召见宋义，同他商议大事，非常欣赏他，就安排他担任上将军。项羽被封为鲁公，担任副将，范增担任末将，援救赵国。各部将领都归属宋义，号称卿子冠军。宋义行军到了安阳，停留了四十六天而不进军。项羽说：“我听说秦军把赵王围困在巨鹿，我们迅速领兵渡过黄河，楚军在城外攻打，赵军在城内接应，打败秦军是必定了的。”宋义说：“不是这样。能叮咬大牛的牛虻却不能够咬破小小的虱子。现在秦军正在攻打赵国，如果打胜了，军队已是筋疲力尽，我们可趁机消灭；秦军如果战败，那么我们就统领军队大张旗鼓地向西进发，必定能够推翻秦朝。所以不如先让秦赵两军相斗。披甲执戟，我宋义不如您；运筹策略，您不如我宋义。”于是下令军中说：“猛如虎，狠如羊，贪如狼，倔强不听指挥的，一律斩杀。”宋义派遣他的儿子宋襄去辅助齐王，亲自送他到无盐，饮酒聚会。当时天气寒冷，下着大雨，士兵又冻又饿。项羽说：“大家应当齐心协力攻打秦军，我们却长久停留而不进军，如今正赶上饥荒，百姓贫困，兵士们吃的是山芋和豆子，军中没有存粮，而你宋义竟饮酒聚会，不领兵渡黄河从赵国取得粮食，和赵国合力攻秦，而说什么‘利用他们的疲惫’。以秦的强大，攻打刚刚成立的赵国，形势必定是攻占赵国。如果赵国被攻占，秦国更加强大，哪有什么疲惫可以利用呢！况且我国的军队刚遭挫败，楚王坐不安席，集中全国的兵力粮草全部交给将军，国家安危，在此一举。现在不体恤士卒而谋取私利，不是国家的栋梁之臣。”项羽早晨晋见上将军宋义，就在宋义的帐中砍下了他的头，出来向军中发布命令说：“宋义与齐国阴谋反叛楚国，楚王密令项羽杀了他。”在这个时候，将领们个个畏服，没有人敢抗拒。都说：“首先拥立楚王的是将军家，现在又是将军诛灭了乱臣贼子。”就共立项羽为代理上将军。项羽派人追赶宋义的儿子，一直追到齐国，杀了他。项羽另派遣桓楚向怀王报告情况，怀王任命项羽为上将军，当阳君、蒲将军都归属项羽。

点评

宋义手握重兵北上抗秦，他不思如何打败秦兵；而是借着权力经营个人私利，结交诸侯，笼络部属，满脑子图谋的是个人前程。这大概是一般志得意满的小人发迹后的心态。十万大军，屯驻一个地方，四十多天不开赴前线，战时后勤十分紧张，天寒大雨，士卒冻饥，全军将士，人人愤怒，权贵们却醉生梦死。宋义扮演了一个典型人物，他的悲惨下场是必然的。

贯高谋反

——选自《张耳陈馀列传》

题解

公元前200年，汉高祖刘邦亲征匈奴，在平城大败而归，路过赵国。赵王张敖是汉高祖的女婿，亲自端茶送水，像儿子一样陪同高祖吃饭。高祖为人一向粗枝大叶，傲慢无礼，坐在席上叉着两腿，很不礼貌。高祖将因平城大败受到的气都撒在赵王身上。赵相贯高等看不惯高祖这等做派，竟然谋反，东窗事发被捕，演绎出了一场惊天大案。

原文

汉七年[①]，高祖从平城[②]过赵，赵王朝夕袒韝蔽[③]，自上食[④]，礼甚卑，有子婿礼。高祖箕踞[⑤]詈，甚慢易之。赵相贯高、赵午等年六十余，故张耳客也。生平为气，乃怒曰："吾王孱[⑥]王也！"说王曰："夫天下豪杰并起，能者先立。今王事高祖甚恭，而高祖无礼，请为王杀之！"张敖啮[⑦]其指出血，曰："君何言之误！且先人亡国，赖高祖得复国，德流子孙，秋豪[⑧]皆高祖力也。愿君无复出口。"贯高、赵午等十余人皆相谓曰："乃吾等非也。吾王长者，不倍德。且吾等义不辱，今怨高祖辱我王，故欲杀之，何乃污王[⑨]为乎？令事成归王，事败独身坐耳。"

汉八年[⑩]，上从东垣[⑪]还，过赵，贯高等乃壁人柏人[⑫]，要之置厕[⑬]。上过欲宿，心动[⑭]，问曰："县名为何？"曰："柏人。""柏人者，迫于人也！"不宿而去。

汉九年[⑮]，贯高怨家知其谋，乃上变告[⑯]之。于是上皆并逮捕赵王、贯高等。

【注释】 ①汉七年：公元前 200 年。 ②平城：在今山西省大同市东北。汉七年，汉高祖亲征匈奴，在平城大败而还。 ③袒鞲蔽：解掉护臂。鞲：护臂。 ④自上食：亲自侍奉汉高祖饮食。 ⑤箕踞：伸直两腿坐于地，形如畚箕。这种坐姿在古代被认为极不礼貌，是不恭之态。 ⑥孱（càn）：冀州人称懦弱为孱。 ⑦啮：咬。 ⑧秋豪：秋天动物所生细毛，喻细微，一丝一毫。 ⑨污王：秽王，陷王于不义。 ⑩汉八年：公元前 199 年。 ⑪东垣：秦县名，汉改称真定，即今正定县，在今河北省石家庄市东。汉高祖肃清击韩王信残余叛军回师途经东垣。 ⑫壁人：在墙壁夹墙中藏人。柏人：县名，在今河北省隆尧县。 ⑬要之置厕：在汉高祖必宿的馆舍侧壁中安置刺客。要：截杀。厕：同“侧”。 ⑭心动：心惊。 ⑮汉九年：公元前 198 年。 ⑯上变告：向皇帝上书，举报紧急事变，多指密告谋反事件。

汉七年，汉高祖从平城还京路过赵国，赵王从早到晚，解掉护臂，亲自侍奉饮食，态度极为谦恭，尽到了做女婿的礼节。汉高祖叉开两腿坐在席地上大骂赵王，对他非常傲慢轻视。赵相贯高、赵午等人都已经六十多岁，是张耳旧时的门客，性情豪爽，易于冲动，就大怒说：“我王太懦弱！”就劝赵王说：“天下豪杰同时兴起，贤能的人先称王。现今你对高祖十分恭敬，而高祖傲慢无礼，请允许我们替你杀掉他。”张敖把自己的手指咬出血来，说：“先生们怎能说这样的错话！况且我先父失国之后，依靠高祖恢复了国家，德泽流及子孙，一丝一毫都归功于高祖。希望先生们这样的话不要再出口。”贯高、赵午等十余人互相议论说：“实在是我们不对。我们的王是个忠厚的人，不愿背弃恩德。何况我们是自己不能忍受侮辱，才怨恨高祖侮辱我王，所以想杀他，何必要把我王拖累进来受玷污呢！如今事情成功了，功劳归于王，事情失败了，我们敢作敢当。”

汉八年，汉高祖从东垣回来，又经过赵国，贯高等在柏人县馆舍夹墙中隐藏刺客，选在汉高祖必宿的馆舍侧壁夹墙中埋伏。高祖路过这家馆舍想住宿，突然心惊，就问左右说：“什么县名？”回答说：“柏人县。”高祖说：“柏人的意思就是遭人迫害。”没有留宿就离开了。

汉九年，贯高的仇家知道了贯高的阴谋，就向朝廷告发了他。于是高祖下令逮捕了贯高等人，包括赵王在内。

点 评

汉高祖刘邦，帝王之尊，却因不礼遇自己的女婿赵王张敖差点丢了性命。这则故事，可为颐指气使者戒。

田蚡摆谱

——选自《魏其武安侯列传》

武安侯田蚡是汉武帝的舅舅，他以外戚之身做了丞相，十分张扬跋扈，他打着整肃朝纲的名义作威作福。有一次，田蚡宴请宾客，在哥哥面前也耍起丞相的派头，自己坐在东向的尊位上，让哥哥坐在南向的次席上，说什么“丞相的地位尊贵，不能因为尊重兄长而委屈了丞相的身份”。一副小人得志的嘴脸，还自以为得计。

武安者，貌侵①，生贵甚②。又以为诸侯王多长③，上初即位，富于春秋④，蚡以肺腑为京师相⑤，非痛折节以礼诎之⑥，天下不肃。当是时，丞相入奏事，坐语移日⑦，所言皆听。荐人或起家至二千石⑧，权移主上⑨。上乃曰：“君除吏已尽未⑩！吾亦欲除吏。”尝请考工地⑪益宅，上怒曰：“君何不遂取武库⑫！”是后乃退⑬。尝召客饮，坐其兄盖侯南乡⑭，自坐东向，以为汉相尊，不可以兄故私桡⑮。武安由此滋骄，治宅甲诸第⑯，田园极膏腴，而市买⑰郡县器物相属于道。前堂罗钟鼓，立曲旃⑱；后房妇女以百数。诸侯奉金玉狗马玩好，不可胜数。

【注释】 ①貌侵：矮小丑陋。侵：同“寝”，相貌丑陋。 ②生贵甚：出生在权贵之家。形陋之人生于权贵之家，则更加骄慢狠毒，这是一般的心理变态。 ③多长：多为年长之人。 ④富于春秋：年龄很轻。 ⑤肺腑：喻至亲。京师相：国家丞相，标明“京师”，示尊于诸侯相。 ⑥痛：狠狠地。折节：屈节。这里是使动用法，指压抑诸侯王，使之屈节。 ⑦坐语移日：坐着与武帝长谈，以致日影移位，极状田蚡固宠。移日：太阳移动了位置，表示时间长。 ⑧起家至二千石：从家居布衣飞升腾达为二千石的高官，今语谓之坐直升机。二千石为九卿大臣和郡国守相的品秩。 ⑨权移主上：倾夺了皇帝的权力。 ⑩除吏：任命官吏。尽未：有完没有。 ⑪考工地：考工署的官地。考工属少府，是主管器械制造的官，故下文说，你何不把武库也取走。 ⑫武库：长安城中储放兵器的仓库。 ⑬乃退：才有所收敛。 ⑭盖侯：田蚡的同母异父兄王信，封盖侯。南乡：宴席座位。东向为主位，南向为陪位。田蚡妄自尊大，以其兄坐陪位。 ⑮私桡：私自屈抑丞相的尊严。桡（náo），通“挠”，曲折，委曲。 ⑯治宅甲诸第：建造的住宅，第一流的庭院有好几座。甲：第一流的住宅。第：大院落。 ⑰市买：购买。 ⑱曲旃（zhān）：曲柄长伞。伞面用整幅纯色绣帛制成。田蚡立曲旃是模仿帝王仪制，越礼犯分。

译文

武安侯相貌丑陋，却又出生在权贵之家。他认为当时的诸侯王大多年长，而皇帝刚刚即位，又很年轻，自己以皇帝的至亲骨肉为丞相，如果不狠心地整顿一番，以礼约束，天下就不安定。当时，田丞相入宫奏事，往往一坐就是大半天，他所提出的建议皇帝无不听从。田丞相推荐的人有的从一个平民很快提升到二千石的高官，把皇帝的权力逐渐转移到自己手中。皇帝怨恨地说：“你任命的官吏完了没有，我也要任命几个。”田蚡曾经要求把考工官署的空地划给自己扩大住宅，皇上发怒了，说：“你怎么不干脆把武库搬了去！”从这以后，田蚡才有所收敛。有一次，田蚡召宾客饮酒，让他的哥哥盖侯王信坐在向南的陪位上，自己坐在向东的主位上，认为汉朝丞相尊严，不能因为是自己的兄长而委屈了丞相的身份。武安侯从此越来越骄横，修建的住宅极其华丽，超过了所有的贵族府第。他的田庄总是占上等土地。他派出到郡县采购名贵器物的人，在路上络绎不绝。前厅摆设了钟鼓，树立着曲旗，后房的姬妾仆妇多达百数。诸侯奉送的金玉狗马和玩好器物，数也数不清。

点评

田蚡在家宴中摆谱，小人得志、骄矜贪婪、志得意满的形象跃然纸上。

李将军醉酒夜行

——选自《李将军列传》

题解

“李将军夜行”讲的是李广心胸狭隘，因霸陵尉酒后失言，就公报私仇，要了霸陵尉的命的事。事情的经过是这样：李广任前将军，一度被罢官，因闲居而外出打猎，在田间与朋友野宴喝醉了酒，回城行经霸陵亭。亭尉也喝醉了酒，他按照宵禁的规定禁止李广夜行，并没有错，但他趁着酒兴说了一句不得体的话：“现任将军都不得夜行，何况是罢了官的将军。”李广认为很丢面子。不久，李广被任命为右北平太守，他指名要霸陵尉随行，汉武帝批准了。李广到右北平后，立即杀了霸陵尉。

原文

顷之，家居数岁。广家与故颍阴侯孙屏野居蓝田南山中射猎①。尝夜从一骑出②，从人田间饮。还至霸陵亭③，霸陵尉醉，呵止广。广骑曰：“故李将军。”尉曰：“今将军尚不得夜行，何乃故也！”止广宿亭下。居无何④，匈奴入杀辽西太守⑤，败韩将军⑥，后韩将军徙右北平⑦。于是天子乃召拜广为右北平太守。广即请霸陵尉与俱，至军而斩之。

【注释】 ①颍阴侯孙：颍阴侯灌婴之孙，名灌强。屏野居：退职闲居在乡下。野：山野，乡间。蓝田：县名，在今陕西省蓝田县西。 ②尝夜从一骑出：曾经带一随从骑马夜出。 ③霸陵亭：守卫霸陵的驿亭。霸陵：文帝墓，在长安东北。 ④居无何：过了不久。 ⑤匈奴入杀辽西太守：事情发生在武帝元朔元年，即公元前 128 年。辽西郡治阳乐，在今辽宁义县西。 ⑥败韩将军：元朔二年（公元前 127 年），匈奴入渔阳郡，击败材官将军韩安国军，掳掠千余人及畜产而去。渔阳：郡名，治所在今北京市密云区西南。⑦韩将军徙右北平：韩安国军败，被徙右北平，不久病死，以李广充任。据《考证》，“右北平”下脱一“死”字。右北平郡治平刚，在今辽宁省凌源市西部。

译文

转眼间，李广已在家闲居了几年。他家和从前颍阴侯的孙子灌强都住在蓝田南山脚下，他与退职闲居的灌强常到山中打猎。一天晚上，李广曾经带一随从骑马夜出，跟朋友在田间喝酒，回家时路过霸陵亭，霸陵尉也喝醉了酒，吆喝着拦住了李广，不准他通行。李广的随从通报说：“这位是前任李将军。”霸陵尉说：“就是现任的将军夜间也不准通行，何况是前任呢！”于是将李广扣留了下来，让他在驿亭中过夜。过了不久，匈奴兵入侵边境，杀死了辽西太守，打败了将军韩安国，韩将军后来调任右北平，死在任上。于是天子召见李广，封他为右北平太守。李广随即请求武帝调霸陵尉和他一起去，到了军中，就把霸陵尉斩了。

点评

人无完人，金无足赤。司马迁实录史事，所以他笔下的人物都不是十全十美的。李广是司马迁竭尽心力写的人物，满腔热情地讴歌，而斩霸陵尉情节是揭示李广的小心眼及心胸狭隘的一面，这也是李广不得封侯而以悲剧终结的原因之一。性格决定成败，这是一个生动的例证。

八、纵淫宴会

【说明】纵淫，指放纵欲望。广义的淫，指做事过度；狭义的淫，专指男女纵欲，失礼乱性。本题选录了三个故事，两个是贪杯过度，丢了君位，丧了性命；一个是君臣共淫，亡了国家。三个故事，以时间为序。

·补　白·

陈灵公

〔唐〕周昙

谁与陈君嫁祸来，孔宁行父夏姬媒。
灵公徒认徵舒面，至死何曾识祸胎。

穰苴

〔清〕徐公修

遥遥华胄本田完，甘苦能同士卒饮。
荐自晏婴蒙重用，法行庄贾不容宽。
国高族盛心怀忌，燕晋师闻胆早寒。
赫赫齐邦大司马，景公倚任获平安。

陈灵公与二子饮于夏氏

——选自《陈杞世家》

题解

"二子"，指陈国的两个大夫孔宁、仪行父。夏氏，陈大夫御叔之妻，夏徵舒之母。"陈灵公与二子饮于夏氏"，讲陈灵公与孔宁、仪行父一起在夏氏家里饮酒作乐，君臣淫乱，亡国亡家的故事，发生于公元前 599 年。《列女传》记载，夏氏貌若天仙，一生三为王后，七为臣妻，一共嫁了十个丈夫。陈灵公与孔宁、仪行父君臣三人同时与夏氏私通。陈灵公十四年，即公元前 600 年，有一天君臣三人各穿了一件夏氏的贴身汗衫在朝堂上互相展示。第二年，君臣三人又同时到夏氏家里寻欢作乐，还在宴会上当着夏徵舒的面取笑作乐，说什么夏徵舒长得像你，像你。夏徵舒十分尴尬难堪，在马棚前射杀陈灵公，自立为陈侯。孔宁、仪行父两人逃到楚国，招来楚国兵伐陈国，以诛杀乱臣贼子夏徵舒为名，灭了陈国。一场淫乱宴会，灭了一个陈国，四个家庭被灭门。

原文

十四年①，灵公与其大夫孔宁、仪行父皆通于夏姬②，衷其衣以戏于朝③。泄冶④谏曰："君臣淫乱，民何效焉？"灵公以告二子，二子请杀泄冶，公弗禁，遂杀泄冶。十五年，灵公与二子饮于夏氏。公戏二子曰："徵舒似汝。"二子曰："亦似公。"徵舒怒。灵公罢酒⑤出，徵舒伏弩厩门⑥射杀灵公。孔宁、仪行父皆奔楚，灵公太子午奔晋。徵舒自立为陈侯。徵舒，故陈大夫也。夏姬，御叔之妻，舒之母也。

【注释】 ①十四年：指陈灵公十四年，即公元前 599 年。 ②夏姬：郑穆公女，陈大夫御叔之妻，夏徵舒之母。 ③衷其衣以戏于朝：陈灵公与孔宁、仪行父等穿着夏姬的衣服在朝堂上嬉笑。 ④泄冶：陈国大夫。 ⑤罢酒：饮酒完毕，指家宴结束。 ⑥伏弩厩门：在马棚的门前埋伏弓箭手。

十四年，陈灵公和他的两个大臣孔宁、仪行父都同时与一个叫夏姬的女子通奸，还穿着夏姬的衣服在朝堂上嬉笑。大臣泄冶劝告说："君臣如此荒淫无耻，让老百姓学习什么呢?"陈灵公把泄冶的话告诉孔宁和仪行父，他俩请求去杀了泄冶，陈灵公不加阻止，于是泄冶被杀。十五年，陈灵公和孔宁、仪行父在夏姬家饮酒。陈灵公开玩笑地说："夏姬的儿子徵舒像你们。"孔宁和仪行父也说："徵舒也像您。"徵舒听了十分气愤。陈灵公喝完酒出门，被夏徵舒埋伏在马棚前的弓箭手用箭射死。孔宁和仪行父吓得连忙逃到了楚国，陈灵公的太子午也逃到了晋国。徵舒便自立为陈国国君。徵舒原先是陈国的大夫。夏姬是陈国大夫御叔的妻子，徵舒的亲生母亲。

陈灵公君臣淫乐丧国的故事，告诫当国者尤须修身养性，为人表率。因为当国者的一举一动都影响着国家安危，不可不慎。

齐简公贪酒失位

——选自《齐太公世家》

题解

齐国田氏欲篡夺姜氏政权，蓄谋已久。田常废杀齐简公，事在齐简公四年，即公元前481年，田氏篡政从幕后走到幕前。监止是孔子的学生，又名子我，辅佐齐简公裁抑田氏势力，如果齐简公全心任用，或可翦除田氏势力。齐简公并用监止与田常，让两人互斗，自己从中受益。田氏是大族，监止不是田氏的对手，加之简公平庸，依靠监止，而又信用不专。田氏兄弟已经杀入宫中，公开反叛，齐简公还在檀台与王后饮酒作乐，失去了平叛的最佳时机。监止逃出公宫，领家徒与田氏作战，失败被杀。简公失去了依靠，结果被田氏废杀。

原文

简公四年春。初，简公与父阳生俱在鲁也，监止有宠焉。及即位，使为政。田成子惮之，骤顾于朝①。御鞅②言简公曰："田、监不可并也，君其择焉。"弗听。子我夕③，田逆杀人，逢之，遂捕以入。田氏方睦④，使囚病而遗守囚者酒，醉而杀守者，得亡。子我盟诸田于陈宗。初，田豹欲为子我臣，使公孙言豹，豹有丧而止。后卒以为臣，幸于子我。子我谓曰："吾尽逐田氏而立女，可乎？"对曰："我远田氏矣⑤。且其违者不过数人，何尽逐焉！"遂告田氏。子行曰⑥："彼得君，弗先，必祸子。"子行舍于公宫⑦。

【注释】 ①骤顾于朝：在朝堂上，田成子频频顾视监止，表现出不安之状。 ②御鞅：简公之御者名鞅。 ③子我夕：子我，监止之字；夕，晚间上朝之时。 ④田氏方睦：田赏有野心而和睦宗族。 ⑤我远田氏矣：我是田氏的旁系疏族。 ⑥子行：田逆之字。 ⑦子行舍于公宫：田逆住进宫中，预为内应。

夏五月壬申[①]，成子兄弟四乘如公[②]。子我在幄[③]，出迎之，遂入，闭门[④]。宦者御之，子行杀宦者。公与妇人饮酒于檀台[⑤]，成子迁诸寝[⑥]。公[⑦]执戈将击之，太史子余[⑧]曰："非不利也，将除害也。"成子出舍于库[⑨]，闻公犹怒，将出[⑩]，曰："何所无君！"子行拔剑曰："需，事之贼也。谁非田宗？所不杀子者有如田宗[⑪]！"乃止。子我归，属徒攻闱与大门，皆弗胜，乃出[⑫]。田氏追之。丰丘[⑬]人执子我以告，杀之郭关[⑭]。成子将杀大陆子方[⑮]，田逆请而免之。以公命取车于道[⑯]，出雍门[⑰]。田豹与之车，弗受，曰："逆为余请，豹与余车，余有私焉。事子我而有私于其仇，何以见鲁、卫之士？"

【注释】 ①壬申：十三日。 ②四乘如公：田氏兄弟驾着四辆车进入宫中。 ③幄：听政的幄帐。 ④闭门：田氏兄弟封锁了宫门，阻止监止入内。 ⑤檀台：齐宫中台名。 ⑥寝：寝宫。 ⑦公：指齐简公。齐简公执戈欲刺田成子。 ⑧太史子余：齐大夫，党于田氏。 ⑨库：武库，国家要害之所。 ⑩将出：田成子故意做出逃亡的姿态。 ⑪"子行拔剑曰"五句：田逆拔剑在手说，"迟疑（需），最害于成事，我们这些人都姓田，你若出逃，我不杀你就不姓田"。 ⑫"子我归"四句：子我回家带领徒众攻打宫中的小门（闱）和大门，都不能取胜，只好出逃。 ⑬丰丘：田氏邑。 ⑭郭关：关名，在今山东省聊城市东北。 ⑮大陆子方：东郭贾也，子我之党。 ⑯"以公命"句：东郭贾假传齐简公之命，取了一辆行人的车辆出逃。 ⑰雍门：北门。

庚辰[①]，田常执简公于徐州[②]。公曰："余早从御鞅言，不及此。"甲午[③]，田常弑简公于徐州。田常乃立简公弟骜，是为平公[④]。平公即位，田常相之，专齐之政，割齐安平[⑤]以东为田氏封邑。

【注释】 ①庚辰：二十一日。 ②徐（shū）州：《左传》作舒州，在今河北省大城县境，齐之极北边邑，连接燕。 ③甲午：六月六日。 ④平公：公元前480年到公元前456年在位。 ⑤安平：在今山东省淄博市临淄区东。

简公四年春天，起初，简公与他的父亲阳生都逃难在鲁国时，监止最受

宠幸。等到齐简公即位，就让监止掌了大权。田成子忌惮监止，在朝堂上频频顾视监止。御者鞅对简公说："田成子和监止势不两立，您要注意选择其中一个辅政。"简公不听。有一天晚上，监止上朝时，路上碰到田逆杀了人，就把他抓了起来。当时田氏家族正和睦相处，就让田逆装病，田家借探视之机送给看守酒食，趁看守喝醉时杀了看守，田逆才得以脱狱。监止见事已至此，就在田氏宗庙与田氏订盟讲和。当初，田豹想做监止的家臣，请公孙大夫代为推荐，后因家中有丧事而作罢。不过后来还是做了监止的家臣，并得到宠幸。监止对田豹说："我把田氏家族全部赶走而让你来做宗主，行不行？"田豹回答说："我是田氏的旁系疏族。再说反对您的只不过几个人，何必都把他们赶尽杀绝呢！"于是，田豹就把这件事报告给了田氏家族。田逆说："监止得宠于国君，不先下手，必然大祸临头。"田逆住进宫中，预为内应。

夏天五月十三壬申日，田氏兄弟驾着四辆马车进入宫中。监止正好在听政的幄帐中，出来迎接，田氏入宫后，即封锁了宫门。宦官群起抵抗，被田逆所杀。这时齐简公正在檀台上与妻子饮酒作乐，田常把他带到了寝宫中。齐简公拿起戈想刺杀田常，但太史子余说："他们不是来害您的，而是来为您除害的。"田常出宫住到武库中，听说简公还在生气，故意做出逃亡的姿态，说："到哪儿没有国君！"田逆拔出剑说："迟疑不决，最容易坏事。我们这些人都姓田，你若出逃，我不杀你就不姓田。"田常这才不逃。监止回家带领徒众攻打宫中的小门和大门，都不能取胜，只好出逃。田氏立即派人追击。丰丘人抓住监止前来报告，田氏下令将他杀死在郭关。田常准备处死监止党羽东郭贾，田逆为之求情才得到宽免。东郭贾就假传齐简公之命，取了一辆行人的车辆出北门逃跑。田豹要送车给东郭贾，他不肯接受，说："田逆为我求情，田豹送我车子，这是与我有私情。侍奉监止而与他的仇人有私情，还有什么面目去见鲁国和卫国的有志之士呢？"

五月二十一庚辰日，田常在徐州抓住了齐简公。简公说："我如果早听从御鞅的话，也不会到今天这个地步。"六月六日，田常把简公杀死在徐州。于是田常就立简公的弟弟骜为国君，这就是齐平公。平公即位，田常为相，专断齐政，还把齐国安平以东的大片地方作为田氏的封地。

点评

齐简公平庸无能，驭臣无术，还想玩平衡。眼看大位不保，无可奈何，醉生梦死，令人叹惋。

庄贾贪杯丧命

——选自《司马穰苴列传》

题解

司马穰苴，齐景公时人。齐景公，公元前 547 年至公元前 490 年在位。司马穰苴，即田完之苗裔田穰苴，齐景公时任齐国司马，著有《司马兵法》行于世，史称司马穰苴，善用兵，纪律严明，是古之名将。晋国与燕国联兵犯境，司马穰苴奉命驱敌。齐景公宠臣庄贾奉命监军，持势骄纵，与亲朋辞行，贪杯乐饮，误了行军约期。田穰苴奉行“将在外君命有所不受”的原则，以军法立斩庄贾，全军为之震慄。齐兵一出，晋燕之军望风溃退。这是一个严明的军纪故事，写出了名将风采。

原文

司马穰苴①者，田完之苗裔也。齐景公时，晋伐阿、甄②，而燕侵河上③，齐师败绩④。景公患之。晏婴乃荐田穰苴曰：“穰苴虽田氏庶孽⑤，然其人文能附众⑥，武能威敌，愿君试之。”景公召穰苴，与语兵事，大说之，以为将军，将兵扞⑦燕晋之师。穰苴曰：“臣素卑贱，君擢之闾伍⑧之中，加之大夫之上，士卒未附，百姓不信，人微权轻，愿得君之宠臣，国之所尊，以监军，乃可。”于是景公许之，使庄贾往。

穰苴既辞，与庄贾约曰：“旦日日中会于军门⑨。”穰苴先驰至军，立表下漏待⑩贾。贾素骄贵，以为将己之军而己为监，不甚急；亲戚左右送之，留饮。日中而贾不至。穰苴则仆表决漏⑪，入，行军勒兵，申明约束。约束既定，夕时，庄贾乃至。穰苴曰：“何后期为？”贾谢曰：“不佞大夫亲戚送之，故留。”穰苴曰：“将受命之日则忘其家，临军约束则忘其亲，援枹鼓[12]之急则忘其身。今敌国深侵，邦内骚动[13]，士卒暴露于境[14]，君寝不安席，食不甘味，百姓之命皆悬于君，何谓相送乎！”召军正[15]问曰：“军法期而后至者云何？”对曰：“当斩。”庄贾惧，使人驰报景公，请救。既往，未及反，于是遂斩庄贾以徇三军[16]。三军之士皆振慄[17]。久之，景公遣使者持节赦贾，驰入军中。穰苴曰：“将在军，君令有所不受。”问军正曰：“驰三军法何？”正曰：“当斩。”使者大惧。穰苴曰：“君之使不可杀之。”乃斩其仆[18]，车之左驸[19]，马之左骖，以徇三军。遣使者还报，然后行。

【注释】 ①司马穰苴：本姓田，后以官氏为姓。 ②阿、甄：齐邑名。阿：即东阿，在今山东省阳谷县东北之阿城镇。甄：今山东省鄄城北。 ③河上：黄河岸边。 ④败绩：大败。 ⑤庶孽：支子。 ⑥附众：能得大家拥护。 ⑦扞：抵御。 ⑧闾伍：平民。 ⑨旦日：明日。日中：中午。 ⑩立表下漏：定准时间。立表：立木为表，以测日影定时刻。下漏，是用铜壶盛水立箭，底孔漏水逐渐显露箭上刻度，以定时间。 ⑪仆表决漏：把表打倒，把壶中漏水放出，即宣布阅兵时间已到。 ⑫援枹鼓：击鼓进军。援：执。 ⑬骚动：扰乱。 ⑭士卒暴露于境：士卒日晒露宿在前线战场。 ⑮军正：司军法之官。 ⑯以徇三军：以庄贾之头示众于全军。 ⑰振慄：战栗、发抖。 ⑱乃斩其仆：斩仆代主，当时的俗法。《左传》襄公三年，晋悼公之弟杨干在鸡泽之会上扰乱军行，魏绛戮其仆以示惩罚。 ⑲左驸：车厢左边的立木。

司马穰苴是齐国大夫田完的后代。齐景公时，晋国攻打齐国的东阿和甄城，燕国也出兵侵犯到黄河南岸，齐国军队都打了败仗。齐景公深深忧虑。齐相晏婴就向齐景公推荐田穰苴，说：“田穰苴虽然是田氏的庶出儿子，可是他很有才干，文能使大众拥护，武能使敌人惧怕，希望君王试用一下。”齐景公召见了田穰苴，跟他交谈军事，感到非常满意，就任命他为将军，领兵去抵抗燕晋的军队。田穰苴说：“臣出身卑微，君王把臣从一个平民一下提拔为将军，职位在大夫的前面，这样士兵不一定心服，百姓也不一定信任，因为人的资望轻权威就不高，希望君王派一个亲信的大臣，一位国人都敬畏的人来做监军，这样才可以出兵。”齐景公答应了，就派庄贾同往监军。

田穰苴向景公辞行，便与庄贾约定阅兵的时间，说：“明日中午在军营门前相会。”第二天，田穰苴早早赶到军营中，定准时间，等待庄贾。庄贾一向骄横尊贵，认为带领自己的军队，身为监军，用不着准时赶去，加上亲戚僚属为他饯行，他便留下来喝酒欢宴。已是正午了，庄贾还没有到来。田穰苴就拔掉定时木表，放掉计时漏壶的水，进入军营，巡视检阅，整理队伍，宣布号令。等各种规章约束都宣布完毕，已到日暮时分，庄贾这才赶到。田穰苴问道：“为什么迟到?”庄贾歉疚地说：“亲戚僚属为不才送行，所以耽搁了。”田穰苴说：“作为将帅，在接受任命的那一刻起，就不要想到家庭；到了军中宣布约束号令后，就要忘掉自己的亲属；在擂战鼓冲锋陷阵时，就要不顾个人安危。现今敌国的侵略深入国境，国内民心骚动，战士日晒夜宿在前线战场，君王睡不安稳，吃不下饭，全国百姓的生命都维系在你的身上，你还顾得上亲戚僚属相送吗?”田穰苴召来军法官问道：“按照军中法令，约定时间迟到的人该怎么治罪。”军法官说：“应当斩首。”庄贾害怕了，派人飞报齐景公，请求救命。庄贾派去的人走了，还没有来得及赶回来，田穰苴就杀了庄贾，号令全军，全军将士都震惊了。又过了很久，齐景公派出的使者，带着赦免庄贾的符节信物飞马赶来，不经传报就直奔军营。田穰苴说：“将军受命在军中，有临时紧急处理之权，君王的命令可以不接受。”田穰苴又问军法官说：“驾着车马在军营中奔驰，按军法该怎样治罪?”军法官说：“应当斩首。”使者非常恐惧。田穰苴说：“国君的使者不可以杀头。”于是杀了使者的随从，砍断了车厢左边的木柱，杀了拉车的三匹马中右边的一匹，用来号令全军。这才让使者回报齐景公，随后全军出发。

点评

一般宠臣仗着君王撑腰，颐指气使，不把责任当一回事，往往坏了国家大事。宠臣又大多不学无术，只靠巴结迎逢，做君王耳目，持宠擅权。庄贾突显了宠臣的这些特点。田穰苴恰好利用了宠臣的特点，借头立威，严肃了军纪，彰显了良将风采。田穰苴与庄贾两人，一正一反，对比鲜明，教益良多。

九、市义宴会

【说明】市义，就是树恩，也可以说是花钱来传播自己的名声。市义，典出战国四公子之一的孟尝君门客冯驩烧债券。魏公子信陵君礼请夷门侯生，遍赞宾客，也是一种市义行为。推而广之，古代名将恩信待士，如王翦灭楚，李牧守边，日享牛酒却按兵不出，蓄养士气，激励将士报国，亦应是市义行为。至于侠士借交报仇，严仲子礼敬聂政之母，聂政为知己者死，如果是除暴安良，聂政之死也是出于义；如果仅仅是争斗报仇，有被收买利用之嫌，那就死得不值了。黥布归汉，刘邦一打一拉，是一种驭人之术，是最高超的市义。

·补　白·

夷门歌

〔唐〕王维

七雄雄雌犹未分，攻城杀将何纷纷。
秦兵益围邯郸急，魏王不救平原君。
公子为嬴停驷马，执辔愈恭意愈下。
亥为屠肆鼓刀人，嬴乃夷门抱关者。
非但慷慨献良谋，意气兼将身命酬。
向风刎颈送公子，七十老翁何所求。

李牧

〔元〕胡奎

李牧守边日，屯兵雁门关。
槌牛飨士卒，十年戎马闲。
黄云覆沙漠，白雪漫天山。
狼烽日以远，骍弓不敢弯。
后来防秋戍，思之应腼颜。

聂政刺侠累

——选自《刺客列传》

题解

聂政为报答严仲子礼敬自己母亲的高义，牺牲生命为严仲子报仇，如是安良除暴则义薄云天。严仲子与其仇侠累（韩傀）只是权力之争，聂政之义有被利用的嫌疑，但他重然诺的精神值得肯定。聂政之姐为扬弟之名而死，可以说是女中豪杰。

原文

聂政者，轵深井里人也。杀人避仇，与母、姊如齐，以屠为事。

久之，濮阳严仲子事韩哀侯[①]，与韩相侠累有郤[②]。严仲子恐诛，亡去，游求人可以报侠累者。至齐，齐人或言聂政勇敢士也，避仇隐于屠者之间。严仲子至门请[③]，数反[④]，然后具酒自畅聂政母前[⑤]。酒酣，严仲子奉黄金百溢[⑥]，前为聂政母寿。聂政惊怪其厚。固谢严仲子[⑦]。严仲子固进，而聂政谢曰："臣幸有老母，家贫，客游以为狗屠，可以旦夕得甘毳以养亲[⑧]。亲供养备，不敢当仲子之赐。"严仲子辟人[⑨]，因为聂政言曰："臣有仇，而行游诸侯众矣；然至齐，窃闻足下义甚高，故进百金者，将用为大人粗粝之费[⑩]，得以交足下之驩，岂敢以有求望邪!"聂政曰："臣所以降志辱身居市井屠者[⑪]，徒幸以养老母；老母在，政身未敢以许人也[⑫]。"严仲子固让，聂政竟不肯受也。然严仲子卒备宾主之礼而去。

【注释】 ①濮阳：卫邑，在今河南省濮阳市南。严仲子：名遂，与韩相侠累共事韩列侯，因政见不合而有郤（仇怨）。哀侯：韩列侯之孙。《韩世家》及《六国年表》均作韩列侯三年（公元前397年），聂政刺相侠累，此处书哀侯，乃列侯之误。 ②侠累：韩相，名傀。郤（xì）：缝隙，间隙。 ③至门请：登门拜访。 ④数反：经过多次交往。 ⑤具酒：备办酒席。自畅：一本作自赐，《战国策》作自觞。觞字义得。严仲子亲自向聂政母敬酒。 ⑥溢：通“镒”，即古代的计量单位。 ⑦固谢：坚决辞谢。 ⑧甘毳（cuì）：指甜和脆的食品。 ⑨辟人：避开别人。辟：通“避”。 ⑩大人：此指聂政之母。粗粝：粗糙的米粮。此为谦词，即供粗茶淡饭之费。⑪市井：市场。 ⑫老母在，政身未敢以许人也：《礼记·曲礼上》，“父母存，不许友以死”。即当父母还在世时，做子女的人不能为朋友的义气而效死。

久之，聂政母死。既已葬，除服[①]，聂政曰：“嗟乎！政乃市井之人，鼓刀以屠；而严仲子乃诸侯之卿相也，不远千里，枉车骑而交臣[②]。臣之所以待之，至浅鲜矣，未有大功可以称者，而严仲子奉百金为亲寿，我虽不受，然是者徒深知政[③]也。夫贤者以感忿睚眦之意而亲信穷僻之人，而政独安得嘿然而已乎[④]！且前日要政，政徒[⑤]以老母；老母今以天年终，政将为知己者用。”乃遂西至濮阳，见严仲子曰：“前日所以不许仲子者，徒以亲在；今不幸而母以天年终。仲子所欲报仇者为谁？请得从事焉！”严仲子具告曰：“臣之仇韩相侠累，侠累又韩君之季父也，宗族盛多，居处兵卫甚设[⑥]，臣欲使人刺之，终莫能就。今足下幸而不弃，请益其车骑壮士可为足下辅翼者。”聂政曰：“韩之与卫，相去中间不甚远，今杀人之相，相又国君之亲，此其势不可以多人，多人不能无生得失[⑦]，生得失则语泄，语泄是韩举国而与仲子为仇，岂不殆[⑧]哉！”遂谢车骑人徒，聂政乃辞独行。

【注释】 ①除服：丧期三年已满。 ②枉车骑：屈驾，放下架子。 ③徒深知政：特别了解我。徒：独，特别。知：了解，赏识。 ④贤者：指严仲子。他因被仇人所刺激，为了求人报仇才把我这样一个处穷巷僻壤的人当作亲信，我岂能默默不报？感：受刺激。忿：仇怨。睚眦之意：怒目而视，指仇祸起因很小，但在互相刺激之下而变得越来越深刻了。 ⑤徒：只是。 ⑥甚设：警卫森严。 ⑦生得失：出岔子。 ⑧殆：危险。

杖剑至韩，韩相侠累方坐府上，持兵戟而卫侍者甚众。聂政直入，上阶刺杀侠累，左右大乱。聂政大呼，所击杀者数十人，因自皮面决眼[①]，自屠出肠，遂以死。

韩取聂政尸暴于市[②]，购问莫知谁子[③]。于是韩悬购之[④]，有能言杀相侠累者予千金。久之莫知也。

【注释】 ①皮面决眼：割破脸面，挖出眼睛，欲使人不识。 ②尸暴于市：陈尸街头。③购问：悬赏暗访。谁子：哪家的人。 ④悬购之：进一步公开悬赏征寻刺客之名。

政姊荣闻人有刺杀韩相者，贼不得，国不知其名姓，暴其尸而县之千金，乃於邑[①]曰："其是吾弟与？嗟乎，严仲子知吾弟！"立起，如韩，之市，而死者果政也，伏尸哭极哀，曰："是轵深井里所谓聂政者也。"市行者诸众人皆曰："此人暴虐吾国相，王县购其名姓千金，夫人不闻与？何敢来识之也？"荣应之曰："闻之。然政所以蒙污辱自弃于市贩之间[②]者，为老母幸无恙，妾未嫁也。亲既以天年下世，妾已嫁夫，严仲子乃察举吾弟困污之中而交之[③]，泽厚[④]矣，可奈何[⑤]！士固为知己者死，今乃以妾尚在之故，重自刑以绝从[⑥]，妾其奈何畏殁身之诛，终灭贤弟之名！"大惊韩市人。乃大呼天者三，卒於邑悲哀而死政之旁。

【注释】 ①於邑：同"呜咽"，哭泣声。 ②政所以蒙污辱自弃于市贩之间：聂政当初含羞忍辱，不惜混迹在市井商贩之中。指在齐国当屠户。 ③察举：挑选，看中。困污之中：穷困低贱的地位之中。 ④泽厚：恩情深厚。 ⑤可奈何：谓聂政无可奈何，只好去做为严仲子行刺的事来报恩。 ⑥重自刑：狠狠地毁坏自己的面容。绝从：断绝与亲人的关系使其免受株连。从：连坐。

聂政是轵县深井里人。他因杀人躲避仇家，带着母亲和姐姐到了齐国，以屠宰为职业。

过了很久，卫国濮阳人严仲子臣事韩哀侯，因与韩相侠累结仇，害怕杀头，便逃走了，到处游历，访求可以报复侠累的人。到了齐国，齐国有人说聂政是一个勇士，为了躲避仇家，隐居在屠夫中。严仲子登门拜访，经过多次交往后，备办酒席，亲自举杯给聂政的母亲敬酒。等到大家喝酒到尽兴时，严仲子拿出一百镒黄金为聂政母亲祝福。聂政惊怪严仲子送这份厚礼，再三辞谢。严仲子坚持要送。聂政婉言推辞说："我幸有老母健在，家里虽然清贫，客居在齐以屠为业，还能勉强供养老人甜的脆的食品。老人供养不缺，委实不敢接受你的馈赠。"严仲子避开别人，对聂政说："我有大仇，我在诸侯各国行游，寻访能为我报仇的勇士，见了很多人而不遇，然而到了齐国，我听说你的义气很高，所以送一百金的厚礼，可作为你母亲一点粗茶淡饭的费用，表示我希望和你交个朋友，不敢有别的指望。"聂政说："我之所以要降低志气，屈辱身份，与市井屠夫为伍，只是想奉养老母，以尽天年；老母活着，我聂政的生命不敢相许于人。"严仲子仍再三谦让，聂政始终没有接受。不过，严仲子最后完满地尽了宾主的礼仪后才离去。

过了很久，聂政的母亲死了，聂政将母亲安葬完毕，除去孝服。聂政说："唉，我只是一个普通市民，操刀屠狗，而严仲子是诸侯的卿相，不远千里，屈尊驾车来结交我。我对他的招待，十分淡薄，又没有什么功劳当得起他的礼敬，而严仲子送了一百镒黄金的厚礼为母亲祝福，我虽然没有接受，然而他的举动表明他特别了解我。像严仲子这样一个贤明的人，只是为了报仇，特地信赖我这样一个穷乡陋巷的人，我怎么能装聋作哑不报答呢！何况他以前要求我的，只是因老母活着；现在老母尽了天年，我聂政之身可以为知己者所用了。"于是，聂政西到濮阳去见严仲子，说："先前我不把生命许给你严仲子，只是因为有母亲在世；现在母亲不幸已尽天年，仲子的仇人是谁，请挑明了我替你去办。"严仲子说了实情。他说："我的仇人是韩相侠累，侠累是韩王的叔父，宗族强盛，居住行动防卫森严，我想派人刺杀他，没有成功。如今承蒙你不嫌弃，我多派些车骑壮士做你的帮手。"聂政说："卫国和韩国相距不远，现在要杀的是韩国的国相，而且国相又是韩王的叔父，这种形势多派人没有益处，人多了不能不出岔子，出了岔子就会走漏消息，走漏了消息，那全韩国人都将与你为敌，岂不更危险吗?"聂政谢绝了车骑人众，独自一人辞行上路。

聂政带着宝剑到了韩国，韩相侠累正坐在相府堂上，手执兵器的侍卫很多。聂政闯入，直上台阶刺杀侠累，侍从人员乱作一团。聂政大声呐喊，杀死了几十个侍卫，最后自己划破脸皮，挖了眼睛，剖腹自杀。

韩国人把聂政的尸体暴露在街头，出赏金查问凶手姓名，没有人知道他是哪家的子弟。于是韩国悬重赏征求，有人能说出刺杀韩相侠累的人赏赐一千金。过了很久，还是没有人知情。

聂政的姐姐聂荣听说有人刺杀了韩相，凶手不知是谁，韩国人都说不出他的名字，尸体陈列街头，悬赏千金招人揭发，就痛哭起来，说："他难道是我的弟弟吗？啊，严仲子知遇我的弟弟。"她毅然站起来，到了韩国，来到陈尸的街市，一看死的人果然是聂政。聂荣伏在尸体上痛哭，极为悲哀，说："这就是轵县深井里那个叫作聂政的人。"街上走路的人都说："这人残杀我们的国相，韩王悬赏千金问他姓名，夫人难道没有听说吗？怎么敢来认领他？"聂荣回答说："我当然知道。聂政当初含羞忍辱，不惜混在市井屠夫之间，因为老母健在，我未出嫁。母亲已尽天年，我也出嫁了，严仲子能从污浊贫困的环境中看中我的弟弟，与他交朋友，恩情深厚，没有办法了。勇士本来就应该为知己者去牺牲，只是因为我还活着，所以他狠狠地毁坏了自己的面容，断绝与亲人的关系使（我们）免受株连，我怎么能怕杀身之祸，而埋没我弟弟的英名呢！"韩国人听了这话大吃一惊。聂荣大喊三声："天啊！"终于因极度悲哀而死在聂政身旁。

聂政作为侠客，被严仲子利用为其争权斗胜，本身并无多大积极意义，但聂政善良，多情多义。他替严仲子报仇是有感于严仲子敬酒彰显聂政母亲的颜面，他不是为利所诱。聂政自残、毁面，让人认不出来，为的是不拖累姐姐。聂荣为了扬弟之名，在闹市认弟，不惜牺牲，也是一个不可多得的烈女子，巾帼英豪。聂政姐弟情深，视名与义高于生命，彰显人性中高于生命的精神境界，非一般侠义精神可比。郭沫若有感于此，创作戏剧《棠棣之花》点赞聂政姐弟。

冯驩市义

——选自《孟尝君列传》

题解

冯驩市义，为孟尝君建狡兔三窟，与鸡鸣狗盗之徒不可同日而语。

原文

初，冯驩闻孟尝君好客，蹑蹻[①]而见之。孟尝君曰：“先生远辱，何以教文也?”冯驩曰：“闻君好士，以贫身归于君。”孟尝君置传舍[②]十日，孟尝君问传舍长曰：“客何所为?”答曰：“冯先生甚贫，犹有一剑耳，又蒯缑[③]。弹其剑而歌曰‘长铗[④]归来乎，食无鱼’。”孟尝君迁之幸舍[⑤]，食有鱼矣。五日，又问传舍长。答曰：“客复弹剑而歌曰‘长铗归来乎，出无舆’。”孟尝君迁之代舍[⑥]，出入乘舆车矣。五日，孟尝君复问传舍长。舍长答曰：“先生又尝弹剑而歌曰‘长铗归来乎，无以为家[⑦]’。”孟尝君不悦。

【注释】 ①蹑蹻：穿了双破草鞋。此言冯驩困穷。 ②置传舍：安置在待客的宾馆中。初置于下舍。 ③蒯缑：用草绳缠剑把。言冯驩空无一物，随身之剑也无剑囊，因而编草绳用于系剑。蒯：草名，可制绳。缑：缠剑把。 ④长铗：长剑名。 ⑤幸舍：中舍。 ⑥代舍：上舍。 ⑦无以为家：不能够照顾家。

原文

居期年，冯驩无所言。孟尝君时相齐，封万户于薛。其食客三千人，邑入不足以奉客[①]，使人出钱[②]于薛。岁余不入，贷钱者多不能与其息[3]，客奉将不给。孟尝君忧之，问左右：“何人可使收债于薛者?”传舍长曰：“代舍客冯公形容状貌甚辩，长者，无他技能，宜可令收债。”孟尝君乃进冯驩而请之曰：“宾客不知文不肖，幸临文者三千余人，邑入不足以奉宾客，故出息钱于薛。薛岁不入，民颇不与其息。今客食恐不给，愿先生责之。”冯驩曰：“诺。”辞行，至薛，召取孟尝君钱者皆会，得息钱十万。乃多酿酒[4]，买肥牛，召诸取钱者，能与息者皆来，不能与息者亦来，皆持取钱之券书合之。齐为会[5]，日[6]杀牛置酒。酒酣，乃持券如前合之，能与息者，与为期；贫不能与息者，取其券而烧之。曰：“孟尝君所以贷钱者，为民之无者以为本业也；所以求息者，为无以奉客也。今富给者以要期[7]，贫穷者燔券书以捐之[8]。诸君强饮食。有君如此，岂可负哉!”坐者皆起，再拜。

【注释】 ①邑入不足以奉客：薛邑的收入不足以养客。 ②出钱：放高利贷。 ③不能与其息：偿还不起利息。 ④酿酒：造酒，买酒。 ⑤齐为会：贷钱者全体在一起聚会。⑥日：聚会的当天。 ⑦要期：约期。 ⑧捐之：送给你们。

孟尝君闻冯驩烧券书，怒而使使召驩。驩至，孟尝君曰：“文食客三千人，故贷钱于薛。文奉邑少，而民尚多不以时[1]与其息，客食恐不足，故请先生收责[2]之。闻先生得钱，即以多具牛酒而烧券书，何?”冯驩曰：“然。不多具牛酒即不能毕会[3]，无以知其有余不足。有余者，为要期。不足者，虽守而责之十年，息愈多，急，即以逃亡自捐之。若急，终无以偿，上则为君好利不爱士民，下则有离上抵负之名[4]，非所以厉士民彰君声也[5]。焚无用虚债之券，捐不可得之虚计，令薛民亲君而彰君之善声也，君有何疑焉!”孟尝君乃拊手[6]而谢之。

【注释】 ①以时：按时，按期。 ②责：读“债”。 ③毕会，大家坐在一起。 ④“上则为君好利”二句：在上位的您有好利不爱士民的坏名声，而在下位的民有弃君赖债的恶名。上下都有损伤。抵负：赖债。 ⑤非所以厉士民彰君声也：放债、逼债达不到鼓励士

民、彰扬您声誉的目的。厉：通“励”，劝勉。 ⑥拊手：拍手叫好。

译文

当初，冯驩听说孟尝君很好客，便穿了双破草鞋去见他。孟尝君说：“先生远道而来，有什么可以指教我的吗？”冯驩说：“听说您好客，我因穷困前来依附于您。”孟尝君将冯驩安置在下舍，过了十天，问下舍的官员：“客人在干什么呢？”下舍的官员回答说：“冯先生很穷，还有一把剑，剑把上缠着草绳。听说他弹着剑唱道：‘长剑，我们回去吧！吃饭连鱼都没有。’”孟尝君于是吩咐将冯驩迁到中舍去，从此饭菜中也有了鱼。过了五天，孟尝君又问中舍的官员，中舍的官员回答说：“客人又弹剑唱道：‘长剑，我们回去吧！出门连车都没有。’”孟尝君又将冯驩迁到上舍，出入也有车坐了。过了五天，孟尝君再问上舍的官员，上舍的官员回答说：“先生又弹剑唱道：‘长剑，我们回去吧！这里无法照顾家。’”孟尝君听了很不高兴。

过了一年，冯驩也没有什么建树。当时孟尝君任齐相，他的封地薛邑大至万户。孟尝君的食客有三千人，薛邑的收入不足以养客，便派人到薛邑放债。一年多了，却收不回债款，借债的人多数还不起利息，食客们的赡养费十分紧张。孟尝君很担忧，便问手下人：“谁能去薛邑收债呢？”上舍的官员说：“在上舍住的冯公看相貌很能说会道，是个忠厚长者，没有别的本事，可以让他去收债。”于是，孟尝君请冯驩来并告诉他：“宾客们不嫌我无能，到我这里的有三千多人，我封邑的收入难以养活他们，所以在薛邑放债。薛邑收成不好，不少人还不起利息。如今供养宾客的费用有可能不够，请你去收回借债。”冯驩辞别孟尝君，到了薛邑，召集借孟尝君债的人都来开会，收到利息十万。于是冯驩让多买酒，多买肥牛，召集所有借贷的人，能付出利息的人都来，付不出利息的人也来饮酒，都带上当初借债的契约来当场验证。借贷的人都来聚会，当天杀牛饮酒。酒饮到热闹时，冯驩便拿着债券当场验证。能交出利息的，约好交息的期限；贫穷交不起利息的，将他的借券烧掉，并说：“孟尝君之所以放债，是替无钱的百姓筹集农作经费，之所以收取利息，是为了奉养宾客。如今借债的富户，已经约定还息的期限，穷户则烧掉借券，等于把钱白白送给你们。请大家努力加餐。主人如此对待你们，你们怎么能辜负他呢？”坐着的人都起来，连连跪拜。

孟尝君听说冯驩烧了借券，大怒，命人叫冯驩回来。冯驩来到，孟尝君说：“我有食客三千人，所以在薛邑放贷。我的封邑不大，且有不少人不能按时付利息，恐怕供养宾客有困难，才请你去收债。听说你收到钱后，便多买牛和酒去吃，却烧掉了借券，这是什么原因呢?”冯驩说：“是的。如果不多准备牛肉和酒便不能让所有借债的人都来聚会，便不能知道他究竟是穷是富。富者，限期交息。穷者，即便你逼债十年，利息越积越多，逼急了，便逃走以躲债。再逼得急，最终也无法偿还，在上的您会落下好利不爱百姓的坏名声，在下的百姓也会落下逃走赖债的恶名，这样做达不到鼓励士民、彰扬您声誉的目的。现在我们烧掉那些有名无实的债券，送掉那些无法收回来的空有数目的钱财，让薛邑的百姓都亲近您，宣扬您的好名声，您还有什么可疑虑的呢?”孟尝君拍手叫好，并连声道谢。

市义，指收买民心。这则故事说的是得民心者得天下，只有得民心的人，才能长保富贵。

魏公子宴请侯生

——选自《魏公子列传》

题解

魏公子信陵君宴请侯生，是中国古代士大夫礼贤下士的一个经典范例。魏公子的诚意，可与蜀先主刘备三请诸葛亮相媲美。士为知己者死，侯生为信陵君谋划窃符救赵，荐朱亥佐魏公子夺军，斩杀魏国宿将晋鄙，侯生自刎，以死报知己，留下千古佳话。

原文

魏有隐士曰侯嬴，年七十，家贫，为大梁夷门监[①]者。公子闻之，往请，欲厚遗之。不肯受，曰："臣修身洁行[②]数十年，终不以监门困故而受公子财。"公子于是乃置酒大会宾客。坐定，公子从车骑，虚左[③]，自迎夷门侯生。侯生摄[④]敝衣冠，直上载公子上坐[⑤]，不让，欲以观公子。公子执辔愈恭。侯生又谓公子曰："臣有客在市屠中，愿枉车骑过之。"公子引车入市，侯生下见其客朱亥，俾倪[⑥]，故久立与其客语，微察公子[⑦]。公子颜色愈和。当是时，魏将相宗室宾客满堂，待公子举酒。市人皆观公子执辔。从骑皆窃骂侯生。侯生视公子色终不变，乃谢客就车。至家，公子引侯生坐上坐，遍赞宾客[⑧]，宾客皆惊。酒酣，公子起，为寿侯生前[⑨]。侯生因谓公子曰："今日嬴之为公子亦足矣。嬴乃夷门抱关者也[⑩]，而公子亲枉车骑，自迎嬴于众人广坐之中，不宜有所过[⑪]，今公子故过之。然嬴欲就公子之名，故久立公子车骑市中，过客以观公子，公子愈恭。市人皆以嬴为小人，而以公子为长者[⑫]能下士也。"于是罢酒，侯生遂为上客。

【注释】 ①夷门监：夷门的门长。夷门：魏都大梁的东门。 ②修身洁行：修养自身品德，纯洁个人操行。即不为五斗米折腰而事权贵。 ③虚左：空着左边的尊位以迎侯生。④摄：整理。 ⑤上坐：首座。坐，古“座”字。 ⑥俾倪（pì nì）：同“睥睨”，傲慢地斜视。⑦微察：暗中观察。 ⑧遍赞宾客：一一将宾客向侯生做介绍。赞，介绍。 ⑨为寿：敬酒。⑩抱关：守门。关：门闩。 ⑪过：过分，此指超出常规的礼数。 ⑫长者：厚道有德的人。

魏国有隐士名叫侯嬴，已经七十岁了，家里很贫穷，在都城大梁当守城门的小官。公子听说后，亲自去问候，并准备了丰厚的礼物。侯生不肯接受礼物，说：“我数十年修身养性，终究不能因守城门贫困的原因，去接受公子的财物。”公子于是命令大张酒筵，大宴宾客，大家坐好座位后，公子带着车马，空着车上左边的位子，亲自去迎接守城门的侯生。侯生整理一下破旧的衣服，直接上车，坐在公子的上首，毫不谦让，想借此观察公子的动静。公子拿着赶车的鞭子，更加恭敬。侯生又对公子说：“我有个朋友是市井中的屠户，请借您的车马顺道去走访。”公子赶着车进入市场，侯生下车去见他的朋友朱亥，侯生故意一边长时间与朱亥谈话，一边斜眼观察着公子的表情。公子脸色显得越来越谦恭。这时候，魏国的王亲国戚及将相大臣已经坐满厅堂，专等公子举酒开筵。市场上的人都在看公子赶车，公子的从人都在暗地里骂侯生。侯生看公子的态度始终不变，才辞别客人登车。到了公子家，公子请侯生坐在上位，将在座的所有宾客一一向侯生做介绍，宾客都很吃惊。饮酒到热闹时，公子起立，为侯生敬酒祝寿。侯生这才对公子说：“今天我侯嬴难为公子真够呛。我本城门守门小吏，而公子亲自驾车迎我于大庭广众之中，这太过分了，但公子却这样做了。而我想成就公子的贤名，故意让公子的车骑久等。而我和朋友在谈话中暗暗观察公子，公子表情越发恭敬。市场上的人便都认为我是小人，而认为公子是长者，真够礼贤下士。”于是，酒宴到此结束，侯生从此被公子待为上宾。

点 评

魏公子礼贤下士，诚心宴请侯嬴，推荐给众宾客。侯嬴故意考验魏公子，行动慢吞吞，还要绕路去见一个朋友——屠市中的朱亥。司马迁采用后世小说惯用的铺张写法，一支笔同时写多头故事，即话分几头：一头写相府“乃置酒大会宾客，坐定”；一头写公子亲迎侯生；一头写侯生轻车过市会友，与客拉家常，拖延时间，却暗暗“微察公子”，而公子“颜色愈和”；此时又分笔写家里宾客久等，以及市人观公子执辔，从骑皆窃骂侯生，衬托公子之谦恭真诚。一支笔几处用，点滴不漏，不紧不慢，恰到好处，有如电视屏幕，展现魏公子的精神风采，使人不能忘怀。

李牧守边日击牛飨士

——选自《廉颇蔺相如列传》

题解

李牧守边，“日击数牛飨士”，这和秦将王翦伐楚，“日休士洗沐，而善饮食抚循之”为同一养兵之法。主将关心士兵，士兵平日艰苦训练，生活优厚，战时士兵才能感恩拼命。古代，军队打了胜仗，举行庆功宴才杀牛犒士，李牧平时也杀牛犒士。良将爱兵如子，李牧做出了榜样。

原文

李牧者，赵之北边良将也。常居代、雁门①，备匈奴，以便宜置吏②，市租皆输入莫府③，为士卒费。日击数牛飨士④，习射骑，谨烽火，多间谍，厚遇战士。为约曰：“匈奴即入盗，急入收保⑤，有敢捕虏者斩。”匈奴每入，烽火谨，辄入收保，不敢战。如是数岁，亦不亡失⑥。然匈奴以李牧为怯，虽赵边兵亦以为吾将怯。赵王让⑦李牧，李牧如故。赵王怒，召之，使他人代将。

岁余，匈奴每来，出战。出战，数不利，失亡多，边不得田畜⑧。复请李牧。牧杜门不出⑨，固称疾⑩。赵王乃复强起使将兵。牧曰：“王必用臣，臣如前⑪，乃敢奉令。”王许之。

李牧至，如故约。匈奴数岁无所得。终以为怯。边士日得赏赐而不用，皆愿一战。于是乃具选车得千三百乘⑫，选骑得万三千匹，百金之士五万人⑬，彀者十万人⑭，悉勒习战⑮。大纵畜牧，人民满野。匈奴小人，佯北不胜⑯，以数千人委⑰之。单于闻之，大率众来入。李牧多为奇陈⑱，张左右翼击之，大破杀匈奴十余万骑。灭襜褴，破东胡，降林胡⑲，单于奔走。其后十余岁，匈奴不敢近赵边城。

【注释】 ①代、雁门：赵国北部的两个边郡，今属山西省北部地区。大同以东为代郡，大同以西为雁门郡。 ②便宜置吏：根据需要，自行任用官吏。 ③莫府：即幕府，李牧的驻军公署。 ④飨（xiǎng）士：犒赏将士。 ⑤急入收保：迅速进入营垒，收缩固守。 ⑥不亡失：没有伤亡和损失。 ⑦让：责备。 ⑧田畜：耕作畜牧。 ⑨杜门不出：闭门不与人交往。 ⑩固称疾：坚决推辞有病。 ⑪臣如前：仍和以前一样治军守边。 ⑫具选车：备齐精选的兵车。下文“选骑”，即指精选的骑兵。 ⑬百金之士：勇士。《史记正义》引《管子》说：“能破敌擒将者赏百金。” ⑭彀（gòu）者：善射手。彀：张弓。 ⑮悉勒习战：全部组织起来操练战术。 ⑯佯北：假装败走。 ⑰委：抛弃。 ⑱奇陈：用奇兵。陈：读“阵”。 ⑲襜（chān）褴：代北胡族所建国名。东胡：在匈奴之东，有乌丸、鲜卑。林胡：匈奴别种，在今河北省张家口市以北。

译文

李牧这人，是防守赵国北部边境的一位杰出将领。他长期驻守代郡、雁门郡一带，防御匈奴。他根据需要，自行任免官吏，农业地租和市场税收全部交归边防军官署，作为边防战士的经费。每天宰杀几头牛供给将士食用，让士兵练习骑射，小心看守烽火台，多派侦察敌情的间谍，优待战士。李牧制定约束说：“匈奴来侵犯抢掠，只可快速收拢人马物资退入城堡，谁要敢去捕斩敌人的，一律处斩。”匈奴每次进犯，烽火及时警报，（战士们）立即收拢人马物资退入城堡，不敢交战。像这样连续防守了好几年，人马物资没有伤亡损失。然而匈奴却认为李牧胆小怕打仗，就是赵国的边防守军也认为自己的将军胆怯。赵王责备李牧，李牧还是照样。赵王发怒，召他回京，派其他的人为将。

过了一年多，匈奴每次前来侵掠，边将出营交战，多次不利，损失伤亡很大。边境上无法耕种、放牧。于是赵王重新起用李牧。李牧关上大门不出来，坚决推托有病。赵王再三勉强他出来带兵，李牧说：“大王一定要用我，我还和先前一样，才敢接受命令。”赵王答应了他。

李牧到达边境驻地，仍按以前的约束命令办事。匈奴一连几年抢掠不到东西，但始终认为李牧胆怯。边防战士每天得到赏赐却没有战斗，都愿意好好打一仗。李牧于是做好战备，挑选了战车一千三百乘，挑选好马一万三千匹。勇士五万人，射手十万人，一齐组织起来训练作战。故意放出大批牛羊马匹，牧人农民满山遍野。匈奴小股兵力入侵，李牧故意败逃，把几千人丢给它。匈奴单于听到消息，率领大批军队入侵，李牧部署数道奇兵埋伏，张开两翼包抄围击，把匈奴打得大败，斩杀匈奴十几万骑兵。接着灭掉襜褴，攻破东胡，收降林胡，单于逃走。从这以后十多年，匈奴不敢靠近赵国边城。

点评

此则故事写良将风采。李牧全身心爱士，坚持将在外，君命有所不受，决定按现场实际情况采取用兵方略。一切为了争取胜利，保卫疆土，不达目的，宁可回家种田，也不做败军之将，展现了军人的光辉形象。

王翦击荆日休士洗沐

——选自《白起王翦列传》

题解

“日休士洗沐”，形容战士生活十分优越，天天洗澡。秦并六国，灭楚之战是一场攻坚大战。楚国最大，拥兵百万。秦国集中了全国的军队，大将王翦率领六十万秦国精兵伐楚。王翦不急于开战，而是训练军队，三天一小宴，五日一大宴，史称“日休士洗沐，而善饮食抚循之”，长达一年不与楚军开战，麻痹敌人，激励士兵。王翦还与战士同吃同住，和官兵打成一片，上下一心，同仇敌忾，等到楚军后撤，全军出击，秦兵一个个如猛虎下山，争先恐后杀敌，一举大破楚军，杀了楚军统帅项燕，乘胜灭了楚国。俗话说：“养兵千日，用兵一时。”王翦临阵练兵，“日休士洗沐”，与士兵摸爬滚打在一起，士乐为之用，一举破灭大国。良将养兵，不拘一格，王翦创造了奇迹。

原文

王翦果代李信击荆。荆闻王翦益军而来，乃悉国中兵以拒秦。王翦至，坚壁而守之，不肯战。荆兵数出挑战，终不出。王翦日休士洗沐，而善饮食[①]抚循之，亲与士卒同食。久之，王翦使人问军中戏乎？对曰：“方投石超距[②]。”于是王翦曰：“士卒可用矣。”荆数挑战而秦不出，乃引而东[③]。翦因举兵追之，令壮士击，大破荆军。至蕲[④]南，杀其将军项燕，荆兵遂败走。秦因乘胜略定荆地城邑。岁余，虏荆王负刍，竟平荆地为郡县。因南征百越之君。而王翦子王贲，与李信破定燕、齐地。

【注释】 ①善饮食：好饭食。 ②投石超距：投掷石头，跳远比赛。这些游戏是练武活动，表示士兵的临战意识，故曰可用。 ③乃引而东：指楚军向东撤退。 ④蕲：县名，在安徽省宿县南。

译文

王翦果然代替李信为将攻楚。楚国听说王翦增兵而来，便集中全国的兵力来抗拒秦军。王翦到达前线，筑工事坚守不战。楚军数次挑战，秦军均不应战。王翦每天让士兵休息洗澡，并用好饭招待士兵，与士兵一同吃饭。过了很久，王翦让人了解在军队中做什么游戏。回答说："士兵们进行投掷石头和跳远的比赛。"于是，王翦说："这样的士卒可以使用了。"楚军多次挑战而秦军不出，于是楚军向东撤退。王翦挥师追击，命令精兵在前冲击，一举击溃楚军。秦军追击楚军到蕲县南，斩杀了楚将项燕，楚军败逃。秦军乘胜平定楚国城邑。一年多的时间，秦军俘虏了楚王负刍，将楚国土地划入秦国为郡县，继续南征百越各部的首领。而王翦的儿子王贲和李信一起攻占了燕国和齐国的属地。

点评

这则故事说的是良将爱兵，只有官兵一体，才能团结一心，一致对敌，战无不胜，攻无不克。王翦伐楚，临阵练兵，"日休士洗沐，而善饮食抚循之"。练兵，就要养兵，生活要好，而更重要的是"亲与士卒同食"，将官与士兵一起摸爬滚打，才能上下一心，同仇敌忾。王翦养兵练兵一年，然后用兵，一举灭楚。他的智慧和方略，是宝贵的民族文化遗产。

黥布归汉

——选自《黥布列传》

题解

黥布降汉，汉王刘邦在卧室接见黥布，在床上屈腿洗脚，这是极其无礼的行为。汉王故意怠慢黥布，折杀其气，黥布后悔，气得无地自容，想要自杀。当来到给他安排的宾馆，黥布意外地看到帐幔、器用、饮食、从官都跟汉王同一规格，不禁大喜过望，死心踏地为汉王效劳。刘邦的驭人之术，帝王气度，由此可见。

原文

淮南王至，上方踞床洗[①]，召布入见，布大怒，悔来，欲自杀。出就舍，帐御饮食从官如汉王居，布又大喜过望[②]。于是乃使人入九江。楚已使项伯收九江兵，尽杀布妻子。布使者颇得故人幸臣[③]，将众数千人归汉。汉益分布兵而与俱北，收兵至成皋。四年七月，立布为淮南王，与击项籍。

汉五年，布使人入九江，得数县。六年[④]，布与刘贾入九江，诱大司马周殷，周殷反楚，遂举九江兵与汉击楚，破之垓下[⑤]。

【注释】 ①方踞床洗：正坐在床上屈腿洗脚。在洗脚时会客是极不礼貌的行为。刘邦故意怠慢以折英布之气。 ②布又大喜过望：若无踞床洗脚先折其气，则无此之大喜过望。 ③幸臣：宠幸之臣，左右亲信。 ④六年：二字衍。五年十二月项羽已兵败垓下。楚大司马周殷归汉在五年十月。 ⑤垓下：聚邑名。在今安徽省灵璧县东南。

译文

淮南王到达时，汉王正在床上洗脚，就召黥布入见。黥布大怒，后悔来投汉王，想自杀。出来后到了客馆，见帐幔、器用、饮食、从官都跟汉王住所一样，黥布又出乎意料地高兴起来。于是，黥布就派人到九江去。楚王已经派项伯收编了九江的军队，杀尽了黥布的妻子儿女。黥布的使者只找到黥布的宠臣故友，带领残部几千人马投归汉王。汉王给黥布补充了兵力，一同北上，一路招兵买马到达了成皋。汉四年（公元前 203 年），汉王封黥布为淮南王，共同攻打项籍。

汉五年，黥布又派人进入九江，攻下几座县城。汉六年，黥布与刘贾进入九江，诱降大司马周殷，周殷背叛了楚国，就发动九江的军队与汉军一起攻击楚军，在垓下大败楚军。

点评

黥布归汉反映了刘邦驭人有术。黥布到达，先是被冷落，不给礼遇，使黥布遭受了当头一棒，消杀黥布气势，使之后悔，垂头丧气。接下来是一只甜蜜的胡萝卜，用王者的宫室酒宴接待黥布，燃起黥布的希望，让他死心踏地追随刘邦。

十、逢迎宴会

【说明】逢迎权贵，设宴拍马屁，找靠山捞取个人好处，如同赌徒押宝，有的得，有的失，古往及今，失多得少，因为权贵贪得无厌，往往是得了好处不办事，有的办了事求索没完没了。公元前259年，吕不韦用美色钓奇，把自己有孕的爱妾赵姬设宴进献给秦国在赵国的质子子楚，后来子楚做了秦王，吕不韦当上了秦相国，这一回赌徒赢了。公元前239年，楚国春申君效法吕不韦，把自己有孕的小妾，即门客李园的妹妹进献给楚考烈王，结果进了李园的圈套，丢了性命，这一回赌徒输了。这两个逢迎例子都是使用的美人计。俗话说："英雄难过美人关。"古代帝王也会中圈套。汉景帝姐姐长公主嫖、汉武帝姐姐平阳公主，为了巩固自己的权势地位，也曾为两位皇帝猎奇献美。皇帝不缺钱，选用美色逢迎皇帝是最有效的方法。一般的权贵，更看中钱财。"有钱能使鬼推磨"，刘泽封王，使用的就是此方法。

·补　白·

读史

〔宋〕陈宓

巧哉吕相国，千金买名姬。
设计售子楚，自诧居货奇。
一死博富贵，大黠宁非痴。
人力信莫及，天道吾不欺。

读史有感

〔清〕袁枚

祸福凭人各自为，尘心一动便难追。
魏其屏迹南山下，知道田蚡是阿谁！

吕不韦献姬于子楚

——选自《吕不韦列传》

题解

吕不韦钓奇，献姬于子楚，这涉及秦始皇的身世，他到底是姓吕还是姓嬴？学术界两种针锋相对的观点，反对者认为是无稽之谈，赞同者认为《史记》实录，司马迁立说有据。没有吕不韦的运作，子楚不可能为秦主。吕不韦钓奇，他看到了天下大势，把他的经商智商改为政治投机。事实证明，吕不韦不仅是一个大商人，还是一个大政治家，为了利益最大化，他打好这张牌是太平常不过了。所以，吕不韦献有身孕的赵姬于子楚，应该是真实的。

原文

吕不韦取邯郸诸姬绝好善舞者与居①，知有身②。子楚从不韦饮，见而说之，因起为寿，请之③。吕不韦怒，念业已破家为子楚，欲以钓奇④，乃遂献其姬。姬自匿有身，至大期⑤时，生子政。子楚遂立姬为夫人。

秦昭王五十年⑥，使王龁围邯郸，急⑦，赵欲杀子楚。子楚与吕不韦谋，行金六百斤予⑧守者吏，得脱，亡赴秦军，遂以得归。赵欲杀子楚妻子，子楚夫人赵豪家女也，得匿，以故母子竟得活。秦昭王五十六年⑨，薨，太子安国君立为王，华阳夫人为王后，子楚为太子。赵亦奉子楚夫人及子政归秦。

秦王立一年，薨，谥为孝文王。太子子楚代立，是为庄襄王。庄襄王所母华阳后为华阳太后，真母⑩夏姬尊以为夏太后。庄襄王元年⑪，以吕不韦为丞相，封为文信侯，食河南洛阳十万户。

【注释】 ①绝好：最好，最美。与居：同居。 ②有身：怀孕。 ③因起为寿，请之：子楚起身向吕不韦敬酒祝寿，要求得到赵姬。 ④钓奇：钓到奇货。 ⑤大期：产期，指女子足月生产的日期。 ⑥秦昭王五十年：公元前257年。 ⑦急：指秦军围攻紧急时。 ⑧予：给予，此指行贿。 ⑨秦昭王五十六年：公元前251年。 ⑩真母：生母。 ⑪庄襄王元年：公元前249年。

译文

吕不韦纳了一个邯郸绝顶漂亮而又善于歌舞的女子赵姬，两人同居，赵姬已有了身孕。子楚到吕不韦家喝酒，对赵姬一见钟情，于是向吕不韦敬酒，要求得到赵姬。吕不韦心里非常愤怒，转而一想，已将全部家产都押在子楚身上，想的是钓到奇货，不如顺水推舟把赵姬送给子楚。赵姬（对子楚）隐瞒自己有身孕的事，到了产期，生了儿子取名政。子楚立赵姬为正室夫人。

公元前257年，秦昭王派王齮围攻邯郸，情势危急，赵国想杀掉子楚。子楚与吕不韦密谋，拿出六百斤黄金贿赂看守官吏，得以逃脱，跑到秦军营中，终于回到秦国。赵国想杀死子楚的妻子和孩子，因子楚妻子出身赵国豪门，得以躲藏起来，母子都活下来了。秦昭王于公元前251年逝世，太子安国君继位为秦王，华阳夫人为王后，子楚为太子。赵国也把子楚夫人及儿子政送回到秦国。

秦王继位只一年就逝世了，谥为孝文王。太子子楚继位，这就是庄襄王。庄襄王拜认的养母华阳夫人被尊为华阳太后，尊亲生母亲夏姬为夏太后。公元前249年，子楚用吕不韦为丞相，封为文信侯，食邑河南洛阳十万户。

点评

吕不韦用经商的策略投机政治，他用有身孕的赵姬为筹码钓奇，大获成功。商人与政客有一个共通秉性，即用最小的代价赢得最大的利益。吕不韦给人们上了生动的一课。

贲赫上变事

——选自《黥布列传》

题　解

上奏朝廷揭发谋反事件称上变事。贲赫是淮南王黥布的中大夫，与医家紧邻，门对门。黥布宠姬就医，贲赫送上酒食和厚礼到医家讨好宠姬，让宠姬替自己在黥布面前说好话。贲赫犯了男女私会的禁忌，把马屁拍到了马蹄上，黥布疑心贲赫与宠姬私通，要捉拿贲赫，贲赫逃到京师上变事，诬告黥布谋反。贲赫升了官，但家族遭屠灭，黥布被逼反，引出了一场朝廷平叛的战争。

原　文

布所幸姬疾，请就医，医家与中大夫贲赫对门，姬数如医家，贲赫自以为侍中，乃厚馈遗，从姬饮医家。姬侍王，从容语次，誉赫长者也。王怒曰："汝安从知之？"具说状。王疑其与乱。赫恐，称病。王愈怒，欲捕赫。赫言变事①，乘传诣长安。布使人追，不及。赫至，上变，言布谋反有端②，可先未发诛也③。上读其书，语萧相国。相国曰："布不宜有此，恐仇怨妄诬之。请系赫，使人微验淮南王④。"淮南王布见赫以罪亡，上变，固已疑其言国阴事；汉使又来，颇有所验，遂族赫家，发兵反。反书闻，上乃赦贲赫，以为将军。

【注释】　①言变事：上书告变事。汉制臣下有逆谋，知之者可直接上书皇帝揭发，称告变事。　②有端：有迹，有证据。　③可先未发诛也：可赶在黥布造反之前杀掉他。④微验：不明言而暗中察访验证。

译文

黥布有个爱妾生了病，请求治疗，医师的家与中大夫贲赫家住对门，黥布爱妾多次去医家治疗，贲赫认为自己是侍中，就送了丰厚的礼物，陪侍黥布爱妾在医师家饮酒。爱妾侍奉淮南王，在闲谈中很大方地称赞贲赫是很有德行的长者。淮南王发怒说："你从哪里知道的?"爱妾原原本本地说明了情况。淮南王怀疑爱妾与贲赫有不正当的关系。贲赫害怕了，借口有病不出门。淮南王更加恼怒，打算逮捕贲赫。贲赫要上书揭发淮南王谋反，乘坐驿车前往长安。黥布派人追赶，没有追上。贲赫到了长安，上书揭发，列举黥布谋反的种种证据，并出主意说可以赶在未发生叛乱前杀死他。皇帝读了这封告发书，与相国萧何商量。萧相国说："黥布不应有这种事，恐怕是仇家诬告他。请先把贲赫抓起来，暗中派人察访淮南王。"淮南王黥布见贲赫畏罪逃亡，定会上书揭发，本来已经怀疑他说了淮南国的许多秘密；汉朝又派来使者，进行查验，于是黥布杀了贲赫全家，发兵造反。皇帝得到了黥布造反的报告，就赦免了贲赫，任用他为将军。

点评

淮南王黥布的中大夫贲赫，设私宴巴结黥布宠妾，盘算讨好淮南王，不曾想反而招来横祸。这真是"机关算尽太聪明，反误了卿卿性命"。

刘泽封王

——选自《荆燕世家》

题解

刘泽曲线钻营，得封琅邪王是一个很精彩的故事。刘泽用两百万（二百金）重金送礼给齐人田生，放长线钓大鱼。田生拿了钱回到齐国，两年时间不与刘泽来往，然后到京城租了一幢豪华的大宅子，装扮成一个富人。田生派儿子去侍候吕太后的宠臣——宦官张子卿，田生的儿子用了几个月的时间联络感情，这才把张子卿请到田生家里做客，田生比照列侯的高规格接待张子卿，让张子卿在大宴会场面出尽风头。趁着酒酣，田生与张子卿密谈，表面上是替张子卿谋划前程，协助吕太后封诸吕为王。吕太后感谢张子卿，赐钱一千万（一千金）。张子卿分一半给田生表示酬谢，田生推辞，这时才托出底牌，替刘泽讨王爵。此事前后近三年，转了几个弯，刘泽得遂心愿，被封为琅邪王。

原文

高后时，齐人田生游乏资，以画干营陵侯泽[①]。泽大悦之，用金二百斤为田生寿。田生已得金，即归齐。二年，泽使人谓田生曰："弗与矣[②]。"田生如长安，不见泽，而假大宅，令其子求事吕后所幸大谒者张子卿[③]。居数月，田生子请张卿临，亲修具[④]。张卿许往。田生盛帷帐共具，譬如列侯[⑤]。张卿惊。酒酣，乃屏人说张卿曰："臣观诸侯王邸弟百余，皆高祖一切功臣[⑥]。今吕氏雅故本推毂高帝就天下[⑦]，功至大，又亲戚太后之重。太后春秋长[⑧]，诸吕弱，太后欲立吕产为王，王代。太后又重发之[⑨]，恐大臣不听。今卿最幸，大臣所敬，何不讽大臣以闻太后，太后必喜。诸吕已王，万户侯亦卿之有。太后心欲之，而卿为内臣，不急发，恐祸及身矣。”张卿大然之，乃讽大臣语太后。太后朝，因问大臣。大臣请立吕产为吕王。太后赐张卿千斤金，张卿以其半与田生。田生弗受，因说之曰：“吕产王也，诸大臣未大服。今营陵侯泽，诸刘，为大将军，独此尚觖望⑩。今卿言太后，列十余县王之，彼得王，喜去，诸吕王益固矣。”张卿入言，太后然之。乃以营陵侯刘泽为琅邪王⑪。琅邪王乃与田生之国。田生劝泽急行，毋留。出关，太后果使人追止之，已出，即还。

【注释】 ①画：计谋。干：求进，求用。 ②弗与矣：不相交了。刘泽见田生没有执行密谋计划，故派人说绝交了，催促田生赶快行动。 ③大谒者：官名，即谒者仆射，掌朝觐宾享之事。张子卿：名泽，宦官。 ④亲修具：谓田生亲自做饭菜等候。 ⑤譬如列侯：比照列侯，即用像列侯一样的规格招待张子卿。 ⑥一切功臣：毫无例外封侯者皆是功臣。一切：一例。 ⑦雅故：素来，本来。推毂：推车，引申为推戴。这句是说吕太后忠心耿耿推奉刘邦取天下。 ⑧春秋长：年岁高。 ⑨重发之：难以开口。 ⑩觖望：怨恨。 ⑪琅邪：在今山东省诸城市。

译文

高后时，齐国人田生出游时缺少盘缠，就凭计谋求用于营陵侯刘泽。刘泽十分高兴，拿出黄金两百斤替田生祝寿。田生拿到黄金以后，立即就返回了齐国。第二年，刘泽派人对田生说：“不相交了！”田生到了长安，也不去见刘泽，而是借了一座大房子，叫他的儿子去服侍吕后所宠幸的宦官张子卿。住了几个月以后，田生的儿子请张子卿光临寒舍，田生亲自做饭菜等候，张子卿同意前往。田生准备了盛大的场面，用像列侯一样的规格招待张子卿。张子卿大吃一惊。在酒喝得兴致正浓时，田生才屏退身边的人对张子卿说：“我观看了一百多座诸侯王的宅第，毫无例外封侯者都是高祖时的功臣。如今吕家人忠心耿耿推奉刘邦取天下，功劳很大，在皇族亲戚中，太后的地位又最重要。太后眼下年岁高了，诸吕的势力还比较弱，听说太后想立吕产为代王，又难以开口，还担心大臣们不听诏命。现在你最受太后宠幸，也得到了大臣的尊敬，为什么不提醒大臣，让大臣向太后要求封吕产为王，太后一定会高兴。诸吕封王以后，万户侯你也有份了。如今太后心里想这样做，你作为内臣，如果不赶快促成这件事，那恐怕要大祸临头了。”张子卿听了大为欣赏，就暗示大臣，让他们去向吕太后说。吕太后上朝时，就问大臣。大臣们就请求立吕产为吕王。事后，吕太后赐给张子卿黄金千斤，张子卿拿出其中的一半给田生。田生不肯要，趁机劝张子卿说：“吕产封王，诸大臣并没有完全心服口服。如今营陵侯刘泽，他姓刘，现为大将军，他对只封诸吕有怨气。你可以向太后建议，划出十几个县让他做王，他得到王位，乐得离开京城，那诸吕的王位就更加坚固了。”张子卿进宫向吕太后说了这件事，吕太后也觉得可行，就封营陵侯刘泽为琅邪王。琅邪王刘泽就与田生一起回封国。田生劝刘泽快点上路，一刻也别停留。等刘泽出了函谷关，吕太后果然派人追来阻止刘泽去封地，使者看到刘泽已出了关，只好返京复命去了。

钻营谋划，少不了一场大宴会做眼。田生设计的这场大宴会，费尽心机，耗时几个月，这一大手笔创造了中国宴会史上的经典传奇。

汉景帝戏言传位于弟

——选自《魏其武安侯列传》

题解

摆设家宴叙亲情，免除尊卑长幼或上下级之间的烦琐礼节，大方随和。俗话说："酒桌无父子。"当然这说的是大原则，细微之处，家宴上仍然是长幼有序、尊卑有礼的。西汉梁孝王刘武与汉景帝是同胞兄弟，母亲窦太后希望兄终弟及，景帝千秋之后传位梁王。有一年，梁孝王进京朝见景帝，窦太后在宫中设家宴，汉景帝和梁孝王叙说家常。景帝为了讨母亲欢心，想在家宴上说两句让母亲高兴的话。景帝端起酒杯，做出认真的样子说："千秋之后传梁王。"窦太后非常高兴。陪酒吃饭的窦婴是窦太后娘家侄儿，立刻举起酒杯对景帝说："陛下失言要罚酒，高祖打下的天下是父子相传，陛下不得私传梁王。"天子无戏言，窦婴罚酒表示景帝说了错话不得算数。窦太后认为窦婴胳膊肘往外拐，勾掉了窦婴出入宫廷的门籍，断绝了关系。汉景帝却高兴了，找机会让窦婴当了丞相。

原文

梁孝王者①，孝景弟也，其母窦太后爱之。梁孝王朝，因昆弟燕②饮。是时上未立太子，酒酣③，从容言④曰："千秋之后传梁王。"太后欢。窦婴引卮酒进上⑤，曰："天下者，高祖天下，父子相传，此汉之约也，上何以得擅传梁王！"太后由此憎窦婴。窦婴亦薄其官⑥，因病免。太后除窦婴门籍⑦。不得入朝请。

【注释】 ①梁孝王：刘武，景帝弟。 ②燕：同“宴”。汉景帝以兄弟家人礼宴饮梁王，在窦太后面前以示兄弟亲密无间。 ③酒酣（hān）：饮酒正高兴。 ④从容言：和缓而悠闲地说。 ⑤引卮酒进上：窦婴举杯向景帝进言，示意他说话有失，当罚酒。引：举杯。卮：酒杯。 ⑥薄其官：看不起詹事这个小官。薄：轻视。 ⑦门籍：出入宫门的名籍。籍为二尺竹牒，上记姓名、年纪、形貌，出入宫门的凭证。

译文

梁孝王是汉景帝的弟弟，他的母亲窦太后十分疼爱他。梁孝王入京朝见，汉景帝以亲兄弟的家人礼宴饮梁孝王。当时汉景帝还没有立太子，喝酒高兴了，汉景帝随口说：“我千秋之后帝位传给梁王。”窦太后听了非常高兴。窦婴却端起酒杯到景帝面前进言罚酒，说：“天下是高祖的天下，父子相传，这是汉朝的规矩，皇上怎么能随便传给梁王呢！”由于这个缘故，窦太后十分憎恨窦婴，窦婴也看不起詹事这个官位，因此称病被免职。窦太后削除了窦婴出入宫廷的名籍，窦婴不得入宫参加春秋两季的朝请。

点评

这场皇室家宴上发生的皇上戏言的故事，折射出权力争逐的冷酷无情。窦婴秉持正义，维护皇室传嫡的宗法制度，有利于国家政权稳定，但不符皇太后心意，被断绝亲情。不过，窦婴却因祸得福，化解了汉景帝戏言的后果，不久收获了丞相之位。

平阳公主献美汉武帝

——选自《外戚世家》

汉武帝的姐姐平阳公主效法姑姑大长公主为皇上选美，投机政治。平阳公主精心网罗了一个歌舞班子，有十多位美女，专等汉武帝上钩。侍宴歌舞，最能动人心弦。卫子夫就是这样入宫生子的，后成为汉武帝的皇后。

卫皇后字子夫，生微矣①。盖其家号曰卫氏②，出平阳侯邑。子夫为平阳主讴者③。武帝初即位，数岁无子。平阳主求诸良家子女十余人，饰置家④。武帝祓霸上还⑤，因过平阳主。主见所侍美人，上弗悦。即饮，讴者进，上望见，独悦卫子夫。是日，武帝起更衣⑥，子夫侍尚衣⑦轩⑧中，得幸。上还坐，欢甚，赐平阳主金千金。主因奏子夫奉送入宫。子夫上车，平阳主拊⑨其背曰："行矣，强饭⑩，勉之！即贵，无相忘。"入宫岁余，竟不复幸。武帝择宫人不中用者，斥出归之⑪。卫子夫得见，涕泣请出。上怜之，复幸，遂有身，尊宠日隆⑫。召其兄卫长君、弟青为侍中。而子夫后大幸，有宠，凡生三女一男。男名据。

【注释】 ①微：卑贱。卫子夫母为平阳公主侍妾（女仆），卫子夫是其母与给事平阳侯家的县吏郑季私通所生，故云生微矣。 ②号曰卫氏：冒姓卫氏。 ③讴者：歌女。 ④饰置家：加以修饰、打扮，养在家里。 ⑤祓（fú）：古时三月上巳日人们在水边祭祀，洗濯宿垢，以除邪免灾，称祓。霸上：即白鹿原，在灞水西岸。 ⑥更衣：如厕。 ⑦侍尚衣：伺候皇上穿衣。 ⑧轩：更衣的小房间。 ⑨拊：拍肩膀。 ⑩强饭：努力吃好饭，意即保重身体。 ⑪斥出归之：逐出宫中，各还其家。 ⑫日隆：一天胜过一天。

译文

卫皇后，字子夫，出身比较卑贱。她家里的人说她姓卫，生在平阳侯的家里。卫子夫曾经是平阳公主的歌女。汉武帝即位以后，好多年都没有生儿子。平阳公主就找了十多个良家女子，让她们精心打扮，养在家里。有一天，武帝从霸上祭祀回来，顺便到了平阳公主家里。平阳公主让那些美人都来见武帝，武帝一个也没看中。等到宴会开始时，歌女们鱼贯而入，武帝远远看了一眼，就喜欢上了卫子夫一人。就在这一天，武帝起身上厕所，卫子夫伺候武帝穿衣，就在更衣的小房间里受到了武帝的宠幸。武帝回到座位上后，十分高兴，就赐了平阳公主黄金千斤。平阳公主就趁机请求把卫子夫送进宫中。卫子夫坐上车子入宫时，平阳公主拍着她的肩膀说："走吧，请保重身体，好自为之！如果成了贵人，不要忘记我！"卫子夫进宫一年多，竟然一次都没有得到武帝的宠幸。后来，武帝把宫中那些不中用的美人挑出来，打算遣出宫中，各还其家。卫子夫这才有机会见到武帝，她哭着也要求出宫回家。武帝很同情她，就又宠幸了一回，结果就有了身孕，因此武帝对她的宠爱也一天胜过一天。接着武帝还把卫子夫的哥哥卫长君、弟弟卫青都召进宫里做了侍中。卫子夫以后大受宠爱，一共生了三个女儿和一个儿子。儿子的名字叫刘据。

点评

大长公主刘嫖是景帝的姐姐，她为了使自己的女儿陈阿娇嫁给景帝之子刘彻为妻，劝诱景帝立刘彻为太子，即后来的汉武帝，大获成功。大长公主的方法就是替皇帝选美，拉近与皇帝的关系。可以说，这是发生在宫中的美人计。平阳公主如法炮制，也获得了成功。皇帝不缺钱，但跳不出美人计的掌心。英雄难过美人关，自古有之，值得深思与警惕。

窦婴设宴请田蚡

——选自《魏其武安侯列传》

题解

魏其侯窦婴为丞相，田蚡未贵时侍奉窦婴比儿子还儿子，当时是田蚡巴结窦婴。斗转星移，等到田蚡为丞相，窦婴退休，反过来成了窦婴巴结田蚡。窦婴为了找个帮手，与罢了官的灌夫结成同盟。有一天，田蚡碰上了灌夫，说了一句戏言："我想请你陪同去看一看老丞相，想不到你在替姐姐守丧。"灌夫如同得宠，立即献殷勤，说："田丞相要去看老丞相，灌夫舍命陪君子。"当窦婴听到灌夫的传话后，立即准备酒宴，老两口亲自连夜打扫庭院，亲自采购食品，亲自下厨迎请田蚡。没想到田蚡趁竿往上爬，他不满足于老丞相的这顿饭，看出了老丞相逢迎自己的心理，竟然索要窦婴的一处庄园，窦婴大怒，忍无可忍，不给庄园，驳了田蚡的面子，因此两家成仇，可以说是"赔了夫人又折兵"。

原文

灌夫家居虽富，然失势，卿相侍中宾客益衰①。及魏其侯失势，亦欲倚灌夫引绳批根生平慕之后弃之者②。灌夫亦倚魏其而通列侯宗室为名高③。两人相为引重④，其游⑤如父子然。相得⑥欢甚，无厌⑦，恨相知晚也。

【注释】 ①"卿相"句：卿相侍中这样的宾客日益减少。卿相：指三公九卿。侍中：加官名，秦代始设，汉沿秦制，列侯以下至郎中，加官侍中，就可出入宫中，成为皇帝的近臣。　②引绳批根：使木正者，这里指教训那些二三其德的人。这是从木工治木中引申出来的日常用语，为批判、打击和教训的意思。引绳：引墨线纠曲。批根：砍削根节。生平：平素。 ③通：结交。为名高：为了抬高身价。 ④相为引重：互相扶持依靠。⑤游：交往。 ⑥相得：情投意合。 ⑦无厌：毫无忌嫌。

原文

灌夫有服[①]，过丞相，丞相从容曰："吾欲与仲孺[②]过魏其侯，会仲孺有服。"灌夫曰："将军乃肯幸临况[③]魏其侯，夫安敢以服为解[④]。请语魏其侯帐具[⑤]，将军旦日早临!"武安许诺。灌夫具语[⑥]魏其侯，如所谓武安侯[⑦]。魏其与其夫人益市牛酒[⑧]，夜洒扫，早帐具至旦。平明[⑨]，令门下候伺。至日中，丞相不来。魏其谓灌夫曰："丞相岂忘之哉?"灌夫不怿[⑩]，曰："夫以服请，宜往[⑪]。"乃驾，自往迎丞相。丞相特[⑫]前戏许灌夫，殊无意往。及夫至门，丞相尚卧。于是夫入见，曰："将军昨日幸许过魏其，魏其夫妻治具，自旦至今，未敢尝食。"武安鄂[⑬]谢曰："吾昨日醉，忽忘与仲孺言。"乃驾往，又徐行[⑭]，灌夫愈益怒。及饮酒酣，夫起舞属[⑮]丞相。丞相不起，夫从坐上语侵之[⑯]。魏其乃扶灌夫去，谢丞相。丞相卒饮至夜，极欢而去[⑰]。

【注释】 ①有服：有丧服。灌夫为姊服丧。 ②仲孺：灌夫的字。 ③幸临况：荣幸地光临。况：同"贶"，恩赐，这里是赏脸的意思。 ④解：推辞。 ⑤帐具：置办酒席。⑥具语：原原本本地告诉。 ⑦如所谓武安侯：就像跟田蚡所谈的一样。 ⑧益市牛酒：加倍买来牛肉酒水等食品。 ⑨平明：天大亮。 ⑩不怿：不悦。 ⑪夫以服请，宜往：我灌夫带丧服去请，他应该来的。言外之意是我灌夫不顾丧服答应他的邀请，他反而不来，我倒要去看看。 ⑫特：只不过。 ⑬鄂：同"愕"，惊讶。 ⑭徐行：慢吞吞地赶路，表现了田蚡的傲慢。 ⑮属：邀请。 ⑯坐上语侵之：灌夫在座位上用话语刺田蚡。 ⑰极欢而去：田蚡故作姿态，正是他的奸诈表现。

原文

丞相尝使籍福请魏其城南田。魏其大望[①]曰："老仆虽弃[②]，将军虽贵，宁可以势夺乎!"不许。灌夫闻，怒，骂籍福。籍福恶两人有隙[③]，乃谩自好谢丞相[④]曰："魏其老且死，易忍，且待之。"已而武安闻魏其、灌夫实怒[⑤]不予田，亦怒曰："魏其子尝杀人，蚡活之[⑥]。蚡事魏其无所不可，何爱数顷田？且灌夫何与[⑦]也？吾不敢复求田!”武安由此大怨灌夫、魏其。

【注释】 ①望：怨望。 ②弃：被废弃，指朝廷不用他。 ③恶两人有隙：不愿魏其、武安两人成仇怨。隙：嫌怨，矛盾。 ④谩自好谢丞相：自编了一套好听的话回复田蚡。谩：编谎话。自好，自己编了一套好听的话。 ⑤实怒：实际上十分恼怒。 ⑥蚡活之：是我田蚡救了他的命。活：使活，救了命。 ⑦何与：有什么相干。

灌夫虽然家中豪富，但失去了权势，于是卿相、侍中等达官贵人和宾客逐渐疏远了他。等到魏其侯失势，想依靠灌夫去打击那些曾经恭维自己而背叛了他的趋炎附势之徒，而灌夫也想利用魏其侯的关系去结交列侯和皇族来抬高自己的名望。两人互相援引，交相标榜，往来像父子一样亲密。彼此投合，非常高兴，毫无忌嫌，只恨互相了解得太晚了。

灌夫在为姐服丧期间，去拜访田蚡丞相。田丞相随便说了一句：“我想要跟您一起去拜访魏其侯，偏巧您有丧服不便。”灌夫说：“将军竟肯光顾魏其侯，我怎敢借丧服来推辞呢？请允许我通告魏其侯准备宴会，将军明天早点光临。”武安侯田蚡答应了。灌夫一五一十地转告了魏其侯。魏其侯和他的夫人便特意备好酒肉，夜里就起来打扫房屋，准备酒食，一直忙到天亮。天刚亮，魏其侯就吩咐管事人员迎候张望。但是直到中午，田丞相还没有来。魏其侯对灌夫说：“丞相莫非忘记了吗？”灌夫很不高兴，说：“我灌夫带着丧服去请，他应该来的。”于是灌夫驾了车，亲自前去迎接田丞相。原来丞相前一天不过是与灌夫开一个玩笑，根本就没有拜访魏其侯的意思。等到灌夫到了丞相家门，丞相还在睡懒觉。灌夫便进门去见田丞相，说：“将军昨天说要光顾魏其侯家，魏其侯夫妇具办酒食，从早晨忙到现在，没敢吃一点东西。”武安侯装出一副惊愕的样子，向灌夫道歉说：“我昨天喝醉了，忘了和你说的话。”于是驾车前往，又慢吞吞地行驶，灌夫心里更加恼火。直到宴会酒喝得差不多时，灌夫起身跳舞，跳完邀请田丞相起舞。田丞相不肯起身，灌夫便在酒席上用话语冒犯田丞相，魏其侯便把灌夫扶出宴席，向田丞相道歉。田丞相终于喝酒到夜晚，尽兴而去。

田丞相曾委托食客籍福传话，请求魏其侯把城南的田园出让给他。魏其侯深怀怨恨，说：“老夫虽然被废弃，将军虽然显贵，难道可以仗势强夺么？”拒绝了田蚡的要求。灌夫得到消息，发火骂籍福，籍福不愿意两人产生隔阂，便自己编了一些好话劝说田丞相，说：“魏其侯已经老了，快要死了，再忍耐些日子，姑且等等吧。”不久，武安侯打听到是魏其侯、灌夫愤怒，不肯让出城南田园，也发狠地说：“魏其侯的儿子曾经杀了人，是我田蚡救了他的命。再说我田蚡侍奉魏其侯没有不听从的，怎么就舍不得这几顷田园？况且这跟灌夫有什么相干！我不敢再要这块地了。”武安侯从此深深怀恨灌夫和魏其侯。

点评

窦婴失势，居家为侯，当年在自己门下跪起如亲儿子般的田蚡是现任丞相，听说田蚡要来访，窦婴夫妇二人亲自扫除供饭，殷勤接待。小人田蚡看出了窦婴巴结自己，有东山再起的心思，想想当年自己巴结窦婴的屈辱，不免报复摆谱，索要窦婴的庄园，一来二去，窦婴巴结不成，反成仇。在权贵市利之交中，这是一个典型事例。

相如奉使岳文献牛酒

——选自《司马相如列传》

题解

司马相如是蜀郡成都人，临邛县富人卓王孙的女婿。当年卓文君夜奔，卓王孙不认可这门亲事，因为他嫌弃司马相如贫困，也不赞同卓文君私奔的行为。几年以后，司马相如受到汉武帝重用，任命他为中郎将，出使西南夷。司马相如到达蜀郡，地方官员不敢怠慢钦差大臣，郡守出城郊迎，县令充当司马相如的马前卒，整个蜀郡都热闹翻腾起来，地方的头面人物置办酒席迎请钦差，卓王孙也来巴结女婿，深深感叹卓文君嫁给司马相如太晚了，乘龙快婿带给自己无上光荣，他把家财平分给了卓文君一份，与他的儿子一样多。

原文

唐蒙已略通夜郎，因通西南夷道，发巴、蜀、广汉①卒，作者数万人。治道二岁，道不成，士卒多物故②，费以巨万计。蜀民及汉用事者多言其不便。是时邛筰③之君长闻南夷与汉通，得赏赐多，多欲愿为内臣妾，请吏，比南夷。天子问相如，相如曰："邛、筰、冉、駹者近蜀④，道亦易通，秦时尝通为郡县，至汉兴而罢。今诚复通，为置郡县，愈于南夷。"天子以为然，乃拜相如为中郎将，建节往使⑤。副使王然于、壶充国、吕越人驰四乘之传，因巴蜀吏币物以赂西夷。至蜀，蜀太守以下郊迎，县令负弩矢先驱⑥，蜀人以为宠⑦。于是卓王孙、临邛诸公皆因门下献牛酒以交欢。卓王孙喟然而叹，自以得使女尚司马长卿晚，而厚分与其女财，与男等同。司马长卿便略定西夷，邛、筰、冉、駹、斯榆[8]之君皆请为内臣。除边关，关益斥[9]，西至沫、若水，南至牂柯为徼[10]，通零关道，桥孙水以通邛都[11]。还报天子，天子大说。

【注释】 ①巴、蜀、广汉：皆郡名。广汉郡治在今四川省梓潼县。 ②物故：死亡。③邛筰：西夷两国名。邛人所居地叫邛都，在今四川省西昌市。筰人所居地叫筰都，在今四川省汉源县东北。 ④冉、駹（máng）：两小国在筰都之北，当今四川省茂汶羌族自治县。 ⑤建节往使：持节往使。 ⑥负弩矢先驱：负弩矢在前开路以负警卫之职，地方上为县尉及亭长等人充任，县令亲为警卫，表示特别尊重朝廷使者。 ⑦为宠：以为光荣。⑧斯榆：又作斯俞、斯都，小国名，在今四川省天全县。 ⑨除边关，关益斥：废除旧关，使边关扩展。斥，开拓。 ⑩沫：水名，即今四川省内的大渡河。若水：即今雅砻江，在沫水西。牂柯：水名，即今贵州省内的北盘江。为徼：为边塞。 ⑪"通零关道"二句：凿开灵山道，在孙水上架桥。零：通"灵"。零关：在今四川省峨边彝族自治县南。孙水：若水支流，今名安宁河。

这时唐蒙已经攻取打通了夜郎，趁势要开通去西南夷的道路，征发了巴、蜀、广汉三郡的士兵和筑路的劳工几万人。结果修了两年也没有修成，而士卒劳工死亡很多，财力的耗费也达到了好几个亿，蜀郡的百姓和汉朝的当权人物大多数都说这件事情劳民伤财，没好处。当时邛、笮地区的部落酋长们听说南方各部落与汉朝交通后，得到了不少的赏赐，所以他们也想附属汉朝，请朝廷派官吏到他们那里去监护治理，比照南夷一样的待遇。武帝问司马相如，司马相如说："邛、笮、冉、駹等部落都离蜀郡不远，道路也容易修通，以前秦朝就在那里设过郡县，只是到了汉初才放弃的。现在如果真要重新开通，在那里设立郡县，我看比南夷的情况还要好。"汉武帝认为有道理，就派司马相如为特使，任命他为中郎将，手持天子旌节出使，王然于、壶充国、吕越人等为副使，乘着四匹马拉的驿车，在巴、蜀两郡就地征调随从官员和财物礼品去笼络蜀郡西边的西夷。司马相如到达蜀郡后，郡守以下所有的各级官吏都出城到郊外恭迎，那里的县令亲自接过司马相如的弓箭，替他背着在前面引路，整个蜀郡都因为出了个司马相如而感到光荣。这时卓王孙和临邛县的那些头面人物也都通过司马相如的门客给他送上了礼品和牛酒，与他交好。卓王孙这时才深为感叹，甚至觉得女儿嫁给司马相如太晚了，于是他多多地分给卓文君一份财物，让她和她的弟兄们所得的一样多。司马相如带着他的随员们一一去访问安抚了西南的各部落，那些邛、笮、冉、駹、斯榆等地的君长都请求归附汉朝，他们拆去了和汉朝交界上的关塞，从此汉朝的疆界更扩大了，它西到沫水、若水，南至牂柯江为界，与此同时，还修好了通往零关的道路，在孙水上架起了桥梁，使新开区和邛都联系了起来。事情办好后，司马相如回长安向武帝做了报告，武帝非常高兴。

点 评

西汉富豪卓王孙嫌贫爱富，不认司马相如这个女婿。当司马相如为天子使臣，衣锦还乡时，他一百八十度翻转，喟然长叹女儿卓文君好眼力，恨女儿嫁给相如太晚。可见，其比贫人志更短。

十一、红白宴会

【说明】结婚喜宴谓之红，丧葬宴会谓之白。红白宴会都是人生大事，本应虔诚办理。由于人世间的利益竞争，红白宴会往往被扭曲，成为通关结伙的手段，即使高贵的正人君子也不能免俗。西汉朱建廉洁刚正，守义不阿权贵，可是为了体面地给母亲办丧事，违心地收了他不愿交友的审食其的重礼，不得已为审食其效劳，真是应了民间一句俗语："拿人手短，吃人嘴软。"汉武帝时，外戚丞相田蚡娶妇。王太后，汉武帝之母，田蚡之姐，以皇太后诏要百官登门送礼，田蚡大收贺礼敛财。灌夫看不惯，使酒骂坐，导致"陷彼两贤"的大案，灌夫被灭族，魏其侯遭腰斩。

·补　白·

灌夫使酒

〔明〕沈周

任侠复尚气，平生无俛颜。
贵戚相引重，声名概世间。
醉酒屡骂座，陷胸若无难。
挺身执父仇，疋马突围还。
豪猾倾颍中，纳货相结欢。
终然使狂药，祸发致生残。
不戒恶旨说，无术良可叹。

灌夫

〔清〕谢启昆

愿取王头报父仇，冯凌气概压同俦。
涓涓颍水歌清浊，墨墨王孙挟聘游。
骂坐不知长乐尉，造门惯辱武安侯。
后来守杀传瞻鬼，醉饱为灰恨未休。

患难相助

——选自《郦生陆贾列传》

题解

朱建是一个正人君子，他不屑于辟阳侯审食其的为人，拒绝与之交友，但母死，因为家贫办不了丧事，只好违心地接受辟阳侯的厚礼，尽人子之孝。俗话说："拿人手短，吃人口软。"朱建收了厚礼，就要替人解忧，原本是冰炭不容的人交融在一起，办丧宴会成了通关结伙的工具。反过来，如果两者结合是正能量，不为非不作歹，那就是患难相助了。

原文

平原君为人辩有口，刻廉刚直，家于长安。行不苟合，义不取容①。辟阳侯②行不正，得幸吕太后。时辟阳侯欲知③平原君，平原君不肯见。及平原君母死，陆生素与平原君善，过之④。平原君家贫，未有以发丧⑤，方假贷服具⑥，陆生令平原君发丧。陆生往见辟阳侯，贺曰："平原君母死。"辟阳侯曰："平原君母死，何乃贺我乎？"陆贾曰："前日君侯欲知平原君，平原君义不知君，以其母故⑦。今其母死，君诚厚送丧，则彼为君死矣。"辟阳侯乃奉百金往税⑧。列侯贵人以辟阳侯故，往税凡五百金。

【注释】 ①行不苟合，义不取容：行事不苟合于流俗，守义不阿谀时势。 ②辟阳侯：审食其，阿谀吕太后，故云其行不正。 ③知：相知，交好。 ④过之：造访。 ⑤发丧：举办丧事。 ⑥方假贷服具：正在多方借钱备办丧服器具。 ⑦平原君义不知君，以其母故：平原君守义不肯和你交友，因为有母亲在的缘故。《礼记·曲礼上》："父母存，不许友以死。"此为陆贾借托之辞，平原君本意不与审食其交。 ⑧税：赠送丧服曰"税"。

辟阳侯幸吕太后，人或毁[①]辟阳侯于孝惠帝，孝惠帝大怒，下吏，欲诛之。吕太后惭，不可以言。大臣多害[②]辟阳侯行，欲遂诛之。辟阳侯急，因使人欲见平原君。平原君辞曰："狱急[③]，不敢见君。"乃求见孝惠幸臣闳籍孺[④]，说之曰："君所以得幸帝，天下莫不闻。今辟阳侯幸太后而下吏，道路皆言君谗，欲杀之。今日辟阳侯诛，旦日太后含怒，亦诛君。何不肉袒[⑤]为辟阳侯言于帝？帝听君出辟阳侯，太后大欢。两主共幸君，君贵富益倍矣。"于是闳籍孺大恐，从其计，言帝，果出辟阳侯。辟阳侯之囚，欲见平原君，平原君不见辟阳侯，辟阳侯以为背己，大怒。及其成功出之，乃大惊。

【注释】 ①毁：说坏话。 ②害：痛恨。 ③狱急：你的案子正在紧急关头。 ④闳（hóng）籍孺：惠帝时的佞幸宠臣。据《佞幸列传》载，高祖时有籍孺，惠帝时有闳孺，此误将两人合二为一。 ⑤肉袒（tǎn）：裸露肩背，接受鞭打，以示认罪。

吕太后崩，大臣诛诸吕，辟阳侯于诸吕至深[①]，而卒不诛。计画所以全者，皆陆生、平原君之力也[②]。

【注释】 ①至深：交往最亲。 ②平原君事：《考证》引日中井曰："朱建之事，原无足传也，史迁乃津津言之，若深赏之，何也？盖迁之被罪几死，无人赴救，故感愤特详之耳。其实非公论也。"

平原君为人善辩，有口才，廉正刚直，家住长安。他做事不苟于流俗，守义不阿谀时势，讨好卖乖。辟阳侯审食其品行不正，但受到吕太后宠爱。当时辟阳侯想和平原君交友，平原君不肯相见。等到平原君母亲去世时，陆生一向与平原君交好，就前去吊唁。平原君家贫，没有钱筹办丧事，正在想办法借钱备办丧服器具，陆生让平原君放心去办丧事。陆生前去见辟阳侯，向他祝贺说："平原君的母亲死了。"辟阳侯说："平原君母亲死了，你为何向我祝贺?”陆贾说:“先前君侯想和平原君交友,平原君讲究道义拒绝了,那是他母亲健在的缘故。现在他母亲死了,如果你备一份厚礼给他母送葬,那么他将来会为你不惜奉献生命。”辟阳侯给平原君送去一百金的丧礼。列侯贵人为了辟阳侯的面子,也前往送丧礼,总计五百金。

辟阳侯因得到吕太后宠爱,有的人就在孝惠帝面前说他的坏话,孝惠帝大怒,就把他交给司法官论处,想借机杀掉他。吕太后感到惭愧,不好替他说情。很多大臣痛恨辟阳侯的行为,都想借这机会诛杀他。辟阳侯急了,只好派人去请平原君,说要想见他。平原君推辞说:“官司严重,我不敢见辟阳侯。”然后平原君却暗中去见孝惠帝的宠臣闳籍孺,对他说:“你在皇上那儿得到宠幸,天下的人没有不知道的。现在辟阳侯因受到太后的宠爱而吃了官司,所有的人都在议论说,是你向惠帝进了谗言,想杀害他。今天若杀了辟阳侯,明天太后想到这事就会发怒,也将杀害你。你为什么不去向皇上负荆请罪,恳求宽大辟阳侯呢?皇上听了你的话放了辟阳侯,那太后会非常高兴。这样两个主子都喜欢你,你会得到双倍的富贵。”于是闳籍孺非常害怕,听从了平原君的建议,去向皇上说情,皇上果然释放了辟阳侯。辟阳侯被关押时,想见平原君,平原君不肯相见,辟阳侯认为平原君背叛了自己,十分恼怒。等到平原君成功地把他救了出来,出乎他的意料,他感到特别吃惊。

吕太后逝世,大臣诛灭了吕氏家族,辟阳侯和吕家的关系十分密切,但辟阳侯终究没被杀,他得以保全的计谋,都是陆生和平原君出的力。

点 评

在利用办丧酒宴拉帮结派的事情中,这是一个典型的案例。和事佬陆贾拉拢朱建与审食其,其实是争取和团结审食其脱离吕氏集团,有助于增强功臣集团对抗诸吕,这是一种正能量的结集,故名之曰患难相助。

灌夫使酒骂座

——选自《魏其武安侯列传》

题 解

汉武帝时，丞相田蚡娶媳妇，灌夫去喝喜酒，这本来是一件喜庆的事，但灌夫看不惯世态炎凉，鄙夷那些见风使舵，巴结新贵的人，使酒骂座，闯了大祸。其实灌夫本人就未能免俗，他骨子里看不起田蚡，而世俗风气迫使他也加入了巴结田蚡的行列，而又心有不甘，再加上嫉妒心理，于是借着酒力发作了。灌夫骂座，搅乱了田蚡的喜庆宴会，是对太后诏的大不敬，遭了灭族的祸，也可以说是咎由自取。

原 文

夏，丞相取燕王女为夫人①，有太后诏，召列侯宗室皆往贺。魏其侯过灌夫，欲与俱，夫谢曰："夫数以酒失得过②丞相，丞相今者又与夫有隙。"魏其曰："事已解。"强与俱。饮酒酣，武安起为寿③，坐皆避席伏④。已魏其侯为寿，独故人避席耳，余半膝席⑤。灌夫不悦。起行酒⑥，至武安，武安膝席曰："不能满觞⑦。"夫怒，因嘻笑⑧曰："将军贵人也，属之⑨！"时武安不肯。行酒次至临汝侯⑩，临汝侯方与程不识⑪耳语，又不避席。夫无所发怒，乃骂临汝侯曰："生平毁程不识不直一钱，今日长者为寿，乃效女儿呫嗫⑫耳语！"武安谓灌夫曰："程、李俱东西宫卫尉，今众辱程将军，仲孺独不为李将军地⑬乎？"灌夫曰："今日斩头陷匈⑭，何知程、李乎！"坐乃起更衣⑮，稍稍去。魏其侯去，麾灌夫出。武安遂怒曰："此吾骄灌夫罪⑯。"乃令骑留⑰灌夫。灌夫欲出不得。籍福起为谢，案灌夫项令谢。夫愈怒，不肯谢。武安乃麾骑缚夫置传舍[18]，召长史[19]曰："今日召宗室，有诏。"劾灌夫骂坐不敬[20]，系居室[21]。遂按其前事，遣吏分曹[22]逐捕诸灌氏支属，皆得弃市[23]罪。魏其侯大愧[24]，为资使宾客请，莫能解。武安吏皆为耳目[25]，诸灌氏皆亡匿，夫系，遂不得告言武安阴事[26]。

及系[27]，灌夫罪至族[28]。

【注释】 ①夏：夏季、夏天，指阴历的四月到六月。田蚡娶妇发生在汉武帝元光四年的四月。元光四年，即公元前131年。燕王女：为燕王刘泽之子燕康王刘嘉女。 ②得过：得罪。 ③武安起为寿：田蚡站起向客人敬酒，致祝寿之词。 ④避席伏：离开席位伏下，表示不敢当。 ⑤余半：余下的一半人。膝席：古人席地而坐，两脚向后，屁股坐在脚上。避席则移位而伏，膝席则只是欠身示意，即坐而不起，是为不敬。 ⑥行酒：依次敬酒。 ⑦满觞：满杯酒。觞（shāng），酒杯。 ⑧嘻笑：嘲弄地嬉笑。 ⑨属之：请喝干它。属：《汉书》作"毕"，喝干之义明显，但嘲弄之味全无，属字是。 ⑩临汝侯：灌婴之孙灌贤。 ⑪程不识：与李广齐名的名将。当时程不识为长乐宫卫尉，李广为未央宫卫尉。 ⑫呫嗫（chè niè）：形容唧唧咕咕的耳语声。 ⑬地：指给李广留地位、留面子。 ⑭斩头陷匈：杀头穿胸。这是灌夫耍酒疯的话，意谓豁出命了。 ⑮更衣：上厕所，托故离席。 ⑯此吾骄灌夫罪：这是我放纵灌夫的过失。言外之意，今天要教训灌夫。 ⑰留：拘留。 ⑱传舍：驿馆接待宾客之所，即今之招待所。 ⑲长史：官名，丞相及大将军府皆置长史。丞相府长史，相当于今秘书长之职。 ⑳不敬：不遵诏令叫不敬。臣下不敬，轻则免官，重则杀头。此田蚡加害灌夫的罪名。 ㉑居室：少府所属的官署，后改名保宫。 ㉒分曹：分班。 ㉓弃市：在闹市行刑示众。 ㉔大愧：十分愧悔。因灌夫是魏其强拉去喝酒而闯祸，所以大愧。 ㉕耳目：喻侦缉。 ㉖阴事：见不得人的隐私。 ㉗及系：指灌夫被抓捕下狱。 ㉘罪至族：被判罪满门抄斩，灭族。

（元光四年）夏天，丞相娶燕王的女儿为夫人，太后下了诏令，要列侯和宗室前往贺喜。魏其侯去拜访灌夫，想邀请他一起去。灌夫推辞说："我多次因饮酒得罪丞相，丞相现在与我正有隔阂。"魏其侯说："事情已经化解了。"强拉着灌夫一起去贺喜。宴会饮酒到正高兴的时候，武安侯起身向大家敬酒，座位上的人全都离开席位拜伏在地上。后来魏其侯向大家敬酒，只有老朋友离开了席位，有过半数的人只是欠了一下身子。灌夫不高兴，他起身一一敬酒，轮到向武安侯敬酒，武安侯也只是挺起身子说："我不能喝满杯了。"灌夫发了火，一副苦相嘲弄说："将军是贵人，更要喝满杯才好。"当时武安侯没有喝干。灌夫依次敬酒到了临汝侯，临汝侯正在与程不识说悄悄话，又没有避席。灌夫无处发泄怒气，于是就骂临汝侯说："你一贯把程不识说得一钱不值，现在长者向你敬酒，你却像个女孩子一样咬耳朵说话。"武安侯对灌夫说："程不识、李广两将军是东西两宫的卫尉，现在你当众侮辱程不识，就不替你敬仰的李将军留面子？"灌夫说："今天杀我的头穿我的胸，我都不在乎，我还管什么程，什么李！"座上的客人看见势头不妙，便起身托言上厕所，渐渐散去了。魏其侯也起身离去，并挥手让灌夫赶快走。武安侯于是发火说："这是我放纵灌夫种下的祸。"就下令骑士拘留灌夫。灌夫出不去了。籍福起身替灌夫赔罪，并按着灌夫的脖子让他道歉。灌夫越是发火，越不肯道歉。武安侯就指挥骑士捆绑灌夫拘留在招待所，招来丞相长史说："今天召请皇族，有太后诏令。"弹劾灌夫大闹宴会，侮辱诏令，犯了大不敬的罪，把他关押在居室监狱中。同时追究灌夫此前在颍川的种种不法行为，派遣捕快分头逮捕灌夫的旁支亲属，全都判处杀头示众的重刑。魏其侯深感惭愧，出钱让宾客向田丞相求情，没有得到谅解。武安侯的下属都是他的耳目。灌家漏网的人都躲藏起来，灌夫被拘禁，于是没有人告发武安侯那些见不得人的事。

当灌夫被抓捕下狱后，判了满门抄斩，被灭族。

点评

人情冷暖，世态炎凉，原本就是世俗社会的常态。田蚡生性小人，但他是当今皇帝汉武帝的舅舅，皇太后的弟弟，现任丞相，一人之下，万人之上。元光四年夏（公元前 131 年），田蚡娶妇，夫人又是燕康王刘嘉之女，满朝文武百官奉皇太后诏命前来祝贺，田蚡更是风光无限。老丞相窦婴已退休失势，地位一落千丈，灌夫更是一个被罢了官的将军，两人相倚对抗田蚡是不识时务。两人去祝贺田蚡娶妇，已经轮落到巴结田蚡的境况。灌夫心中不服，借着酒力骂座，可以说砸了田蚡的场子，犯了人情世俗的大忌，更加违忤了皇太后诏令。田蚡做事更狠，他借势报复，用其他的罪名抄斩灌夫满门，实在过分。至此，田蚡还不依不饶，株连窦婴，也判了死罪。司马迁批评说："杯酒责望，陷彼两贤。"后田蚡得罪了当今皇上和皇上祖母窦太皇太后，事后感到后怕，得了神经分裂症，不久也暴死了。一场宴会惹出如此大案，其实是宫廷斗争的总爆发，灌夫使酒骂座只是一个导火索。灌、窦二人的不识时务，田蚡的仗势欺人，都可为后世借鉴。

十二、讽喻宴会

【说明】讽，是暗示，提示，警示；喻，是比喻，譬喻，教喻。人际关系中需要疏通的过节，不带根本性的矛盾，会举办宴会来和合，俗称摆平，也就是修补人际关系。有些道理不必说破，宴会在宽松的环境中幽默风趣地展开，达到化解矛盾、改善关系的效果。这等宴会，姑名之曰讽喻宴会，运用范围也非常宽泛，司马迁对此做了生动的描绘。

·补　白·

读滑稽传二首·其一

〔清〕魏裔介

叔敖本贤臣，忠廉无与比。
治楚楚以兴，辟地几千里。
尽瘁殒厥身，咨嗟在将死。
托子于优孟，群臣良可耻。
谭笑俨衣冠，山居歌非俚。
寝丘四百户，十世奉其祀。
楚相不足为，妇言有妙理。

题淳于髡墓

〔唐〕刘禹锡

生为齐赘壻，死作楚先贤。
应以客卿葬，故临官道边。
寓言本多兴，放意能合权。
我有一石酒，置君坟树前。

黄泉相会

——选自《郑世家》

题解

郑庄公母亲武姜不喜欢庄公，偏爱小儿子共叔段，先是替共叔段争权利，随后袒护共叔段反叛。庄公平叛，把母亲赶出了京城，还发出毒誓，“不到黄泉不相见”，也就是今生不再相见，直白地说就是断绝母子关系。一年以后，庄公后悔，但君无戏言，怎样才能把母亲迎接回京城呢？颍考叔出了一个主意，挖一条地道相见，不就是在黄泉相会了嘛。人死埋葬于地下，地下之水称为黄泉，也就是黄泉代表地下。颍考叔的高明建议解开了郑庄公的难题，母子和好如初。

原文

庄公元年①，封弟段于京②，号太叔。祭仲③曰：“京大于国，非所以封庶也。”庄公曰：“武姜欲之，我弗敢夺也。”段至京，缮治甲兵，与其母武姜谋袭郑。二十二年，段果袭郑，武姜为内应。庄公发兵伐段，段走。伐京，京人叛段，段出走鄢④。鄢溃，段出奔共⑤。于是庄公迁其母武姜于城颍⑥，誓言曰：“不至黄泉⑦，毋相见也。”。居岁余，已悔思母。颍谷之考叔⑧有献于公。公赐食。考叔曰：“臣有母，请君食赐臣母。”庄公曰：“我甚思母，恶负盟，奈何？”考叔曰：“穿地至黄泉，则相见矣。”于是遂从之，见母。

【注释】 ①庄公元年：公元前 743 年。 ②京：邑名，在今河南省荥阳市东南二十里。 ③祭仲：郑大夫，名足，食邑于祭，因以为氏。祭邑在今河南省中牟县之祭亭。 ④鄢：古国名，为郑所并，在今河南省鄢陵县北。 ⑤共：古国名，为卫所并，在今河南省汲县。 ⑥城颍：在今河南省临颍县西北。 ⑦黄泉：地下。 ⑧颍谷之考叔：颍谷，郑边邑，在今河南省登封市西南。考叔其名，时为颍谷镇守，曰封人。

译文

郑庄公元年，庄公把弟弟叔段封在京邑，号称太叔。大夫祭仲说："京邑地方比国都还大，封给弟弟是不合适的。"庄公说："母亲武姜想这样做，我不敢违背她的意志。"叔段到了京邑以后，大肆扩张军备，暗中跟他的母亲武姜密谋，想袭击郑庄公。庄公二十二年，叔段果然出兵袭击郑国国都，武姜做了他的内应。庄公立即出兵讨伐叔段，叔段仓皇逃走。庄公乘胜攻打京邑，京邑人民都纷纷叛离了叔段，叔段无可奈何，又逃到了鄢邑。不久，鄢邑也失守了，叔段只好逃到共国。于是，庄公把他母亲武姜从都城迁到城颍，并发誓说："不到地下黄泉，不再相见。"过了一年多，庄公又后悔了，开始思念母亲。颍谷的长官考叔有东西进献给庄公，庄公设宴招待他。在宴席上，考叔说："我还有老母在家，请求把您的食品赐给我母亲一些吃吧。"庄公说："我也非常想念母亲，可是又不能违背诺言，怎么办才好呢?"考叔建议说："可以挖一条地道直达黄泉，那就可以相见了。"于是庄公就依计行事，和母亲又见了面。

点评

一个至诚的行动，胜过千言万语的劝导。颍考叔借郑庄公赐食为母请肉的举动，启迪郑庄公思母，修复母子亲情，使他们和好如初。"黄泉相会"的机智，成为流传千古的敬老尽孝佳话。

子产使晋

——选自《郑世家》

题解

晋平公因纵欲得了病，占卜后认为是参宿之神与汾水、淡水之神为祸。子产使晋，巧妙地将天文分野的知识与历史知识相结合，说参宿为晋国分野，晋国祖先征服了汾水、洮水流域，晋国是这一地域的主人，所以地方之神不能为祸害晋君，晋平公要节制酒色来恢复健康。晋国君臣十分赞赏，设宴敬礼子产，赠以厚礼。

原文

二十五年①，郑使子产于晋，问平公疾。平公曰："卜而曰实沈、台骀为祟，史官莫知，敢问②？"对曰："高辛氏有二子，长曰阏伯，季曰实沈，居旷林③，不相能④也，日操干戈以相征伐。后帝弗臧⑤，迁阏伯于商丘，主辰⑥，商人是因，故辰为商星⑦。迁实沈于大夏，主参⑧，唐人是因，服事夏、商，其季世曰唐叔虞。当武王邑姜方娠大叔，梦帝谓己：'余命而子曰虞，乃与之唐，属之参而蕃育其子孙'。及生有文在其掌曰'虞'，遂以命之。及成王灭唐而国大叔焉。故参为晋星⑨。由是观之，则实沈，参神也。昔金天氏⑩有裔子曰昧，为玄冥师⑪，生允格、台骀。台骀能业其官，宣汾、洮⑫，障大泽⑬，以处太原。帝用嘉之，国之汾川⑭。沈、姒、蓐、黄实守其祀⑮。今晋主汾川而灭之⑯。由是观之，则台骀，汾、洮神也⑰。然是二者不害君身。山川之神，则水旱之菑禜之⑱；日月星辰之神，则雪霜风雨不时禜之；若君疾，饮食哀乐女色所生也。"平公及叔向曰："善，博物君子也！"厚为之礼于子产。

【注释】 ①二十五年：指郑简公二十五年，晋平公十七年，即公元前541年。 ②“平公曰”等句：平公说：“占卜说我的病是实沈、台骀二神为祟，史官不知道，请问是何神?” ③旷林：大林。 ④不相能：不和睦。 ⑤后帝弗臧：帝尧认为两人都不好。臧：善。 ⑥商丘：今河南省商丘市。主辰：主祀辰星。 ⑦辰为商星：辰为商地的分野之星。 ⑧大夏：在今山西省太原市西南。主参：主祀参星。参星为二十八宿之一。 ⑨参为晋星：参为晋地的分野之星。 ⑩金天氏：少皞也。 ⑪玄冥师：水官。 ⑫宣汾、洮：疏导汾水、洮水。 ⑬障大泽：围堵大泽，使水不泛滥。 ⑭“帝用嘉之”句：颛顼帝嘉奖台骀治水之功，让他在汾水之地立国。 ⑮沈、姒、蓐、黄：四小国就是台骀的子孙。 ⑯“今晋主”句：现在晋为汾川之主而灭了台骀之后裔四国。 ⑰台骀，汾、洮神也：台骀就是汾、洮之神。 ⑱“山川之神”二句：得罪山川之神，则有水旱之灾为祸人民。禜（yíng）：为祸。

译文

郑简公二十五年，郑国派子产到晋国，慰问晋平公的病情，平公问子产：“占卜说我的病是实沈、台骀二神在作怪，史官不知道，请问是何神?”子产回答说：“从前高辛氏有两个儿子，大的叫阏伯，小的叫实沈，居住在原野大树林里，互相很不和睦，每天都拿武器互相攻打。帝尧认为两人都不好，就把阏伯迁移到商丘，主祀辰星，后来商汤始祖继承了他的职位，所以辰为商地的分野之星。帝尧又把实沈迁移到大夏，主祀参星，唐人继承了他的职位，子孙服事夏朝、商朝，它的季世之君叫唐叔虞。当时周武王的王后邑姜正怀着太叔，梦见天帝对她说：‘我要你生个儿子叫虞，把唐这个地方封给他，属于参星，在那里繁衍他的子孙。’等到孩子生下来时，在其手掌上有像虞形的花纹，于是就用‘虞’字命名。后来周成王灭掉唐，把它封给太叔建国，所以参为晋地的分野之星。这样看来，那实沈，就是参神了。从前金天氏有个小儿子叫昧，做了水官，生了允格和台骀两个儿子。台骀能继承父业，疏导了汾水和洮水，围堵大泽，使水不再泛滥，居住在广大高平的地方。因此，颛顼帝嘉奖台骀的治水之功，让他在汾水之地立国。沈、姒、蓐、黄四个小国就是台骀的子孙。现在晋为汾川之主而灭了台骀的后裔四国。这样看来，那台骀，就是汾、洮之神了。然而，这两种神都不会危害您的身体。如果得罪了山川之神，则有水旱之灾为祸人民；如果得罪了日月星辰之神，则有雪霜风雨经常为祸人民。至于您的病，是由于饮食失调，喜怒无常，耽于女色引起的。”晋平公及叔向听了以后称赞说：“讲得真好，实在是个博学多识的君子!”因此用了非常厚重的礼节来接待子产。

点评

子产出使晋国，运用渊博的学识，为晋平公指点迷津，破除迷信，赢得了优礼待遇。

优孟扮演孙叔敖

——选自《滑稽列传》

题解

优孟是楚庄王宫中的小品演员。他得知庄王的贤相孙叔敖的儿子靠打柴为生，花了一年时间来装扮孙叔敖。一天，楚庄王在宫中设宴款待大臣，气氛喜气祥和，优孟看准时机趁着楚庄王高兴，打扮成孙叔敖的样子上场敬酒，说话动作与故相孙叔敖惟妙惟肖，楚庄王大吃一惊，以为孙叔敖复活了。楚庄王要任用优孟为相，以解心中思念之情。优孟说要回家与老婆商量。三天后优孟唱了一支贪官、清官都不能做的歌，滑稽幽默的歌声使楚庄王有所感悟，下令优恤孙叔敖的儿子。这故事说明在喜庆的宴会中，向宴会主人公建言最容易奏效。因此，向权势人物建言，要看准时机，还要讲究艺术。

原文

楚相孙叔敖知其贤人也，善待之。病且死，属[①]其子曰："我死，汝必贫困。若往见优孟，言我孙叔敖之子也。"居数年，其子穷困负薪[②]，逢优孟，与言曰："我，孙叔敖子也。父且死时，属我贫困往见优孟。"优孟曰："若无远有所之[③]。"即为孙叔敖衣冠，抵掌谈语[④]。岁余，像孙叔敖，楚王及左右不能别也。庄王置酒，优孟前为寿。庄王大惊，以为孙叔敖复生也，欲以为相。优孟曰："请归与妇计之[⑤]，三日而为相。"庄王许之。三日后，优孟复来。王曰："妇言谓何？"孟曰："妇言慎无为[⑥]，楚相不足为也。如孙叔敖之为楚相，尽忠为廉以治楚，楚王得以霸。今死，其子无立锥之地，贫困负薪以自饮食。必如孙叔敖，不如自杀。"因歌曰[⑦]："山居耕田苦，难以得食。起而为吏，身贪鄙者余财，不顾耻辱。身死家室富，又恐受赇枉法[⑧]，为奸触大罪，身死而家灭。贪吏安可为也！念[⑨]为廉吏，奉法守职，竟死[⑩]不敢为非。廉吏安可为也！楚相孙叔敖持廉至死，方今妻子穷困负薪而食，不足为也!”于是庄王谢[⑪]优孟，乃召孙叔敖子，封之寝丘[⑫]四百户，以奉其祀。后十世不绝。此知可以言时矣。

【注释】 ①属（zhǔ）：嘱咐。 ②负薪：打柴出卖。 ③“若无”句：你不要到远处去。若：你。 ④抵掌谈语：学孙叔敖鼓掌说话。 ⑤请归与妇计之：请回家与老婆商量后再做回答。 ⑥慎无为：千万不要做楚相。 ⑦因歌曰：《录释·延熹碑》述优孟事及歌，与《史记》略有异。其歌曰：“贪吏而可为而不可为，廉吏而可为而不可为。贪吏而不可为者，当时有污名；而可为者，子孙以家成。廉吏而可为者，当时有清名；而不可为者，子孙困穷披褐而卖薪。贪吏常苦富，廉吏常苦贫。独不见楚相孙叔敖，廉洁不受钱。” ⑧受赇（qiú）枉法：受贿而败坏法纪。赇：贿赂。枉法：曲法。 ⑨念：思虑。 ⑩竟死：直到死，一辈子。 ⑪谢：道歉。 ⑫寝丘：楚邑，在今河南省固始县。

楚国宰相孙叔敖知道优孟是一个贤人，对他非常友善。孙叔敖病重临死的时候，嘱咐自己的儿子说：“我死了以后，你一定会贫困。你就去找优孟，说：‘我是孙叔敖的儿子。’”过了几年，孙叔敖的儿子贫困得靠打柴过日子，遇见了优孟，对他说：“我是孙叔敖的儿子。父亲临终时嘱咐我贫困了来找你。”优孟说：“你不要走远了。”随后，优孟制作并穿上了与孙叔敖生前一样的衣帽，学着孙叔敖的行动举止和说话方式。一年多以后，优孟活像孙叔敖，楚庄王和他的左右大臣都分辨不出来了。楚庄王举办酒宴，优孟上前敬酒，庄王大吃一惊，以为孙叔敖复活了，要任命他为宰相。优孟说：“请允许我回家与妻子商量看她怎么说，三天以后来就任宰相。”楚庄王同意了。三天后，优孟又来了。楚庄王说：“你妻子说了些什么?”优孟说：“我妻子说千万不可做宰相，尤其不能做楚国的宰相。像孙叔敖做了楚国的宰相，竭尽忠诚和廉洁来治理楚国，使楚王称霸。如今孙叔敖死了，他的儿子没有立身之地，贫困到靠打柴为生。如果一定要像孙叔敖那样，还不如自杀。”接着，优孟唱起了歌。歌词说：“居住山野耕田苦，起早摸黑难温饱。那就出来做官，贪赃卑鄙大把捞钱，不顾脸面没廉耻。为了死后妻儿富，贪赃枉法触刑律，一旦败露身家灭。哦哦哦，贪官污吏不可做。前思后想做清官，尽职终身不敢为非。做个清官怎么样，楚相孙叔敖坚持操守，清廉至死。可怜死后妻儿贫穷困顿，打柴为生真凄凉。哦哦哦，清官也不值得做。”于是，楚庄王向优孟表示了歉意，召见了孙叔敖的儿子，把寝丘四百户封给他，用于供奉孙叔敖。后来传了十几代没有断绝。优孟的智慧，可以说是善于抓时机。

点 评

这是春秋时楚国一个两袖清风的国相，他把一生奉献给了国家，到头来只给家庭留下贫困的故事。这个国相叫孙叔敖。但好人有好报，在优孟的助力下，孙叔敖的子孙得了善报，衣食无忧。

淳于髡戏说饮酒

——选自《滑稽列传》

题解

淳于髡是齐威王宫中的优伶，一个擅长表演小品的艺术家，说话幽默风趣，头脑灵活机智。他见齐威王经常长夜宴饮，巧妙地进言喝酒的故事，一斗也醉，一石也醉，情景不同，酒量不同。齐威王十分好奇，愿闻其详。淳于髡说："在庙堂严肃的宴会上，喝酒胆战心惊，一斗就醉了；陪伴父亲待客，敬酒应酬，能喝两斗；与朋友交游，轻松快乐，能喝五六斗；乡里聚会，社日喝酒，男女同席，能喝八斗；夜幕降临，男女交欢，吹灭蜡烛，肌肤相接，这时能喝一石。"喝酒无度，过度乱性，甚至乐极生悲。酒以成礼，礼就是有度、有节制。一国之君，怎能长饮无度？淳于髡用说笑话的方式，寓意饮酒有度的大道理。齐威王罢了长夜之饮，此后各种宴会都让淳于髡做主持人。

原文

威王大说，置酒后宫，召髡赐之酒。问曰："先生能饮几何而醉？"对曰："臣饮一斗亦醉，一石亦醉。"威王曰："先生饮一斗而醉，恶能①饮一石哉！其说可得闻乎？"髡曰："赐酒大王之前，执法在傍，御史在后②，髡恐惧俯伏而饮，不过一斗径③醉矣。若亲有严客④，髡帣韝鞠䠆⑤，侍酒于前，时赐余沥⑥，奉觞上寿，数起⑦，饮不过二斗径醉矣。若朋友交游，久不相见，卒然相睹⑧，欢然道故⑨，私情相语，饮可⑩五六斗径醉矣。若乃州闾之会⑪，男女杂坐，行酒稽留⑫，六博投壶⑬，相引为曹⑭，握手无罚，目眙不禁⑮，前有堕珥[16]，后有遗簪，髡窃乐此，饮可八斗而醉二参[17]。日暮酒阑[18]，合尊促坐[19]，男女同席，履舄交错[20]，杯盘狼藉，堂上烛灭，主人留髡而送客[21]，罗襦襟解，微闻芗泽[22]，当此之时，髡心最欢，能饮一石。故曰酒极则乱，乐极则悲；万事尽然。”言不可极，极之而衰。以讽谏焉。齐王曰：“善。”乃罢长夜之饮，以髡为诸侯主客[23]。宗室置酒[24]，髡尝在侧[25]。

【注释】 ①恶能：何能，怎么能。 ②执法、御史：指朝廷上的执法官与记事官。 ③径：直，就。 ④亲：父亲。严客：尊敬的父辈客人。 ⑤帣韝（gōu）鞠䠐（jì）：卷起袖子，屈膝而跪。韝：袖。鞠：鞠躬。䠐：同跽，长跪。 ⑥余沥：剩下的酒。 ⑦奉觞上寿，数起：捧起酒杯敬酒，多次起身应酬。 ⑧卒然相睹：忽然相见。卒：读“猝”。 ⑨道故：叙离情。 ⑩可：大约。 ⑪州闾之会：乡里宴会。 ⑫稽留：留连。 ⑬六博、投壶：古代的两种游戏。六博：又称博陆，用六黑六白十二枚棋子行棋的一种游戏。投壶：以箭投壶，中者为胜，不中者饮酒。 ⑭相引为曹：互相招呼，配对比赛。曹：角力比赛，敌对双方谓之曹。 ⑮握手无罚，目眙不禁：男女互相握手，也不受处罚，眉目传情，也不禁止。 ⑯珥：耳环。 ⑰醉二参：指在这种场合饮酒八斗，十次之中，也只不过醉了两三次。 ⑱酒阑：宴会将散。阑：将尽。 ⑲合尊促坐：把余酒合盛一樽，大家促膝共饮。尊：同“樽”，酒器。 ⑳履：鞋。舄：木拖鞋。 ㉑主人留髡而送客：主人家留下我而送走客人。 ㉒罗襦襟解，微闻芗泽：女人的绸衫纽扣已解开，隐约闻到香汗之气。罗襦，女人绸衫。芗：同香。泽：汗。 ㉓主客：主持接待诸侯之客的外交事务。 ㉔宗室置酒：指齐王室宗亲举办的宴会。 ㉕髡尝在侧：淳于髡也总是在座作陪。

齐威王非常高兴，在后宫设宴，召见淳于髡，赐给他酒食。齐威王问：“先生能饮多少酒才醉？”淳于髡回答说：“我喝一斗酒也能醉，喝一石酒也能醉。”齐威王说：“先生喝一斗酒就醉了，哪能喝一石酒呢？这道理能说出来听听吗？”淳于髡说：“在大王面前承蒙赏酒，执法司礼官就在旁边，记事御史还在身后，我胆战心惊，趴在地上喝酒，不过一斗就醉了。如果家里有贵客来访，我卷起衣袖，躬身跪着，在席上陪客，不时赏我喝酒，我得举杯敬酒，连连起身应酬，喝酒不过二斗就醉了。若是与朋友交游，好久没有会面，忽然相见，高兴地述说往事，倾吐衷肠，喝五六斗才醉。至于乡里聚会，男女混坐，慢慢地相互敬酒，玩博棋，赛投壶，呼朋唤友，三五成群，握手说笑也不受处罚，傻着眼看人也没忌讳，前面地上有落下的耳环，后面地上有失掉的发簪，我内心里喜欢这样，喝上八斗差不多只有二分醉。天黑了，酒残了，把剩下的酒盛在一起，大家促膝而坐，男女同席，鞋子木屐错乱了，杯子盘子乱糟糟，堂屋里的蜡烛又已熄灭，主人单独留下我，送走了其他的客人，女人的绫罗短袄解开了衣襟，隐约闻到香气。这时我心中最快乐，能喝一石酒。所以说，酒喝多了容易出乱子，欢乐到极点就会有悲哀。万事都是这个道理。”这就是说，一切事情都不可过分，过分了就要衰败。淳于髡婉转地劝谏齐威王。齐威王说：“说得好!”就停止了通宵的宴饮。任命淳于髡做接待外宾的司礼官。齐王宗室的饮酒宴会，淳于髡也经常在座。

点评

淳于髡以饮酒讽谏齐威王，表明饮酒过度会扭曲人性，凡事不要过度，要有所节制。齐威王点赞说：“好。”淳于髡可谓善谏矣。

驺忌对淳于髡问

——选自《田敬仲完世家》

题解

驺忌对淳于髡问，字里行间没有出现宴会的字眼，但从二人的从容问答中，其轻松幽默境界，必然是在对饮中以闲话的方式演绎出来。淳于髡是战国时期一位幽默的隐语大师，驺忌聪明绝伦，所以驺忌破解隐语极为神速。

原文

驺忌子见三月而受相印①。淳于髡见之曰："善说哉！髡有愚志②，愿陈诸前。"驺忌子曰："谨受教。"淳于髡曰："得全全昌③，失全全亡。"驺忌子曰："谨受令，请谨毋离前。"淳于髡曰："狶膏棘轴，所以为滑也，然而不能运方穿④。"驺忌子曰："谨受令，请谨事左右。"淳于髡曰："弓胶昔干，所以为合也，然而不能傅合疏罅⑤。"驺忌子曰："谨受令，请谨自附于万民。"淳于髡曰："狐裘虽敝，不可补以黄狗之皮。"驺忌子曰："谨受令，请谨择君子，毋杂小人其间。"淳于髡曰："大车不较，不能载其常任；琴瑟不较，不能成其五音⑥。"驺忌子曰："谨受令，请谨修法律而督奸吏。"淳于髡说毕，趋出，至门，而面其仆曰⑦："是人者，吾语之微言五，其应我若响之应声，是人必封不久⑧矣。"居期年，封以下邳⑨，号曰成侯。

【注释】 ①"驺忌"句：驺忌见齐王，三月而挂丞相之印。 ②愚志：不成熟的想法，浅见。 ③得全全昌：臣事君全面周到曰得全，因之名利俱获曰全昌。 ④"狶膏棘轴”三句：用猪油（豨膏）涂抹枣木车轴，为的是运转灵活，但把车轴穿在方孔中，涂油也无用。 ⑤“弓胶昔干”三句：用胶把坚固的（昔）弓干可以粘连起来，但胶不能完全弥合缝隙。 ⑥“大车不较”四句：大车若不经常检修校正，就不能载重；琴瑟不调整定音，就不能奏五音。 ⑦面其仆曰：当面对驺忌的仆人说。 ⑧必封不久：不久就会受封。 ⑨下邳：在江苏省邳州市西南。

译文

驺忌子见过齐威王，三个月以后就挂上了丞相之印。淳于髡知道后就去见驺忌子，对他说：“你真是会说话啊！我有些不成熟的想法，希望在你面前陈述一下。”驺忌子说：“愿意听你的指教。”淳于髡说：“臣事君全面周到，身名两全，如果不周到那就会身名全完。”驺忌子说：“我将认真听取你的指教，并牢牢记在心里，不离眼前。”淳于髡说：“用猪油涂抹枣木车轴，为的是让车运转灵活，但把车轴穿在方孔中，涂油也没用。”驺忌子说：“我恭谨地接受你的指教，将谨慎地效命在国君左右。”淳于髡说：“用胶把陈旧的弓干可以粘连起来，但是胶不能完全弥合缝隙。”驺忌子说：“我接受你的指教，将把自己依附于人民之中。”淳于髡说：“狐狸皮袍虽然破了，但是不能用黄狗皮去补。”驺忌子说：“我接受你的指教，用人时都选择仁人君子，不让奸邪小人混杂在里面。”淳于髡说：“大车若不经常检修校正，就不能载重；琴瑟不调整定音，就不能奏五音。”驺忌子说：“我接受你的指教，将很好地制定法律，以此监督贪官污吏。”淳于髡说完，立即离开驺忌子，到了门口，当面对驺忌子的仆人说：“驺忌子这个人，我说了五种隐语，他答应之快就像我说话的回声一样，这个人不久就会受封了。”过了一年，齐威王果然把下邳封给了驺忌子，封号是成侯。

点评

淳于髡与驺忌两人聪明绝顶，他们借宴饮轻松地用隐语商讨政治，互相摸底，进退自如，惺惺相惜。

陈平宰社肉

——选自《陈丞相世家》

题解

西汉开国功臣之一陈平，出身于平民，青年时不从事治家生产，好交朋友，让人看不起。但陈平有一个特点，即办事认真。乡里凡有丧事，他去主持宴会，尽职尽责，总是第一个先到，最后一个离开。有一年，乡里举行社日活动，陈平主持分肉，十分公平，乡里父老齐举双手点赞说："真是个好小伙，分肉公平。"陈平说："唉，让我主宰天下，也和分肉一样公平。"陈平的抱负让一个叫张负的富人看了出来，张负主动把孙女嫁给了陈平，大力赞助陈平的社交活动。后来陈平果真做了汉朝的丞相，主宰了天下。

原文

及平长，可娶妻，富人莫肯与者，贫者平亦耻之。久之，户牖富人有张负①，张负女孙五嫁而夫辄死，人莫敢娶。平欲得之。邑中有丧，平贫，侍丧②，以先往后罢为助③。张负既见之丧所，独视伟④平，平亦以故后去。负随平至其家，家乃负郭穷巷⑤，以弊席为门，然门外多有长者车辙。张负归，谓其子仲⑥曰："吾欲以女孙予陈平。"张仲曰："平贫不事事⑦，一县中尽笑其所为，独奈何予女乎？"负曰："人固有好美如陈平而长贫贱者乎？"卒与女。为平贫，乃假贷币以聘，予酒肉之资以内妇⑧。负诫其孙曰："毋以贫故，事人不谨。事兄伯如事父，事嫂如母。"平既娶张氏女，赍用⑨益饶，游道日广。

里中社，平为宰⑩，分肉食甚均。父老曰："善，陈孺子之为宰！”平曰：“嗟乎，使平得宰天下，亦如是肉矣！”

【注释】 ①张负：姓张的老妇。负：通“妇”。 ②侍丧：替人主持丧事。 ③先往后罢为助：陈平给人帮忙，总是先到后退。 ④视伟：看重。 ⑤负郭穷巷：背靠城墙根的简陋住宅。 ⑥仲：老二。 ⑦不事事：不从事治家生产。 ⑧“假贷”二句：张负借钱给张平做聘礼，又替陈平置办酒席娶妇。 ⑨赍用：《汉书》作“资用”。赍：同“资”，财货。 ⑩宰：指为祭社活动的主持人。

译文

等到陈平长大成人，可以娶妻了，那些富人都不肯把女儿嫁给他，娶贫苦人家的女儿陈平又感到羞耻。过了很久，户牖有个叫张负的富婆，她的孙女连着嫁了五次，丈夫先后都死了，没有人再敢娶她。陈平却想娶她。有一次，乡里死了人，陈平因为家里贫穷，就去替人家主持丧事。他为人办事，总是先到后退。张负在办丧事的地方见到陈平以后，一眼就看中了他。陈平也因为这个原因，每天很迟才离开。张负跟着陈平到了家里，陈平的家是个背靠城墙根的简陋住宅，用破草席当门，但是门外却有许多有地位和有身份的人往来停车的印迹。张负回去以后，对她的第二个儿子说：“我打算把孙女嫁给陈平。”张老二说：“陈平贫穷又不从事治家生产，全县里的人都取笑他的所作所为，为什么偏要把孙女嫁给他？”张负说：“像陈平这样一表人才的人怎么会永远处于贫贱之中呢？”最终，张负把孙女嫁给了陈平。因为陈平家徒四壁，张负还借钱给陈平做聘礼，又替陈平置办酒席娶媳妇。张负还告诫她的孙女说：“不要因为丈夫家穷，就对人家不恭敬。侍奉哥哥要像侍奉父亲长辈一样，侍奉嫂嫂要像侍奉母亲一样。”陈平自从娶了张家的女儿做老婆以后，财货日益宽裕，交游也越来越广泛。

有一次，乡里举行祭社活动，陈平作为主持人，分配祭肉分得非常公平。乡里父老就称赞他说：“不错，陈平这小子分肉分得很好！”陈平接着说：“唉，如果让我主宰天下，我也会像分肉一样公平的。”

点评

陈平出身寒微却志气不凡，但不为人所知。张负一女子，却独具慧眼，她从生活细节中发现陈平非常人，于是把孙女嫁给陈平，赠送丰厚的嫁妆，改善了陈平的社会地位，为陈平的日后发展助了一臂之力。张负不愧为女中豪杰。

十三、诀别宴会

【说明】月有阴晴圆缺，人有悲欢离合。诀别，指一别没有再见之时，总是呈现悲壮气氛。一场宴会诀别，必然给人们留下终身难忘的滋味。

·补　白·

荆　轲

〔元〕白英

壮气干牛斗，孤怀凛雪霜。
只知酬太子，不道负田光。
易水悲歌歇，秦庭侠骨香。
千金求匕首，身后竟茫茫。

渡易水

〔明〕陈子龙

并刀昨夜匣中鸣，燕赵悲歌最不平。
易水潺潺云草碧，可怜无处送荆卿！

风萧萧兮易水送别

——选自《刺客列传》

题解

古人远行，亲人在道边设宴送行，祭祀路神，称为祖道。荆轲刺秦王，燕太子丹及宾客在易水岸边送别，荆轲好友高渐离击筑，荆轲和着拍子高歌："风萧萧兮易水寒，壮士一去兮不复还。"歌声慷慨激昂，送行的人都睁大眼睛，头发都竖起来了。荆轲头也不回，勇往前行，风云变色，草木同悲……

原文

太子及宾客知其事者，皆白衣冠①以送之。至易水之上，既祖②，取道③，高渐离击筑，荆轲和而歌，为变徵之声④。士皆垂泪涕泣。又前而为歌曰："风萧萧兮易水寒，壮士一去兮不复还！"复为羽声慷慨⑤，士皆瞋目⑥，发尽上指冠。于是荆轲就车而去，终已不顾⑦。

【注释】 ①白衣冠：丧服。用丧服送行，表示此行志在必成，不成功，便成仁。 ②祖：祭路神，饯行。 ③取道：上路。 ④变徵之声：悲惋苍凉之声。古代乐音为宫、商、角、徵、羽五音，另又有变宫、变徵二音。变徵介于角、徵之间，相当于今七阶音调中的F调，韵味苍凉。 ⑤复为羽声慷慨：羽声，当今的A调，慷慨激昂。 ⑥瞋目：感情激动而睁大眼睛。 ⑦终已不顾：始终连头都不回。

译文

太子丹和参与谋划的宾客，都穿着白衣、戴着白帽来送行。到了易水边上，饯行后上路，高渐离击筑奏乐，荆轲和着拍子唱歌，唱出了哀伤的变徵调，送行的人都流泪抽泣。荆轲一边前行，一边唱道："风萧萧兮易水寒，壮士一去兮不复还!"又变而为羽调的慷慨激昂。人们感情激动，都睁大了眼睛，怒发冲冠。此时，荆轲就登车离去，一直前行，始终连头也不回。

点评

易水送别，英雄西去，做出了有去无回的心理准备，是《史记》中写得最足、最饱满、最酣畅淋漓的一个悲壮场面。送行人"皆白衣冠以送之"，渲染出悲哀的氛围，紧接着写高渐离击筑，荆轲相和以歌，为变徵之声，激越高亢，加重了悲哀色彩。送行人都泪流满面，而荆轲昂首登车，头也不回地径直前行，高歌"风萧萧兮易水寒，壮士一去兮不复还"，一种义无反顾的情景，由悲转壮。送行人都睁大眼睛，头发上扬，目送英雄赴国难的义举，把悲壮的气氛推向高潮。

丰西止饮

——选自《高祖本纪》

"丰西止饮"，说的是汉高祖刘邦纵囚起兵、斩蛇起义的故事。刘邦本是沛县丰邑人，任沛县泗水亭亭长。秦末，大约是陈胜起义前夕，公元前 209 年春夏，刘邦奉命带领一队民夫到关中去修骊山陵。刘邦一行刚离开家门口就有人开小差，刘邦估算他没办法把这一队人带到骊山，只行进到丰邑西边的水泽就停了下来。夜幕降临，刘邦与民夫们在夜色的掩映下大吃大喝，饱餐一顿后，大家分手。刘邦豪气冲天，对大众说："你们都逃生去吧，我也将消失得无影无踪。"有十几个壮士愿意跟刘邦一起。当夜行经一个水泽，一条单行道上有大蛇挡道，十几个壮士一齐要回头。刘邦乘着酒兴，提剑上前斩蛇为两段，打开了道路。壮士们佩服刘邦是英雄，一行人上到芒砀山竖起了反旗。刘邦提三尺剑打天下，凭的就是这一壶酒。

高祖以亭长为县送徒郦山[①]，徒多道亡。自度[②]比至皆亡之，到丰西泽中[③]，止饮，夜乃解纵所送徒，曰："公等皆去，吾亦从此逝[④]矣！"徒中壮士愿从者十余人。高祖被酒[⑤]，夜径[⑥]泽中，令一人行前。行前者还报曰："前者大蛇当径，愿还。"高祖醉，曰："壮士行，何畏！"乃前，拔剑击斩蛇。蛇遂分为两，径开。行数里，醉，因卧。后人来至蛇所，有一老妪夜哭。人问："何哭？"妪曰："人杀吾子，故哭之。"人曰："妪子何为见杀[⑦]？"妪曰："吾子，白帝[⑧]子也，化为蛇，当道[⑨]。今为赤帝子[⑩]斩之，故哭。"人乃以妪为不诚[11]，欲告之[12]。妪因忽不见。后人至，高祖觉[13]。后人告高祖，高祖乃心独喜，自负[14]。诸从者日益畏之。

【注释】 ①徒：刑徒。郦山：即骊山，在今陕西省西安市临潼区东南。当时是秦始皇坟墓所在地。 ②自度：暗自思考。 ③丰西泽中：丰邑西部的一片洼地中。据《汉书》，泽中有亭。 ④逝：逃亡。 ⑤被酒：带着醉意。 ⑥径：小路。这里用作动词，即抄小路走。 ⑦妪子何为见杀：老婆婆的儿子为什么被杀。见：被。 ⑧白帝：传说中的五天帝之一，位于西方。秦居西方，自以为是白帝的子孙。秦襄公作西畤，祠白帝。白帝成为秦的象征。 ⑨当道：挡住路。 ⑩赤帝子：传说中的五天帝之一，位于南方。刘邦自称是赤帝的子孙。西方金，南方火，火克金。赤帝子杀白帝子，预示着火克金、汉代秦。 ⑪不诚：不真实。 ⑫欲告之：要告发她。告：《汉书》作“苦”，谓欲困苦辱之，责难之，义更长。 ⑬觉：睡醒。 ⑭自负：自命不凡。

译文

高祖以亭长的职责为县里送刑徒到郦山，许多刑徒半道逃亡。他估计等到达时会都跑光，便在走到丰西的湖边时，停下来招呼大家休息饮酒，夜间就解开绳子，放走所押送的刑徒，说：“你们大家都走吧，我也从此逃亡了！”刑徒中有十多个壮士愿意跟随高祖。高祖带着醉意，夜间走在湖边小路上，命令一人在前面开路。前行者回来报告说：“前面有一条大蛇挡住了去路，希望掉头回去。”高祖酒还没醒，说：“好汉走路，有什么可怕的！”就上前拔剑击斩了大蛇，大蛇于是分为两半，道路开通。走了几里路后，酒意上来了，就卧倒在地。后面的人来到斩蛇的地方，有一个老妇人在黑夜中哭泣。有人问：“为什么哭呀？”老妇说：“有人杀了我的儿子，故而哭泣。”那人问道：“老婆婆的儿子为何被杀？”老妇说：“我的儿子是白帝的儿子，变化为蛇，挡住了路。现今被赤帝的儿子斩杀了，故而哭泣。”大家都认为老妇人话语不真实，想要给她点苦头吃，老妇人却忽然不见了。后面的人赶到，高祖酒醒了，大伙把刚才的事告诉了高祖。高祖心中暗暗高兴，自命不凡。诸位跟从的人日益敬畏他。

点评

这则故事讲汉高祖刘邦斩蛇起义，他以豪饮树恩刑徒，赢得十几位壮士的追随，一壶酒奠定了刘邦反秦起义的基础。

霸王别姬

——选自《项羽本纪》

"霸王别姬"，是一场生离死别的夫妻对饮的场景。霸王项羽已感到英雄末路，他痛惜的不是自己的江山，不是自己的前途，而是人世间的绝顶美女虞姬怎么办。名号"霸王"却不能保护一个女人，此时项羽心中该是何等滋味？男儿有泪不轻弹，而霸王却是声泪俱下，如同倾盆雨，身边的人都不敢抬头看霸王，虞姬舞剑悲歌以助项羽，展示了一个弱女子的豪气。行文没有写虞姬自刎，而是以悲壮场面来揭示了这一必然结果。没有了包袱，项羽才能全神贯注突围，也才有能力、有可能突出重围。明写霸王别姬，暗写霸王突围。这一节文字，慷慨淋漓。

项王军壁垓下，兵少食尽，汉军及诸侯兵围之数重。夜闻汉军四面皆楚歌①，项王乃大惊曰："汉皆已得楚乎？是何楚人之多也？"项王则夜起，饮帐中。有美人名虞，常幸从；骏马名骓②，常骑之。于是项王乃悲歌忼慨，自为诗曰："力拔山兮气盖世，时不利兮骓不逝③。骓不逝兮可奈何，虞兮虞兮奈若何！"歌数阕④，美人和之。项王泣数行下，左右皆泣，莫能仰视。

【注释】 ①四面皆楚歌：汉军收缩包围，其歌声达于项羽军营。此时汉军多楚人，刘邦令唱楚地民歌，用以瓦解项羽军心。 ②骓（zhuī）：毛色青白相间的马。 ③逝：奔驰。 ④歌数阕：连唱了几遍。阕：曲终，指唱完一遍。

译文

项王军队在垓下筑起营垒，兵少粮尽，汉军及诸侯兵将他包围了好几层。晚上听到汉军在四面都唱着楚地的歌曲，项王大惊道："汉军已经全部得到楚国的土地了吗？为什么楚人这么多呢！"项王深夜起来，在营帐中饮酒。项王身边有位美人，名叫虞姬，一直受宠随行；项王有匹骏马，名叫骓，项王经常骑它。这时项王慷慨悲歌，作诗吟唱道："力能拔山呀，气势盖世无双；时运不济呀，骓马难以驰骋！骓马不前行呀，这可怎么办！虞姬呀虞姬，你何处把身安！"唱了几遍，美人虞姬应和伴唱。项王泪流数行，左右的侍从人员都哭泣，没有人忍心抬头看他。

点评

英雄末路，偏生出几多情思。霸王别姬，英雄泪沾巾，为悲剧谢幕铺垫归路。

十四、烟幕宴会

【说明】运用宴会掩盖真相，如同烟幕遮蔽视觉，这也是一种智慧。

·补　白·

曹相国

〔清〕罗惇衍

百战功臣画一歌，战功争比治功多。
烽烟扫荡朝清静，醇酒经纶也太和。
守得萧规绵汉祚，寄将齐狱减秦苛。
不叫弱主悲人彘，再相王陵事若何。

朱虚侯赞

〔唐〕李白

嬴氏秽德，金精摧伤。秦鹿克获，汉风飞扬。
赤龙登天，白日升光。阴虹贼虐，诸吕扰攘。
朱虚来归，会酌高堂。雄剑奋击，太后震惶。
爰锄产禄，大运乃昌。功冠帝室，于今不忘。

卫出公外逃行爵食炙

——选自《卫康叔世家》

题解

“行爵食炙”，举杯喝酒吃烤肉。卫出公十二年，即公元前481年，出逃国外的太子蒯聩潜回国内发动宫廷政变，夺取儿子卫出公的政权。事出突然，卫出公正在大夫孔悝家赴宴，烤肉还没熟，孔悝家臣栾宁闻知政变消息，灵机一动，立即把家宴搬到车子上，大夫召护驾车，栾宁陪着卫出公在车上喝酒吃肉，边行边谈，十分悠闲，这一招十分奏效，宴会烟幕竟然瞒过了政变一方——太子蒯聩。太子蒯聩放松了警惕，卫出公顺利逃出卫国，到达鲁国。公元前476年，出公复国，夺回了政权。

原文

十二年①，初，孔圉文子②取太子蒯聩之姊，生悝。孔氏之竖③浑良夫美好，孔文子卒，良夫通于悝母。太子在宿，悝母使良夫于太子。太子与良夫言曰：“苟能入我国，报子以乘轩，免子三死，毋所与④。”与之盟，许以悝母为妻。闰月⑤，良夫与太子入，舍孔氏之外圃⑥。昏，二人蒙衣⑦而乘，宦者罗御，如孔氏。孔氏之老⑧栾宁问之，称姻妾以告⑨。遂入，适伯姬氏⑩。既食，悝母杖戈而先⑪，太子与五人介⑫，舆猳⑬从之。伯姬劫悝于厕，强盟之，遂劫以登台⑭。栾宁将饮酒，炙未熟，闻乱，使告仲由⑮。召护驾乘车⑯，行爵食炙⑰，奉出公辄奔鲁。

【注释】 ①十二年：指卫出公十二年，即公元前481年。 ②孔圉文子：孔文子，名圉，卫国大夫。 ③竖：僮仆。 ④“太子与良夫言曰”五句：太子蒯聩对浑良夫说：“假如你能助我回到卫国，我将优厚报答你，让你做大夫、乘轩车，免你三次死罪，不干涉你的行动。”轩：大夫之车。 ⑤闰月：闰十二月。 ⑥孔氏之外圃：孔圉文子的外花园。 ⑦蒙衣：做妇人打扮，以巾蒙头。 ⑧老：家臣称老。 ⑨称姻妾以告：以姻亲家的媵妾相回答。 ⑩适伯姬氏：到伯姬氏的住所藏隐起来。伯姬：即孔悝母。 ⑪悝母杖戈而先：悝母执戈在前，到孔悝之所。 ⑫介：甲衣。 ⑬舆猳：用车载着一头公猪，用以为盟。 ⑭“伯姬劫悝”三句：伯姬将孔悝强逼在屋角，使他没有退路强行订盟，然后又逼他登上高台召集卫国群臣。厕：通“侧”，指墙角。 ⑮告仲由：栾宁使人召仲由救驾，名义上是叫仲由来喝酒吃烤肉。仲由：孔子学生子路，当时为孔悝邑宰。 ⑯召护：卫大夫。驾乘车：驾一般行车，不是兵车，以麻痹蒯聩，便于出公出逃。 ⑰行爵食炙：召护把酒肉带在车上边走边吃，掩护出公外逃。爵：酒杯。炙：烤肉。

译文

卫出公十二年，起先，孔圉文子娶了太子蒯聩的姐姐，生的儿子叫悝。孔氏的僮仆浑良夫英俊潇洒，孔圉文子死了以后，他就与悝的母亲通奸。等到太子蒯聩盘踞在宿邑时，悝的母亲就派浑良夫与太子联系。太子蒯聩对浑良夫说：“假如你能帮助我回到卫国，我将优厚报答你，让你做大夫、乘轩车，免你三次死罪，不干涉你的行动。”于是双方订了盟誓，太子答应把悝的母亲给浑良夫做老婆。这年闰十二月，浑良夫与太子蒯聩悄悄地到了卫国国都，先住在孔圉文子的外宅花园。到了黄昏时，浑良夫与太子蒯聩换上女装，以巾蒙头，同坐一辆车子，由一个姓罗的宦官驾车，到了孔圉文子的家。孔圉文子的家臣栾宁问是什么人，回答说是姻亲家的媵妾。进门以后，就到伯姬的住所隐藏了起来。他们吃过饭以后，伯姬拿着戈走在前面，太子蒯聩与其他五个人全副武装，用车子载着一头公猪跟在后面，一同前往孔悝的住所。伯姬先把孔悝逼到角落里，强迫他与太子等人订盟，然后又逼他登上高台召集卫国众大臣。这时，栾宁正准备喝酒，可肉还没有烧熟，听到变乱发生，立即派人召仲由救驾。卫国大夫召护赶着普通的车子，带着酒肉在车上边走边吃，掩护出公逃到了鲁国。

点评

孔悝家臣栾宁处乱不惊，借开饭的时机，把家宴搬到车上。一边行进，一边喝酒吃肉，从容不迫地掩护卫出公逃离变乱。有智有谋，胆气豪壮，值得点赞。

楚商臣飨王之宠姬江芈

——选自《楚世家》

题 解

商臣是楚成王的太子，他感到自己的太子地位不稳固，于是向师傅潘崇请教应怎样刺探父王的心思。"飨王之宠姬江芈而勿敬也"就是潘崇给商臣出的主意，即设家宴招待父王的宠姬江芈。商臣在宴席上故意做出非礼行为激怒江芈，江芈在斥骂声中无意间吐露了楚成王欲废太子，改立公子职的私房话。商臣先下手为强，发动兵变逼杀楚成王，自立为王，这就是楚穆王。

原 文

四十六年①，初，成王将以商臣为太子，语令尹子上。子上曰："君之齿未也②，而又多内宠，绌乃乱也。楚国之举常在少者③。且商臣蜂目而豺声④，忍人也，不可立也。"王不听，立之。后又欲立子职而绌太子商臣⑤。商臣闻而未审也⑥，告其傅潘崇曰："何以得其实？"崇曰："飨王之宠姬江芈而勿敬也⑦。"商臣从之。江芈怒曰："宜乎王之欲杀若而立职也⑧。"商臣告潘崇曰："信矣。"崇曰："能事之乎⑨？"曰："不能。""能亡去乎⑩？"曰："不能。""能行大事乎⑪？"曰："能。"冬十月，商臣以宫卫兵围成王。成王请食熊蹯而死⑫，不听。丁未，成王自绞杀。商臣代立，是为穆王⑬。

【注释】 ①四十六年：楚成王四十六年，即公元前 626 年。 ②君之齿未也：君王您年岁还未老。 ③楚国之举常在少者：楚国立太子，常常选取年岁小的。举：立太子。④蜂目而豺声：眼如毒蜂，声似豺狼。 ⑤职：商臣庶弟。 ⑥未审：还未得到证实。⑦“飨王”句：宴请成王的宠姬江芈而态度冷淡。用此激怒江芈使其吐真言。 ⑧若：你。⑨能事之乎：能侍奉公子职吗？ ⑩亡：逃亡国外。 ⑪能行大事乎：能发动大事吗？暗示弑成王夺位。 ⑫熊蹯：熊掌。熊掌难熟，成王想借此拖延时间，以待救援。 ⑬穆王：公元前 625 年至公元前 614 年在位。

译文

成王四十六年，起初，成王准备把商臣立为太子，与令尹子上说了这件事。子上说：“君王您年岁还未老，受宠的嫔妃又很多，废弃太子会出乱子的。楚国立太子，常常选取年纪小的。再说商臣这个人眼如毒蜂，声似豺狼，是个残忍成性的人，千万不能立他做太子。”成王不听，还是立了商臣为太子。后来又想立公子职为太子而废掉商臣。商臣听到了这个消息，但还未得到证实，就告诉他的老师潘崇说：“怎样才能获得真实的情况呢？”潘崇说：“你去宴请成王的宠姬江芈而对她态度冷淡就行了。”商臣依计行事，江芈果然生气地说：“难怪大王要杀掉你而改立公子职为太子呢！”商臣告诉潘崇说：“事情是真的了。”潘崇说：“你能侍奉公子职吗？”商臣说：“不能。”潘崇又问：“能逃亡国外吗？”商臣又说：“不能。”潘崇再问：“你能发动大事吗？”商臣坚定地说：“能。”这年冬十月，商臣调动王宫的卫兵围住了成王。成王请求让他吃了熊掌再死，商臣不肯。丁未那天，成王自己上吊自杀了。商臣继位，这就是楚穆王。

点评

楚商臣设宴套取情报，发动宫廷政变，弑父自立，大逆不道。楚成王一世英明，丧身于宠妾之口，亦可为执政者戒。

朱虚侯以军法行酒令

——选自《齐悼惠王世家》

题解

"朱虚侯刘章以军法行酒令"这一事件发生在吕太后执政强盛时的皇宫中。原本是一场叙说亲情的欢快家宴，却在断一人头的肃杀气氛中结束。吕太后之所以没有追究刘章有多种原因：其一，刘章是吕家女婿，吕太后为了笼络刘章，将吕禄之女嫁与刘章为妻。其二，刘章年轻，却工于心计。他对吕太后的刘吕联姻将计就计，反过来利用这件事亲近吕太后，吕太后只把刘章看作小孩。其三，刘章亲兄是齐王刘襄，诸侯大国，拥有实力。其四，齐王献了十几座城给吕太后之女鲁元公主为封邑。其五，事先有约定。刘章巧用以军法行酒令树立了自己的权威，成为凝聚皇族和亲刘派大臣的一个核心，在清除诸吕政变中助太尉周勃立下大功，清宫逐幼主就是朱虚侯完成的。

原文

哀王[①]三年，其弟章[②]入宿卫于汉，吕太后封为朱虚侯，以吕禄女妻之。宿卫长安中。

朱虚侯年二十，有气力，忿[③]刘氏不得职。尝入侍高后燕饮，高后令朱虚侯刘章为酒吏[④]。

章自请曰："臣，将种[⑤]也，请得以军法行酒。"高后曰："可。"酒酣，章进饮歌舞。已而曰："请为太后言耕田歌。"高后儿子畜之[⑥]，笑曰："顾而父[⑦]知田耳。若生而为王子，安知田乎？"章曰："臣知之。"太后曰："试为我言田。"章曰："深耕穊种[⑧]，立苗欲疏，非其种者，锄[9]而去之。”吕后默然。顷之，诸吕有一人醉，亡酒[10]，章追，拔剑斩之而还，报曰：“有亡酒一人，臣谨行法斩之。”太后左右皆大惊。业[11]已许其军法，无以罪也。因罢。自是之后，诸吕惮朱虚侯，虽大臣皆依朱虚侯，刘氏为益强。

【注释】 ①哀王：齐王刘襄，齐悼惠王刘肥长子，高祖刘邦之孙，继位齐王，死后谥号“哀”，故称。 ②章：齐哀王刘襄之弟刘章，入宫宿卫为郎。吕太后以娘家弟吕禄女妻之，用以笼络刘章，封刘章为朱虚侯。刘章反以吕氏女妻探知诸吕阴谋。 ③忿：同“愤”，忿恨，忿怨。 ④酒吏：饮酒时设立的酒令官，负责宴会进程，处置违例事件。 ⑤将种：武将的后代。 ⑥儿子畜之：当作小孩看待。 ⑦而父：你父。 ⑧穊（jì）：稠密。 ⑨鉏：同“锄”。 ⑩亡酒：避酒而逃亡。 ⑪业：已经。

【译文】 齐哀王三年，他的弟弟刘章到朝廷做了宿卫，吕太后封刘章为朱虚侯，并把吕禄的女儿嫁给了刘章。刘章宿卫皇宫，就留在了长安。

朱虚侯刘章年方二十，魁梧有力，对刘氏宗室在朝中失去实权愤愤不平。他曾经到宫里服侍过吕太后与大臣们的宴饮，吕太后让他担任监酒官。

刘章请求说：“我是军人的后代，请求能用军法监酒。”吕太后说：“可以。”当大家有点醉意时，刘章要求以歌舞助兴。过了一会儿，他又说：“请允许为太后唱首耕田歌。”吕太后把他当作小孩看待，就笑着说：“只有你的父亲知道耕田是怎么回事。你生来就是王子，怎么知道耕田的事？”刘章说：“我知道的。”吕太后说：“那就试着说给我听听。”刘章说：“地要挖得深深的，种子要撒得密密的，禾苗却要让它疏疏的，凡是杂草，都要用锄头锄掉。”吕太后听了以后默默无语。又过了一会儿，诸吕中有一个人喝醉，离开酒席想逃走，刘章追了上去，拔出宝剑把他给斩了，然后回来报告太后说：“有一个人想逃避喝酒，我已经按军法把他给杀了。”吕太后和左右大臣听后都大吃一惊。吕太后事先已经答应刘章按军法行事，这时也没有办法怪罪刘章了。就这样结束了宴会。从此以后，诸吕都很怕朱虚侯刘章，即使是大臣，也都来依附朱虚侯，刘氏的势力渐渐强了起来。

点评

朱虚侯刘章是齐悼惠王刘肥的次子，当是惠帝二年（公元前193年）随父亲入京的。其父差点被吕太后鸩杀，自然怀恨在心，再加上刘氏日危，更是忿恨。刘章留京为宫中侍卫，亦是人质，年方二十。刘章有勇力，有胆识，又机敏过人，他利用吕太后联姻收笼他的方便，不显山不露水，赢得吕太后信任。机会终于来了，他利用行酒令的烟幕，按军法斩杀诸吕一人，大长皇室志气。吕太后死，诸吕之变，刘章兄齐王刘襄首义起兵，震动天下。刘章助太尉周勃扫荡诸吕，立下大功。吕太后机关算尽，刘章反而利用吕太后的联姻既保护了自己，又洞察了诸吕的一举一动，加速了诸吕的灭亡。对于吕后来说，此亦未免一疏。

曹参为相日饮醇酒

——选自《曹相国世家》

题 解

汉惠帝时丞相曹参日饮醇酒是巧用宴会为烟幕推行无为政治，使之发挥正能量的政治行为。其客观原因是汉朝建立在秦末战乱的废墟上，民无盖藏，亟须休养生息；主观原因是吕太后为政，扶植诸吕，清除刘氏势力，在这微妙的政治关系中，曹参日饮醇酒是间接保护刘氏势力的障眼法，也是保全功臣集团的政治智慧。所以，曹参日饮醇酒只是在特定历史时期中的政治斗争，不可引为治国常态，也只有曹参这样的开国功臣才能推行。

原 文

相国后园近吏舍，吏舍日饮歌呼。从吏①恶之，无如之何，乃请参游园中，闻吏醉歌呼，从吏幸相国召按之②。乃反取酒张坐③饮，亦歌呼与相应和。

参见人之有细过④，专掩匿覆盖之⑤，府中无事。

【注释】 ①从吏：幕僚属员。 ②幸：希望。召按之：传他们来，处理他们。按：查处。 ③张坐：摆开坐席。 ④细过：小的过错。 ⑤专掩匿覆盖之：一律包揽遮掩起来。

原 文

参子窋为中大夫①。惠帝怪相国不治事，以为“岂少朕欤”②？乃谓窋曰：“若归，试私③从容问而父曰：‘高帝新弃群臣，帝富于春秋，君为相，日饮，无所请事④，何以忧⑤天下乎？’然无言吾告若也。”窋既洗沐⑥归，间侍⑦，自从其所谏参。参怒，而笞窋二百，曰：“趣入侍，天下事非若所当言也。”至朝时，惠帝让⑧参曰：“与窋胡治乎⑨？乃者我使谏君也。”参免冠谢曰：“陛下自察圣武孰与高帝？”上曰：“朕乃安敢望先帝乎！”曰：“陛下观臣能孰与萧何贤？”上曰：“君似不及也。”参曰：“陛下言之是也。且高帝与萧何定天下，法令既明，今陛下垂拱⑩，参等守职，遵而勿失，不亦可乎？”惠帝曰：“善。君休矣！”

【注释】 ①中大夫：官名，掌议论。 ②岂少朕欤：难道不是在轻视我吗？古“少”与“多”对举，多之，即称誉之；少之，即贬损之。 ③私：私下。 ④请事：问事，理事。 ⑤忧：关心。 ⑥洗沐：公休。汉制，官吏五日一洗沐。 ⑦间侍：找机会侍父侧。 ⑧让：责备。 ⑨与窋胡治乎：为何惩治曹窋呢？ ⑩垂拱：垂衣拱手，形容无为而治的安重神态。

参为汉相国，出入三年。卒，谥懿侯。子窋代侯。百姓歌之曰：“萧何为法①，顜若画一②；曹参代之，守而勿失。载③其清净，民以宁一。”

【注释】 ①为法：制定章程法令。 ②顜若画一：明白公正，官民标准一致。 ③载：通戴，感戴。

相国府的后园靠近相府小吏们的住所，小吏们整天在宿舍里饮酒行乐，时而高歌，时而大叫。曹参的幕僚们都十分讨厌，又无可奈何，就请曹参到后园中游玩，让他听小吏们喝醉酒时那种狂歌乱喊的声音，希望他因此把小吏们传来管教一下。结果曹参反而也拿着酒，摆开座席，也大呼小叫地和小吏们饮酒唱和起来。

曹参看到人家有小的过错，一律包揽遮掩起来，因此相府里面相安无事。

曹参的儿子曹窋在朝中做中大夫。孝惠帝对相国曹参不理政事感到很奇怪，以为“这难道不是在轻视我吗”？就对曹窋说：“你回家去，私下试着随便问问你父亲，就说：‘高帝刚刚去世，皇帝年纪还轻，你作为相国，天天喝酒，一点事情不做，你是怎样关心天下的呢？’不过不要说是我叫你问的。”曹窋在公休日回家后，找机会侍候在父亲身边，用自己的口吻表达了孝惠帝的意思。曹参听后大发脾气，把曹窋鞭打了二百下，骂道：“快给我进宫侍奉皇上，国家大事不是你可以多嘴的。”到第二天早朝时，孝惠帝责备曹参说：“为什么惩治曹窋呢？那都是我让他对你说的。”曹参立即脱掉帽子谢罪说：“陛下自己认为与高帝比谁更圣明英武？”孝惠帝说：“我怎么敢与先帝比呢？”曹参又问：“陛下认为我和萧何比谁更能干些？”孝惠帝说：“你好像不如萧何。”曹参说：“陛下说得非常正确。高帝和萧何平定了天下，法律法令制定得清清楚楚，现在陛下垂衣拱手无为而治，我们这些人恪尽职守，照章办事，一点也别背离，不是也可以吗？”孝惠帝说：“好吧，你去休息吧！”

曹参任汉朝的相国，总共三年就死了。死后谥为懿侯。他的儿子曹窋继承了侯位。老百姓赞扬萧何、曹参说：“萧何制定的章程法令，明白公正，官民标准一致；曹参代替萧何为相，谨慎遵守，毫无差错。感谢他实行清静无为的政策，使老百姓得以安居乐业。”

点评

日饮醇酒，既是无为而治，更是韬晦自保，一箭双雕，曹参演绎了一出经典的活剧。

十五、乐极宴会

【说明】追求逸乐，享受生活质量，这是人的本能。太史公有言："耳目欲极声色之好，口欲穷刍豢之味，身安逸乐，而心夸矜势能之荣使，俗之渐民久矣。"（载《史记·货殖列传》）。享受生活，追求欢乐，无可厚非，但凡事物，皆须有度。俗话说："乐极生悲。"殷纣王以一国帝王之尊，整日花天酒地，好为达旦之饮，设立酒池肉林，导致民众起义，落得自焚而死的下场。汉高祖刘邦举正义之师，以三万之众，兵入关中，乘胜出击，直指西楚霸王都城彭城，一路高奏凯歌，发展到五十六万人。高祖进入彭城以后，忙不迭地追求享乐，天天置酒高会，疏于戒备，遭到项羽三万精兵突袭，汉兵大败，刘邦差点当了俘虏。这两则"乐极生悲"的故事，可为后世纵情者戒！

·补　白·

纣王

〔宋〕王十朋

酿酒为池肉作林，深宫长夜恣荒淫。
何如早散桥仓粟，结取臣民亿万心。

汉高祖

〔明〕孙承恩

一剑兴王业，三章易暴秦。
宽仁多伟度，明达更殊伦。
好善若在己，听言如转轮。
鲁邦经一祀，国脉倍精神。

纣王纵淫酒池肉林

——选自《殷本记》

殷纣王是古代最著名、最典型的昏暴之君，他酒色财气，样样在行。纣王花天酒地，设酒池肉林，不分白天黑夜，纵淫无度。他智足以拒谏，力能斗猛兽，自认天下无敌，到头来却落得自焚的下场。

帝纣资辨①捷疾，闻见甚敏；材力②过人，手格猛兽；智足以拒谏，言足以饰非；矜人臣以能，高天下以声，以为皆出己之下。好酒淫乐，嬖于妇人。爱妲己③，妲己之言是从。于是使师涓④作新淫声，北里之舞，靡靡之乐⑤。厚赋税以实鹿台之钱，而盈巨桥之粟⑥。益收狗马奇物，充仞宫室⑦。益广沙丘⑧苑台，多取野兽飞鸟置其中。慢于鬼神。大聚乐戏⑨于沙丘，以酒为池，悬肉为林，使男女倮⑩相逐其间，为长夜⑪之饮。

……

纣愈淫乱不止。微子数谏不听，乃与大师、少师谋，遂去。比干曰："为人臣者，不得不以死争。"乃强谏纣。纣怒曰："吾闻圣人心有七窍。"剖比干，观其心。箕子惧，乃佯狂为奴，纣又囚之。殷之大师、少师乃持其祭乐器奔周。周武王于是遂率诸侯伐纣。纣亦发兵拒之牧野⑫。甲子日⑬，纣兵败。纣走，入登鹿台，衣其宝玉衣[14]，赴火而死。周武王遂斩纣头，悬之大白旗。杀妲己。

【注释】 ①辨：通“辩”，聪慧。 ②材力：气力。 ③妲（dá）己：有苏氏献给纣的美女。 ④师涓：应作师延，纣时乐师。师涓为晋平公时的乐师。 ⑤北里之舞：一种放荡的舞蹈。靡靡之乐：轻音乐。 ⑥鹿台：纣所筑大型建筑，据传高千尺，广三里。巨桥：仓库名。 ⑦充仞：充满。 ⑧沙丘：古地名，在今河北省广宗县西北大平台。 ⑨乐戏：各种乐舞杂技。 ⑩倮：同“裸”，赤体。 ⑪长夜：通宵。 ⑫牧野：古地名，在殷都朝歌（今河南省淇县南）南郊七十里。牧野即殷都南郊的总称。古称邑外为郊，郊外为牧，牧外为野。 ⑬甲子日：据《周本纪》，甲子日是周武王十一年二月五日。 ⑭宝玉衣：据《逸周书·世俘解》，纣王于甲子日黄昏，取天智玉琰衣五，环身以自焚。衣：作动词用，穿衣。

纣天资聪明，行动敏捷，见多识广，力气超人一等，徒手可格杀猛兽。他的聪明足够用来拒绝臣下的劝谏；言辞足够用来掩饰他的过错；向下臣炫耀他的才能，向天下人抬高自己的声威，以为别人都不如他。纣喜欢饮酒，沉迷声乐，宠幸女人，喜爱妲己。妲己的话他都听从。这时纣让乐师涓制作了新的放荡的乐曲，北里的舞蹈，配上靡靡之音。纣还加重赋税，使鹿台充满了钱财，使巨桥装满了粮食。他多方搜求的狗马、珍奇，充斥于宫室。扩大并增加了沙丘的园苑楼台，捕捉许多野兽飞禽放置其中。纣对待鬼神轻慢不敬。他在沙丘汇集了各种游乐之戏，把酒灌地成池，把肉悬挂成林，让男女都裸体在其中追逐，通宵达旦地饮酒作乐。

纣王愈发荒淫胡为。微子多次劝谏，（纣王）都不听从，就同太师、少师商量，离开了殷国。比干说：“做人臣的不得不用死来谏诤了。”于是就强行劝谏纣王。纣王生气地说：“我听说圣人的心有七窍。”他命人剖开比干的胸膛，观看他的心。箕子感到恐惧，就假装发疯做奴隶，纣王仍然囚禁了他。殷的太师、少师就带着祭祀的乐器逃到了周国。周武王见时机已到就率诸侯来讨伐纣王。纣王也发兵在牧野进行抵御。甲子这天，纣王的军队被打败，纣王逃入城中，登上鹿台，穿上他的宝玉衣服，跳入火中自焚而死。周武王就斩下纣王的头，悬挂在大白旗上示众，并杀死了妲己。

殷纣王可能是个美男子，人高马大，力量过人，智慧过人，所以他十分自信，什么人的话都不听。他还是一国之君，有至高无上的权力，但是荒淫过度，天怒人怨，其灭亡是必然的。殷纣王的下场，不仅为后世帝王者戒，也为所有世人者戒，尤其是那些具有超凡能力的人更要引以为戒。

汉王置酒高会败彭城

——选自《项羽本纪》

题解

汉二年，公元前205年，三月，汉王刘邦率众东出，直指楚都彭城，一路高奏凯歌，沿途五诸侯来会，汉军进入彭城，有众五十六万。此时西楚霸王项羽陷入齐地，不能自拔。汉王没有乘胜挺进齐地，围歼项羽，以为天下不足忧，日日置酒高会，尽情享受胜利果实，坐等项羽自灭。忽然间，神兵天降。项羽挑选精骑三万，轻装回救，日夜兼程，绕在彭城之西，趁天未明之际，发动突然袭击，汉兵正在梦乡，稀里糊涂兵刃加身。兵败如山倒，汉兵不辨东西，溃逃挤压，坠入睢水十余万。项羽以三万精骑击败五十六万汉军，刘邦也差点当了俘虏。

原文

汉还定三秦[①]……汉使张良徇韩，乃遗项王书曰：“汉王失职[②]，欲得关中，如约即止，不敢东。”又以齐、梁反书遗项王[③]曰：“齐欲与赵并灭楚。”楚以此故无西意，而北击齐。

……

春[④]，汉王部五诸侯兵，凡五十六万人[⑤]，东伐楚。项王闻之，即令诸将击齐，而自以精兵三万人南从鲁出胡陵[⑥]。四月，汉皆已入彭城，收其货宝美人，日置酒高会。项王乃西从萧，晨击汉军而东，至彭城，日中，大破汉军[⑦]。汉军皆走，相随入谷、泗水[⑧]，杀汉卒十余万人。汉卒皆南走山，楚又追击至灵璧东睢水上[⑨]。汉军却，为楚所挤[10]，多杀，汉卒十余万人皆入睢水，睢水为之不流。围汉王三匝[11]。于是大风从西北而起，折木发屋[12]，扬沙石，窈冥昼晦[13]，逢迎楚军[14]。楚军大乱，坏散[15]，而汉王乃得与数十骑遁去。欲过沛，收家室而西；楚亦使人追之沛，取汉王家；家皆亡，不与汉王相见。汉王道逢得孝惠、鲁元[16]，乃载行[17]。楚骑追汉王，汉王急，推堕孝惠、鲁元车下。滕公常下收载之[18]，如是者三。曰："虽急，不可以驱，奈何弃之[19]！"于是遂得脱。求太公[20]、吕后不相遇。审食其从太公、吕后间行，求汉王，反遇楚军。楚军遂与归，报项王[21]，项王常置军中。

是时吕后兄周吕侯[22]，为汉将兵居下邑[23]，汉王间往从之[24]，稍稍收其士卒。至荥阳[25]，诸败军皆会，萧何亦发关中老弱未傅[26]悉诣荥阳，复大振。楚起于彭城，常乘胜逐北[27]，与汉战荥阳南京、索间[28]，汉败楚，楚以故不能过荥阳而西[29]。

汉王之败彭城，诸侯皆复与楚[30]而背汉。

【注释】 ①三秦：关中地，因项羽分其地为三王，即雍王章邯，塞王司马欣，翟王董翳，于是称三秦。 ②汉王失职：项羽不遵怀王之约，使刘邦没有得到应得的爵土，即为关中王。 ③以齐、梁反书遗项王：张良又将齐、梁反楚的事写了一封信送给项王。这是张良为刘邦东出制造的烟幕。梁：指彭越反梁地。下文"齐欲与赵并灭楚"是张良信中分析局势的内容之一，并非"梁"为"赵"字之误。 ④春：单言春，即汉二年正月。汉初沿用秦历，以十月为岁首，故上文先言冬。 ⑤部：部勒，统率。五诸侯：众说纷纭。颜师古谓为常山王张耳、河南王申阳、韩王郑昌、魏王豹、殷王卬。按："五诸侯"以战国之数习惯言，山东六国，去一则五。篇末赞语谓项羽率"五诸侯"灭秦，因其时齐未从羽入关，故言"五诸侯"，而从羽者楚、赵、韩、魏、燕五国之师。但刘邦东出，则非只颜说五王，尚有塞王欣，翟王翳；山东齐、赵已与羽战，故"五诸侯"非指实，而是泛言天下之兵。 ⑥鲁：秦县名，县治即今山东曲阜。胡陵：秦县名，县治在今山东省鱼台县东南。 ⑦"项王乃西……大破汉军"等句：这里描写的是彭城大战，项羽以轻骑三万击败刘邦五十六万大军，取得了辉煌的战役胜利。汉二年夏四月刘邦攻破彭城，以为天下已定，置酒高会。汉军主力摆在彭城以东，阻击项羽回救。但项羽未直指彭城。他留下大军在北海攻齐，只带三万轻骑拉到彭城正北的鲁县，绕过昭阳湖至胡陵，迂回至彭城之西的萧县，然后在黎明之时，从萧县向东，出其不意地向汉军发起了总攻，从背后打击汉军，获得了大胜。 ⑧谷、泗水：二水名。谷水：为泗水支流，在彭城东北入于泗水；泗水：山东境内的河，经彭城东，南入淮水。 ⑨灵璧：古邑名，在今安徽省淮北市西南。睢水：古代鸿沟水系的支流，从大梁东鸿沟分出，流经彭城入泗。汉军败于灵璧以东一段睢水上。 ⑩挤：逼压、推挤。 ⑪三匝：三重包围。匝：四周环绕合围。 ⑫发屋：掀去屋顶。 ⑬窈（yǎo）冥昼晦：天昏地暗，白日如同黑夜。窈冥：幽暗昏黑的样子。 ⑭逢迎楚军：大风卷起的沙石，正迎着楚军进击的方向，扑面打击。 ⑮坏散：阵容混乱，四散奔逃。 ⑯孝惠、鲁元：吕后所生的一男一女，孝惠帝刘盈、鲁元公主。鲁元公主为刘盈之姐，食邑鲁，故称鲁元公主。元：长，老大。 ⑰乃载行：便载在车上一同走。 ⑱滕公：夏侯婴，因曾为滕县令，故称滕公。 ⑲"虽急"三句：虽然危急，不能快赶，但怎么忍心抛弃骨肉呢？ ⑳太公：刘邦父亲。 ㉑报项王：报告并献给项王。 ㉒周吕侯：吕泽。 ㉓下邑：秦县名，县治在今江苏省砀山县东。 ㉔间往从之：从小路赶往会合吕泽。 ㉕荥阳：地处冲要的军事重镇，故城在今河南省荥阳市东北。 ㉖未傅：未登记入服役名册的老弱，即不合役龄的老人和年幼者。 ㉗乘胜逐北：楚乘战胜之威，追击败退的汉兵。北：败退。 ㉘京：秦县名，县治在今河南省荥阳市东南。索：京县内的索亭，又称大索城，即今荥阳老城。 ㉙汉败楚，楚以故不能过荥阳而西：韩信挫败楚于京索之间，楚汉相争转入相持，即对峙于成皋，史称成皋之战。对峙始于汉二年（公元前205年）五月（据《汉书·高帝纪》）。 ㉚与楚：与楚结盟，附楚。

译文

汉王回军平定三秦。汉王派张良招抚韩地，就给项王写信说："汉王失去了应得的封职，希望得到关中，一如盟约所说，就停止军事行动，不敢向东出兵。"又把齐国、梁地的反叛书送给项王说："齐国想与赵国合力消灭楚国。"项王因此无意西进，而向北攻打齐国。

春天，汉王统率五个诸侯国为主力的天下之兵，共五十六万人，向东攻打楚国。项王听闻此消息，就命令将领们攻打齐国，而自己带领精兵三万人南进，从鲁县出兵胡陵。四月，汉军已经全部进入彭城，掳掠那里的财货、珍宝和美女，每天摆酒聚会。项王就绕到汉军西边，在天刚蒙蒙亮时，从汉军背后萧县发起进攻，向东压迫，抵达彭城，中午时分，大败汉军。汉军全部逃走。汉军被挤压进入谷水、泗水之中，死亡十余万人。汉兵向南逃入山地，楚军又追击到灵璧东南的睢水上。汉军退却，被楚军逼压，多被杀死，十余万汉军都掉进睢水，睢水被堵塞而不流动。楚军将汉王包围了三重。这时大风从西北刮起，折去树木，掀掉屋顶，飞沙走石，天昏地暗，迎面扑向楚军。楚军大乱，溃不成军，汉王左冲右突才得以和几十名骑兵逃走。汉王经过沛县，想携带家眷西逃；楚军也派人追到沛县，捉拿汉王家眷；汉王家眷全都逃走了，没能与汉王会合。汉王在路上遇到孝惠帝和鲁元公主，就带他们坐车一起逃走。楚军骑兵追赶汉王，汉王慌急中，把孝惠帝、鲁元公主推落车下。滕公每次都下车抱他们上车，像这样有三次。滕公说："虽然危急，不能快赶，但怎么忍心抛弃骨肉呢?"汉王终于得以逃脱。他寻找太公、吕后，没有遇上。审食其随太公、吕后从小道寻找汉王，反而碰上楚军，楚军于是把他们一起带回去，报告给项王，项王一直把他们安置在军中做人质。

这时，吕后的哥哥周吕侯为汉王领兵驻守下邑，汉王从小路去投奔他，陆续收集了一些士兵。到达荥阳，各路败军都汇集起来，萧何也紧急征调关中未登记服役名册的老弱全部开赴荥阳，汉军声势重新大振。楚军从彭城出兵，经常乘胜追击败逃的汉军，与汉军在荥阳南面的京邑、索亭之间大战，汉军挫败楚军，楚军因此不能越过荥阳而西进。

汉王在彭城吃了败仗，诸侯都重新依附楚而背叛汉。

汉军攻占彭城，项羽陷入齐地，汉军若乘胜追击，联合齐军在山东围歼项羽，楚汉战争可提前三年结束。由于汉军一路顺风，汉王志骄意得，收取楚宫室美人宝藏，日日置酒高会，丧失了一举灭楚的大好时机。想当初，汉王入关破秦，"财物无所取，妇女无所幸"，封秦府库，还军霸上，所忌就是项羽。如今彭城已破，项羽身陷齐地，刘邦迫不及待地享乐，忘了项羽身边还有一个范增，项羽奇袭彭城，必是范增之谋。刘邦彭城大败，幸亏他反思及时，在败逃途中于下邑召开紧急军事会议，张良提议刘邦起用韩信、彭越、黥布三人共灭楚。刘邦依计而行，在京索间阻击项羽，建立起成皋防线，楚汉相争进入相持阶段。刘邦施反间计，假项羽之手逼死范增，项羽失了智囊，从此走下坡路，三年后兵败垓下，自刎乌江，成了一名悲剧英雄。

项羽逞强，又好单打独斗，自认为天下无敌，至死不悟。刘邦豁达大度，心胸开阔，遇上困难，就虚心向人请教："为之奈何?"即我该怎么办?有了好主意，立即施行，天生一副帝王气度，聚众智，集众力，所以成了一名布衣皇帝。性格决定成败，刘项对比，恰是适例。